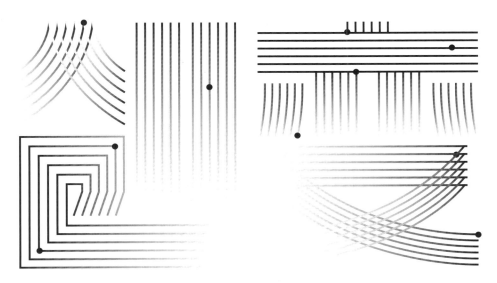

INNOVATION & CHANGE

Jack Gao Danced with
the Industry Giants
in Amazingly Changed Forty Years

高群耀与时代巨人
共舞的40年

徐昙 著

哈尔滨工业大学出版社
HARBIN INSTITUTE OF TECHNOLOGY PRESS

图书在版编目(CIP)数据

创变:高群耀与时代巨人共舞的40年/徐昙著. ——哈尔滨:哈尔滨工业大学出版社,2019.8(2020.6重印)
ISBN 978-7-5603-8272-2

Ⅰ.①创… Ⅱ.①徐… Ⅲ.①高群耀-传记 Ⅳ.①K825.38

中国版本图书馆CIP数据核字(2019)第101770号

创变——高群耀与时代巨人共舞的40年
CHUANG BIAN—GAO QUNYAO YU SHIDAI JUREN GONGWU DE 40 NIAN

策划编辑　李艳文　范业婷
责任编辑　王晓丹　孙　迪
出版发行　哈尔滨工业大学出版社
社　　址　哈尔滨市南岗区复华四道街10号　邮编150006
传　　真　0451-86414749
网　　址　http://hitpress.hit.edu.cn
印　　刷　文畅阁印刷有限公司
开　　本　710mm×1000mm　1/16　印张21　插页8　字数270千字
版　　次　2019年8月第1版　2020年6月第4次印刷
书　　号　ISBN 978-7-5603-8272-2
定　　价　68.00元

(如因印刷质量问题影响阅读,我社负责调换)

应对变化，

拥抱变化，

创造变化。

高群耀博士

Jack Q. Gao, Ph.D

高群耀博士现任移动电影院创始合伙人兼首席执行官。

2015年—2017年，高群耀博士在万达文化产业集团担任集团高级副总裁兼国际事业部首席执行官。全面负责文化集团海外战略资产的收购和运营，其中包括好莱坞传奇娱乐影业公司、全球最大电影院线AMC娱乐公司（NYSE:AMC）、巴黎欧洲城项目和英国圣汐豪华游艇公司，以及万达青岛影视产业园等。高群耀博士在2017年同时兼任好莱坞传奇娱乐影业公司CEO。

2006年—2014年，高群耀博士在新闻集团和21世纪福克斯公司（NYSE：NWS）担任全球资深副总裁、中国投资与战略发展首席执行官、新闻集团北京代表处首席代表、星空传媒（中国）有限公司首席执行官和MySpace中国董事长等职。全面负责新闻集团在中国的发展战略、政府关系、业务运营及投资业务等。

1999年—2002年，高群耀博士任微软中国有限公司(NASDAQ：MSFT)总裁兼总经理。

1995年—1999年和2003年—2006年，高群耀博士分别任欧特克公司（NASDAQ：ADSK）全球副总裁兼亚洲最大发展中地区总裁。

2002年—2003年，高群耀博士任华登国际投资集团合伙人兼中国区总裁。

1990年—1994年，高群耀博士任MSC/PDA CAE软件公司高级项目经理。

1984年—1985年，高群耀博士任哈尔滨工业大学基础部工程力学助理教授等职务。

此外，高群耀博士还是美国电影学院（AFI）校董，香港中文大学CUHK管理学院客座教授，亚博科技控股有限公司（HKEX：0827）和亚信科技有限公司（HKEX：1675）的独立董事。在2016和2017年，高群耀博士两次被《好莱坞报道》评为"好莱坞最有权力的100人"。2018年，他被《综艺》（*Variety*）杂志评为"全球娱乐行业最具影响力商业领袖500人"。

高群耀博士先后毕业于中国哈尔滨工业大学和美国加州大学，分别获得工程力学学士、硕士和博士学位。

中学时期的高群耀和父母、两位姐姐在一起。| 摄于1974年

哈工大"77级力学师资班"的同学们,后排左二为高群耀。| 摄于1979年

哈工大校友：从左至右分别为中国工程院院士方滨兴、高群耀、十三届全国政协经济委员会副主任冯健身、哈工大前校长杨士勤、中国工程院院士高文、北京产权交易所前总裁熊焰。| 摄于2018年

美国生活，高群耀的小窝成了中国留学生的周末聚会之地。| 摄于1986年

高群耀和Autodesk公司董事长卡萝·巴茨。| 摄于2003年

高群耀和他带领的Autodesk（中国）的管理团队。| 摄于1996年

高群耀和微软创始人比尔·盖茨。
| 摄于2000年3月,韩国汉城(今首尔)

微软中国公司管理团队。| 摄于2001年

2010年,美中商业协会首次设立"美中杰出贡献奖",对促进中美两国政治、经济、文化、科技、金融、创意设计有特殊贡献的人士给予表彰,其中包括基辛格获得"美中外交关系杰出贡献奖",高群耀获得"商务交流杰出贡献奖"。| 摄于2010年

2011年6月26日,高群耀和默多克等参加中央电视台的《对话》节目。从左至右分别为:IDG资本全球董事长熊晓鸽、演员李冰冰、央视主持人陈伟鸿、默多克、邓文迪、高群耀。|摄于2011年

汶川5·12大地震发生后,时任新闻集团副总裁、星空传媒(中国)有限公司CEO的高群耀主导星空传媒捐建了绵竹星空富新小学。图为高群耀和孩子们在一起。|摄于2010年

2016年1月12日,万达集团并购美国传奇影业公司签约仪式在北京隆重举行,万达集团宣布以不超过35亿美元现金收购传奇,这也是迄今中国企业在海外的最大一桩文化并购案。图为高群耀代表万达方在协议上签字。 | 摄于2016年

传奇影业公司新管理团队和万达集团董事长王健林合影:从左至右分别为CFO Ronald Hohauser、影视制作委员会主席玛丽·派瑞特、王健林、CEO乔什·格罗德、高群耀、万达文化产业集团海外事业部董事总经理万民。 | 摄于2017年

高群耀和万达海外全资公司的CEO们。从左至右为:传奇影业传奇东方CEO罗异、澳大利亚Hoyts CEO戴米安·考格、AMC的CEO兼总裁亚当·亚伦、高群耀、传奇影业创始人托马斯·图尔、传奇影业COO马蒂·威尔希特、英国圣汐游艇CEO菲尔·波帕姆、世界铁人公司(WTC)CEO安德鲁·梅西克。 | 摄于2016年

2016年10月18日,万达在洛杉矶美国艺术博物馆举办"中美电影高峰论坛","六大"的最高主管们绝大部分莅临论坛,这几乎是高群耀和万达在好莱坞最辉煌的高光时刻,标志着一家中国企业终于进入好莱坞的主流圈层。图为大家在聆听洛杉矶市长发言。| 摄于2016年

万达2017年年会,高群耀和他直接管理的海内外公司高管们合影,包括美欧电影院线AMC、瑞士体育经纪公司盈方体育、澳大利亚电影院线Hoyts、法国文旅项目"欧洲城"、好莱坞传奇影业、英国的豪华游艇制造商圣汐公司、万达文化海外事业部和青岛影视产业园等公司CEO们。| 摄于2017年

某投行赠送给万达的漫画：AMC在2016—2017年大幅收购扩张，成为北美最大、欧洲最大和全球最大的电影院线（左三为高群耀）

高群耀管理的北美最大、欧洲最大和全球最大的电影院线AMC的董事会，左起：Anthony Saich、骆家辉、Adam Aron、高群耀、Kathy Pawlus和Hawk Koch，共同庆祝AMC旗下的电影制作公司出品的《聚焦》获得2016年奥斯卡最佳影片。
| 摄于2016年

2018年5月9日，高群耀创业创立的"移动电影院"在第十四届深圳文博会上发布、诞生。
| 摄于2018年

2019年5月9日，"移动电影院"在北京隆重发布V2.0和海外业务。| 摄于2019年

40多年来，跑步已经成为高群耀的日常，犹如其职业生涯的永不止步。| 摄于2016年

序一

Follow the trend：
虽饱经世事却永远奔跑

我和高群耀先生认识20多年了，我们既有相同的经历，又有不同的道路选择，这也显示了20世纪90年代中国改革开放后，不同经济形态兴起下个人选择路径的多元化。

我们是20世纪80年代最早出国、70年代又最早回国的那批"海龟"。高群耀先生回国后成了外企职业经理人的一个标杆；而我则投身国企，创办了亚信科技（中国）有限公司，亚信也是在美国纳斯达克上市的第一家中国高科技企业。

个人的偶然或许是时代的必然。我们这一代人的职业生涯和中国这40年的变化息息相关，我们是弄潮者，也是受益者。

中国改革开放这40年，原有存量资产通过"优化"产生了巨大的增量，同时日新月异的科技革命"无中生有"地为这个时代创造了空前的财富。改革开放和科技创新给中国带来了前所未有的令世界瞩目的变化。我和高群耀先生的经历正是这个框架下的写照。

高群耀先生过去职业生涯最靓丽的40年正好与中国改革开放40年相重合。他目睹的一切和非凡的经历是从一个特定的角度对这个伟大时代的记载。

在他职业生涯初期，高群耀先生就凭借不懈开拓的精神，将世界领先的设计软件AutoCAD引入中国，而且在亚太地区成功推广。在微软中国有限公司总裁任上，他以创业者的激情，充当了微软和中国地区之间的桥梁，成为中国最知名的职业经理人。2006年，他敏锐地看到技术与媒体融合发展的趋势，加入新闻集团任全球资深副总裁，在技术与媒体、社交融合方面做了大量探索工作。当中国企业开始走向世界时，2015年他加入了万达集团，担负起文化领域海外战略资产的大规模收购和运营。可以说，在帮助中国利用世界上最好的技术、产品、资源的道路上，他是走在前沿的探索者。

更让我钦佩的是，今天，他不知疲倦，又以创业者的心态开始了新的征程，开始了基于手机终端的世界首创、中国唯一试点的"移动电影院"项目。

这与他做事的激情、预见变化和应变能力都有关系。

Follow the trend，顺势而为。从IBM主机时代到PC时代、到互联网、到云计算、到大数据、到人工智能、到区块链，科技的变化是个人职业生涯的加速器，高群耀先生的经历也给今天面对变化不知所措的年轻人以借鉴意义。

高群耀先生的这本传记，将他求学、工作、创业的经历展现开来，勾画了一个充满激情、拥抱变化、虽饱经世事却永远奔跑的鲜活人生轨迹。他积极参与变化的态度，驾驭变化、处理变化的能力，不仅有助于那些关心技术变革的读者、一直探索中国和世界合作交流的人，也给那些想应对未来40年变化的年轻人以职场启发。

田溯宁 中国宽带资本基金董事长、亚信科技董事长

序二

每个人的成功
都有其人生的算法

我读的上一本传记，是《恺撒传》。

读罢掩卷长叹：在恺撒这样的人身上，你可以了解什么叫大时代。

给普通人洞开大机会的，就叫大时代。

为什么？因为时代处于剧烈的变动之中，社会结构剧烈地重组，每一个人距离历史的顶点都很近。

恺撒到40岁的时候还一事无成。仅仅十几年之后，他就一手终结了罗马共和国，一手开创了罗马帝国。

这是不是和我们今天的时代非常像？你经常会听到一个人几年前还默默无闻，突然就创业了，突然公司就上市了。

再看这本《创变——高群耀与时代巨人共舞的40年》，对大时代的理解就可以更进一步。

大时代，不仅给普通人机会，甚至还清晰指点了找到机会的方法。

既然是社会结构重组，那就必然有板块和板块之间的碰撞。这和地质史上发生的事情是一样的：地壳板块彼此碰撞、挤压，然后高峰崛起。谁站在板块的碰撞地带，谁就能分享社会结构重组释放出来的巨大红利。

回看高群耀兄的这二十几年，真是羡煞。几乎每一次结构性的板块碰撞，他都在场。一个人居然会有如此完备的奇遇。

微软时代，他在缝合最新科技和古老国家的裂缝；

Autodesk时代，他在缝合中西商业文化的裂缝；

新闻集团时代，他在缝合媒体、娱乐与IT的产业裂缝；

万达时代，他在缝合中国企业与扁平的全球化世界的裂缝。

我结识高群耀兄15年。每次有机会促膝长谈，都有巨大收获。每次远望他的身影，也都有所会心。

看这本《创变》——高群耀兄对其过去40年职业生涯的回望，最大的趣味，就是揣摩他的"算法"。他是怎么把整个世界当成"数据"，然后运算出这个结果的？

"高群耀算法"中，有很多和其他成功人士相同的"代码"。比如，勤奋、好奇、善意。但我觉得，也有一行代码是他独有的，那就是——"成为枢纽"。

我试着替他的每一任老板复了个盘。结论是，在那个特定的时间点，要完成那个特定的任务，高群耀几乎是能找到的唯一最佳人选。他把自己变成了一个绕不开的人。

他是怎么做到的？这本书里有答案。我们一起去找。

有算法的人，总是会做到两点：

第一，他会持续精进。因为算法的本性，就是不断迭代。

第二，他拥有一种"可累积的优势"。因为数据越大，算法越优。

所以，这本《创变》只是半本。未完待续。

谨为序。

罗振宇 得到App&罗辑思维创始人

自序

应对变化为一个人带来了变化的加速度

2018年9月23日,我再次回到了阔别40年的母校——哈尔滨工业大学。尽管在过去几年里,我也曾受邀回到母校做演讲,但这一次返校意义非凡。整个校园就像是在举办一场盛大的嘉年华,为的是欢迎一批特殊的学子远游归来——哈工大77级、78级入学40周年纪念大会即将召开。

77级、78级,就是1977年中国恢复高考后的第一批大学生,而我也幸运地成为在大时代巨变中被抛入另一条洪流的人。

当我们这群堪称"奇葩"的两届1000多位学子终于有机会相聚在母校回首往事时,并没有像其他同学聚会那样,彼此白发苍苍,埋怨岁月无情,而是在感慨,我们所经历的40年,也是中国社会发生剧烈变化、经济生活大发展的40年。1978年,中国的GDP是3679亿元,到2017年,中国的GDP已超过82万亿元,增长了220倍。我的天!一个企业能够做到连续增长40年、营业额增长220倍也没有过,更别说这是一个超过10亿人的国家所创造的奇迹！这就像登山，今天回眸一望，原来群山已在脚下，曾经经历的一切已如野花盛开在四野，这种感觉真是相当震撼。

紧接着，另一个话题就出来了——这40年，到底发生了什么？同是一块土地、同是一群人，是什么让奇迹发生？中国改革开放这40年来的惊人变化，给我们这一代人的职业生涯带来了逐浪而起的机会，反过来，这一代人又是这一巨变的参与者和推动者。就我个人的经历而言，应对变化、拥抱变化、创造变化，几乎就是这40年我的人生主题。

一个人事业的"半径"有多大，就决定了你的人生影响力有多大。而这一"半径"，往往是你的视野和雄心决定的。西方人常说"Push the envelope"，也就是跳出舒适区，挑战你的极限。舞台大了，你的机会自然就多了。在过去的40年里，有那么几个"跳跃时刻"，使得我的人生之路就此出现了极大的不同。

第一个人生的跳跃时刻，无疑是恢复高考后考上哈工大。第二个跳跃时刻，应该说是1995年选择回国发展。20世纪90年代初，出国刚刚成为一种潮流，一部《北京人在纽约》风靡大街小巷，我却做出这个逆向回国的决定，绝对是"逆风飞扬"。

我当时已经成为所在的美国上市公司里的年度经理人，在美国生活安定。但我发现，在和美国同事一起竞争的时候，作为一个中国人，你的爱国热情、语言、文化等却没办法成为优势。更重要的是，全球经济发展的下一个最主要的舞台在哪里？无疑是中国。所以，眼光决定了你所看到的范围有多大。中国正在崛起，没有人知道中国会是什么样，但其崛起的速度之快、变化之快让个人选择的风险和变数更大。我的回国在当时来说是极其奇葩的，同事、朋友、家人一时间都不能理解——大家都想方设法出国，你怎么想回去？是不是脑子灌水了？

对于我们这些早在20世纪80年代就出国留学的游子来说，回国贡献自己的力量，也是祖国的期许。同时，对职业发展来说，回国，能使得你的本土优势比起其他外籍职业经理人来说大大凸显。而这一决定，也顺应了跨国公司开始重视中国市场的潮流，在之后的十几年里，我也参与和见证了外企在中国的经济体量从仅占GDP的个位数到超过30%的巨大增长。

作为中国大陆出生的人，能做到跨国公司500强在中国市场的最高负责人，我是第一拨。对这片土地的热爱程度和了解程度，在我做的商业决定中能没有反映吗？如果只是纯粹的职业经理人，你也可以去埃及做一把手，但热情一定是非常不同的。

第三个跳跃时刻，是2015年决定加入万达。

在此之前，我的职业生涯可以说是已经上升到了外企职业经理人所能达到的阶梯的最高点，一切都是熟悉的"套路"，也正是我的舒适区。有人说，你如果选择去万达，企业文化的巨大差异就会让你"死定了"，不同的背景、不同的土壤，没法生存。另外，你原来在外企的经验，在民企根本玩不转。

而在万达的两年多时间，对我而言则是另一种奇葩的体验，也是全新的航道。你可能难以想象，在百年以来权力核心俱乐部门禁森严的好莱坞，一家名不见经传的中国民营企业突然成了大怪兽，成为座上宾，而我本人也因此入选"好莱坞最有权力的100人"榜单。

在外企工作时，我作为公司海外业务的区域CEO与总部最高决策层建立"直通车";而在万达,情形正好反过来——我要执行一家中国企业的总部意志去管理海外子公司。而这一跳跃时刻,正是发生在中国企业大规模文化出海的背景和趋势之下。万达在好莱坞曾经产生的影响力,就像是一颗钉子,尽管已经被拔掉,但是钉眼还在那里,它的影响是深远的。

现在,我又有了一个新的跳跃时刻,这就是"老当益壮,不坠创业之志"——虽然我并不觉得自己已经老了。从过去40年的职业经理人生涯,到今天创业——创立"移动电影院",是希望以移动互联网的技术,彻底打破传统电影业持续百年的旧有商业模式。而成就这件事的积累和机遇,更可追溯到过去我在以微软为代表的IT产业的工作背景,和以新闻集团、万达为代表的媒体娱乐业的经历,试图为世界创造一个典型的中国原创的创新案例。

我赶上了一个巨变的时代,时代给予了我非常珍贵的几次改变命运的机会。在巨变的时代里,变,成为一种常态;而应对变化,越来越成为一个人的关键生存能力。这就使得每一次应变所做出的抉择和行动,让原本在同一起跑线、同一航道上的人们产生了越来越剧烈的指数性的差别。

时代的变化创造了初始速度,而应对变化则给一个人带来了变化的加速度。

如果没有时代所给予的跳跃机遇,那么每个人的价值增长率将相差无几,而我可能到今天仍然是一位工程师。越来越密集的变化成了我们职业生涯跃迁的加速器,同时,因为变化,舞台的中心也在不断演化,使得我们有机会参与下一幕大戏,而不是早早"领盒饭"的人。

但是，即使变化到来，不同人采取不同的应对态度，其结果也是天壤之别。一种人是面对变化选择逃避，那么他将错失改变人生增长率的机会。还有一种人是盲目逐流而变，其结果是迷失自我，最终一事无成。再有一种人则是洞察变化之大势，积极拥抱变化，从而获得更强劲的人生推动力。当然，最棒的一种人，是创造变化的人，他们仿佛具有扭转现实力场一般的神力，成为时代的佼佼者，产业的引领者，比如比尔·盖茨、史蒂夫·乔布斯等。

而今，更糟糕的是，一个人只有快跑才能留在原地，不进则退。一些学者担心，如果未来机器智能发展到高级阶段，很可能社会上会出现一批叫"无用阶层"的人，他们被社会所供养，生活中就是玩电子游戏、叫外卖和网购，并不创造多少社会贡献和价值。这类人，将注定被变化所淘汰。

过去40年，中国的改革开放和科技革命发展相融合，使得社会经济和商业发展都经历了剧烈的变化。那么，今后世界还会发生什么样的变化？没有人知道。但有一点是清楚的，那就是——唯一不变的事就是变，而且今后40年的变化一定比之前的40年更加剧烈、更加不可预测。

于是，我想回到这本书出版的初衷。

一方面，变化本身就是机会。在我过去40年堪称奇遇般的职业生涯里，有幸被时代的巨变抛入一个又一个洪流——从恢复高考后的第一批大学生，到改革开放后的第一拨"洋插队"；从世界500强里的第一拨本地CEO，到中国企业走向海外的先锋官；经历IT产业的高速发展，又参与技术与媒体娱乐的深度融合；并与三位时代的商业巨人比尔·盖茨、默多克和王健林共事共舞……我既是诸多变化的参与者和推动者，也是坐在第一排的观察者，有机会将这些奇妙历程一一记录下来，希望在某种程度上能够对读者朋友有一定的参考价值。

另一方面，应对变化越来越成为我们未来生存的关键能力。面对巨变的世界，该做何选择？该以何种态度去迎接变化？怎样抓住真正的变化从而把它变成人生的新机遇？这将是决定今后40年，你和今天尚处于同一起跑线的人们产生指数性差别的起点。

这就是——创变。

感谢哈尔滨工业大学出版社，值此我的母校——哈尔滨工业大学即将迎来百年华诞之际，让我有幸作为学子出版本书，将自己过往的人生体验得以记录。虽说岁月不饶人，可我们又何尝饶过了岁月？我们的精神人格在大学里形成，与母校联系在一起，充满了各种戏剧性、挑战和激情，也让我们成了国家各行各业的中流砥柱，我们把人生最亮丽的40年献给了祖国，借着改革开放的机遇，我们创造了价值、实现了梦想、改变了生活，也在某种程度上改变了世界，让时代变得更生动，让我们自己变得更加非凡。历史可能不会记得我们中间每一个人的所为，但是一定会记住我们这个独特群体的贡献。

我们常常习惯了受惠，但是忘记了感恩。人生可以称为母亲的只有三个：母亲、母校、祖国。母亲赐予我生命，母校赋予我知识，祖国给予我归属感。我们致敬祖国、感恩母校和母亲。40年前，我们走进了哈工大，命运从此改变，祖国也从此日新月异，1982年的毕业给了我们第二张出生证，我永远为有哈工大这样一个身份标签而自豪、而骄傲，期待哈工大百年校庆，永铸辉煌！

高群耀

目 录

1 / 无学时代的求学

当年哈工大在校师生3000多人，仅有两个食堂，窗口又很少，每次队伍长得让珍惜时间的学生看得绝望。力学师资班的一个女生早晨会多买一个馒头，留作中午饭，免得学习时间都浪费在买饭排队上。

阿继厂的那些人、那些事   3
  从"高群跃"到"高群耀"   4
  大学生舅舅来了   8
  像阿甘那样奔跑   9
  上山、下乡、留城   10
  "小高老师"   12
  《每当我想起〈东方红〉》   14

光辉岁月哈工大   17
  所有人都在"报复性"地学习   18
  挚友即"家人"   20
  不能把时间浪费在食堂排队上   22
  "规格严格，功夫到家"   24
  生活会奖励勤奋的人   25

2 / 从世界定位中国

那是一个"新的转机和闪闪星斗，正在缀满没有遮拦的天空"的时代，一如财经作家吴晓波在《激荡三十年》一书开头所描绘的："当这个时代到来的时候，锐不可当。万物肆意生长，尘埃与曙光升腾，江河汇聚成川，无名山丘崛起为峰，天地一时，无比开阔。"

怀揣300美元去留学	29
见识另一个世界的广阔	31
当上中国学生的"头儿"	34
卢刚枪击案	35
等待人生的使命召唤	37
看清风口逆向回国	41
"再不回去就不用回去了"	42
No Happy Wife，No Happy Life	45
新的转机和闪闪星斗	47
从零开始创建外企样板Autodesk	49
卷入中美贸易争端	51
视员工为合作伙伴	53
找到与政府共赢的甜蜜点	56

3 / 日不落王国微软

随着鲍尔默的离去，高群耀的诉求和鲍尔默的承诺一起杳无音信了。高群耀至今确信，有些事情鲍尔默是永远不会有精力介入的。微软太庞大了，事情也太多了，对于一个营业额小到可以忽略的中国市场来说，问题即便尖锐，鲍尔默也无法顾及。

成功也是失败之母	61
不可一世的Windows	62
打死不下牌桌	65
"3年魔咒"？	68
危机四伏的微软中国	70
一个侏儒拖着一头大象往雪山上走	71
"答案就在你的手中"	74
高管"大逃亡"	77
税务风波	80
"总裁"还是"总裁"？	84

大手术——把航母放进航道 86
    有钥匙？那就先找到锁眼 87
    正版化，有解还是无解？ 89
    渠道下沉与清除腐败死角 91
    总觉得花在人身上的时间不够 93
    不能忘却的纪念 98
    寻找拨动中美关系的琴弦 103

自杀式辞职换来体制革新 106
    向鲍尔默"献礼" 107
    "有毒"的大中华区设置 110
    管理汇报一定要"短路" 113
    两个和尚争水吃 114
    收之桑榆，却失之东隅 116
    "你最大的失误是：不够坏。" 121
    微软的成功之道 123

[巨头肖像]
比尔·盖茨：洞见未来 128

Autodesk重现辉煌 134
    (企业在中国的资源×当地决策权力)^{政府关系}=成功 135
    如果某件事重要，那就刻意放大它 136
    点头不算，摇头算 138

4 和默多克中国冒险

默多克需要的中国统帅，不再是一位传媒娱乐精英，他需要的是能把握四大产业融合的IT人，这样才能更好地理解和把握新的战略和趋势，高群耀正是他要找的那个人。而打动高群耀的，恰恰正是默多克向他展示的这幅未来的大图景。

成了"华尔街第一股"   140

默多克要找一位IT人   147
   当场划出一笔"握手费"   148
   默多克的顶级朋友圈   150
   获得默多克的"直通车"   154

站到全球传媒娱乐业的制高点   157
   以娱乐为业务中心   158
   MySpace和更大的局   161
   雅虎：谁的猎物？   166
   MySpace没落：昂贵的教训   168
   2008：伤逝与重建   170
   卖掉星空卫视   171

转型—默多克婚变—撤退   175
   注资博纳：既是朋友，也是对弈者   175
   入股珍爱网：20元盒饭的工作餐   178
   投资迅雷：再解"盗版"之结   180
   耐心耗尽   181

[巨头肖像]
默多克：我比他们更知道我是谁   182

5 / 万达：好莱坞里的大怪兽

高群耀和王健林拜会时代华纳CEO杰夫·比克斯，刚象征性地交谈了几分钟，王健林就表示出："我有兴趣投资你们。"杰夫·比克斯有点愕然，面无表情地回应："咱俩有一个共同的特点，就是都不需要钱。"这个不太婉转的拒绝终结了深谈下去的可能。

赌局：你在万达活不过一个季度 191
 万达生存指南 193
 最高上限的礼遇 197
 疯狂的HR：换血、输血和铁血 199
 董事长身上无小事 201
 媲美春晚的年会 204

冲刺吧，铁人！ 209
 王健林的足球情结 211
 收购盈方：撬动全球体育资源的支点 213
 韩国烤肉馆里的谈判 215
 买下铁人：3个月完成复杂收购 219

一条名叫Wanda的鱼变成了大怪兽 224
 管理AMC：第一次见面，CEO辞职了…… 224
 这个行当的商业模式得改 229
 全球最大单一院线诞生了 234
 高光时刻 237
 再造一个东方Hollywood 241

若能收购"六大"之一…… 246
 王健林的性格不会止步于一个小目标 247
 进入派拉蒙的豪门恩怨 250
 绿色遮阳伞下的秘密会面 254
 让传奇成为"第七大"？ 258
 从《魔兽》到《长城》 258
 传奇需要一位新CEO 262

山雨欲来，不祥的预感	268
2017年10月13日：戛然而止	271

[巨头肖像]
王健林："军事堡垒"里的王　274

好莱坞的秘密　282
　　在食物链的顶端　282
　　绿灯系统与完片保险　285
　　制片—发行—放映＝风险投资—贸易—零售　287

打破存在百年的商业模式　291
　　新的人生选项：创业　292
　　把观影权利还给观众　294
　　破壁者&奠基人　297

放映新秩序时代来临　300
　　把手机变成放映机　300
　　灵魂社交工具？　302
　　手机上的全球发行　304

后　记	310
致　谢	314

创业，就是一直在奔跑

　　一个力学博士、立志要当教授的人却跨界到了传媒业、电影圈，尺度太大，后来高群耀意识到不是他改行了，是行改了。世界产业在近40年持续变迁和融合，只有当一个人特别努力，才会幸运地总是坐在第一排。

1

无学时代的求学

当年哈工大在校师生3000多人,仅有两个食堂,窗口又很少,每次队伍长得让珍惜时间的学生看得绝望。力学师资班的一个女生早晨会多买一个馒头,留作中午饭,免得学习时间都浪费在买饭排队上。

阿继厂的那些人、那些事

这是一座在原野上崛起的厂子，一个封闭的小社会，它并没有逃过那个大时代的任何一场运动，诸多往事充满高群耀的童年记忆，忘却不了，那些难忘的瞬间仿佛会永远存在。

离哈尔滨30公里的一片原野上，孤零零地坐落着阿城继电器厂（以下简称阿继厂），它是亚洲最大、世界第二大的继电器厂，是苏联在中国援建的156个重点项目中的一个。苏联援建的项目大都地处深山老林、戈壁荒滩或城市郊区，神秘而重要。

在东北，即便是这样荒僻的地方也隐藏着战争的残酷痕迹，阿继厂在20世纪50年代建设时覆盖了一些抗战时的旧址，就像生命都跌落在历史的尘埃里，却总有一种向死而生的抗争与勃发。

阿继厂所在的阿城县，今天已经成为哈尔滨市下辖的阿城区。阿城，为"阿勒楚喀"的简称，在女真族的语言里，意思为"金子"。公元1115年，完颜阿骨打称帝，国号大金，建都会宁即今阿城区城南4里许。因此，阿城史称"金源内地"，被中外史学家誉为"全人类宝贵的历史遗存之一"。

作为"女真人的肇兴地，大金国的第一都"，阿城像个倔强和沧桑的历史老人，从900年前大金国的王朝氛围中走出来，在苦寒的气候和辽阔的土地上，草原文化和农耕文化的交融冲撞中，造就了阿城人豪勇和粗犷的性格。也只有这种强硬的文化体征才能绵延到今天。

阿城继电器厂就生长在这个嬗变的历史夹层中。在近70年的发展进程中，被誉为"中国继电保护的发祥地"，产品应用在葛洲坝、大亚湾核电站等数百项国家重点工程中。在高群耀父辈的心中，阿继厂在新中国的建设中发挥着举足轻重的作用。

"为有牺牲多壮志，敢教日月换新天。"阿继厂在"激情燃烧的岁月"被建设成了一个五脏俱全的小社会，有幼儿园、小学、中学、文化宫、医院等。当年国家抽调了大批精良的技术人员奔赴黑龙江，其中包括很多毕业于清华、上海交大的毕业生，他们把生命中最好的年华都交给了阿继厂，包括高群耀的父母。

/ 从"高群跃"到"高群耀"

1958年，高群耀在这里出生了。

他一出生就赶上了"大跃进"运动，随之而来的是"三年严重困难"。父母给他起名叫"高群跃"，让人一看就知道是那个时代的产物。他上小学时自作主张把名字改成了"高群耀"，非常无意识地抹去了它的政治色彩和时代烙印。

在此后生命的长河里，他在每一个人生节点似乎都赶上了一场"运动"，他被席卷其中，却把握住了每一次的"势"并冲上了浪尖。

高群耀出生56天就被送到了厂里的幼儿园，革命生产都是如火如荼的，容不得"半边天们"有更多的时间分配给家庭。高群耀的妈妈是厂里的一名工人，每天早7点半上班，晚5点半下班。高群耀还有两个姐姐，比高群耀年长4岁的大姐承担起了一部分照顾弟弟妹妹的责任，接送他去幼儿园，做晚饭，做家务。

到他三四岁的时候，大姐每天早上背着妈妈拍拍他的头说："自己去吧。"高群耀就乖乖地独自上幼儿园了。傍晚，大姐必定去接他。她远远地望见那个瘦小的身影就一阵欣喜，他会张开手，把一个偷偷留下来的包子捧给她，那是他从自己的定量里节省下来的。大姐总是饿，吃不饱，那个"傍晚的包子"在她记忆里无比美味。

大姐很爱"折腾"，她经常审视着这个不到50平方米的小家，然后把花架子换个位置。后来她又把炕糊成了绿色的，清新却扎眼——谁家的炕不是土黄色的呢！再有一次，妈妈下班回来，发现她把炕拆了，要重新砌……

高群耀总是安静地在旁边看着。俊秀的大姐在他心中有一种超凡脱俗的气质，她爱玩，乒乓球打得好，所以高群耀上学后乒乓球也打得好；她喜欢读书，才思敏捷，所以高群耀的作文总是被老师当作范文来读——那是大姐帮忙写的。二姐长相甜美，她继承了妈妈出众的白皙皮肤，又会唱歌跳舞，12岁时扮演现代京剧《沙家浜》里的"阿庆嫂"在厂子里扬了名。

高爸爸很宽容，容许孩子们去折腾。他是厂子里的武装部长，但是他不凶，总是和颜悦色的，尤其对孩子们。他每次出差，孩子们总是无比期盼，他永远都不忘给孩子们带回一些小玩意和小零食。

能体现爸爸职业素养的一大特点是他跑得实在太快了，厂子里的运动会只要他参加，中、短跑比赛冠军从无旁落。高群耀家的储物间积满了爸爸挣回来的奖品：一堆肥皂盒，一堆小手巾，一堆茶缸子。

那时候厂子里的贼不多，否则作为武装部长的爸爸出马，贼铁定跑不掉的。

高妈妈对孩子的要求是干净，或者说这是她对自己的要求。虽然姐弟仨的穿戴有点丰子恺漫画的意味——"新阿大，旧阿二，破阿三，补阿四"，但她会缝制得别致得体，孩子就算穿着旧衣服也都是美观体面、干干净净的，这让高家的三个孩子很是与众不同。

妈妈喜欢干净到了有洁癖的地步。高群耀家的油漆地面永远保持着革命的本色——红色，无数次的擦洗就跟抛光过一样，感觉上去就会打滑。家里虽然没有几件像样的家具，但铺上了白色的桌布，再配以白色的窗帘，整个屋子显得纤尘不染、明亮清爽。

高群耀的同学靳小杰每次都是偷偷地往高群耀家里望上几眼，终究没敢进去。那像大小姐闺房一样的屋子，就是在里面打扑克都显得野蛮。如果光可鉴人的地面出现几个鞋印子，简直可以称得上"惊悚"了。

于是高群耀和姐姐们都去隔壁靳小杰的大姑家玩。大姑像个大家闺秀，承继了靳爷爷的绘画天分，还会唱评剧，孩子们围着她时，她兴致一高就唱一段。她的腰肢没有动，但声音里却有婀娜态、风流态，直到高群耀后来看到著名评剧表演艺术家新凤霞的代表作《花为媒》，她把戏剧人物的恨、怒、悲、喜变成字、音、腔、调，高群耀才恍然觉出，靳大姑为什么让他们着迷。大姑必定读过很多书，而且记忆力极佳，她会像个说书女先生一样娴熟地给孩子们讲大部头的《三侠五义》《三国演义》《聊斋》……高群耀听得如醉如痴，有一天晚上，因为听了聊斋故事，他吓得在睡梦中哭了起来。

大姑有眼疾，因此经常在一把椅子上坐着，她纤长的身段长久地保持着一个姿势，就像一部戏剧里不真实的角色，高群耀看到这一幕感觉她就像一个"仙儿"。

印象中，高群耀童年的闹腾都是在别人家完成的。他在靳小杰家下军棋永远在赢，以至于好强的靳小杰即便天黑不等到他输棋不让他走。他也给别的孩子"说书"，许多新闻轶事听得别人目瞪口呆，问他哪里听来的？高群耀说"匣子里"——他总喜欢搂着那个收音机。夜深人静时，高群耀也和姐姐们收听苏联的"敌台"，喜欢女播音员那柔美的声音，妈妈是从来不会用这种腔调和孩子们说话的。

高群耀最喜欢的是看电影，最奢侈的享受也是看电影。那时除了样板戏之外的电影只能叫"批片"，就是要带着批判的眼光看电影。片子太少了，只有《地道战》《地雷战》《奇袭》等有限的几部，有一次，为了看《奇袭》，高群耀带着一群同学逃课，被老师狠狠批了一顿。

厂子里放电影时电影票是稀缺品，那时高群耀的叔叔是工会主席，守门的时候就对高群耀的妈妈说："你得把孩子抱起来。"妈妈看了看已经抱不动的高群耀，吃力地抱起了他。否则，高群耀就想尽办法从漆黑、危险的下水道爬进去。

这就是命运的奇妙——高群耀做梦都没有想到，多年后，每天看电影成了他工作的一部分。他不再仅仅是一名坐在前排的观众，更成为搅动电影、娱乐和IT、互联网融合的"制片人"。

/ 大学生舅舅来了

厂里家属区的房子就像玉米垄，都是一排一排的。高群耀家那一排房子的七八户人家，就像北京的大杂院一样融合在一起。暮色苍茫的傍晚，大人们端着饭碗出来唠嗑，孩子们边在旁边玩耍，边听大人们说厂子里的事。谁家有好吃的，也都端出来共享一下。那种大集体主义生活的美好，就像那些暮色苍茫的傍晚，成为久远时代记忆的画片，在经由那个时代成长起来的一代中国人的脑海中循环播映。

盛夏来临时，高爸爸会带一帮孩子去香瓜园，在孩子们的簇拥下拎回一大袋子瓜，把家里的洗衣盆拖出来摆在院子外，把瓜悉数放进去，招呼各家的老老少少都出来吃瓜。

高群耀年纪不大，却总能成为孩子的头儿，他带着其他的孩子去地里掰玉米，饱满的玉米一掐一包鲜嫩的汁浆，抱回来在院子里架在简单的烤炉上烤。大人小孩都沐浴在浓烈的烤玉米的香气中，烤炉不给力，孩子们眼巴巴望着，急得口水直流。

厂子附近有大片的稻田，稻田上遮天蔽日的蜻蜓永远不知疲倦地飞着。稻田外是一望无际的原野，蜻蜓翅膀之上是高远澄净的蓝天。有时候，不顾太阳光热辣地攻击着树林和稻田，孩子们也会跑出去，拿一个简单的铁丝网兜，拨开尖利的稻子叶，在稻田里捞鱼。鱼可真多，白鲢、泥鳅，还有鲫鱼，急切地挣逃。

但是夏天的野趣不足以让家家吃饱，粮食总是那样稀缺和珍贵。于是，高群耀姐弟几个总是盼望周末"贵客"——舅舅的到来。

高妈妈不喜欢坐在院子里和别人议论家长里短，她是特立独行的，她的心思都花在怎么精细地经营这个家上。她非常喜欢读书人、文化人，因此，对于在哈尔滨工业大学读书的弟弟表现出非同一般的热情。舅舅周末会带上自己漂亮的女朋友来家里做客。大学生啊！在高群耀眼里，每次进门时，舅舅和女朋友就好像浑身散发着光芒。重要的是，只有他们来了，妈妈才肯改善生活，做一顿香喷喷的细粮。托舅舅的福，全家都跟着沾了光。

可能正是因为舅舅的关系，在高群耀幼小的心灵中，深深地烙下哈尔滨工业大学的名字——全中国最好的理工科大学之一。

／ 像阿甘那样奔跑

1966年—1975年是高群耀的整个学生时代：小学、初中、高中。很难简单地说幸与不幸，学生的书桌都被掀翻了，没有精神给养，但对知识的渴求因为短缺而更加迫切。1977年，他考上了大学。命运总是在残酷中藏有转机。

高中的时候，毕良亘老师当了高群耀的班主任，他是黑龙江大学数学系毕业的。同学们都怕他，每天早上5点半，夜幕还没揭去，毕老师就带着学生出门"拉练"了。班里谁都必须去，起不来的有人负责去家里敲门。尤其是冬天，手冻得就像被野兽撕咬般疼痛。靳小杰"恨死"他了，实在太累了，也太困了，每天都像跑了一场马拉松。如果这世界上有包公就是毕老师这张脸吧，无情、铁面无私。

直到她下乡那一年，她突然无比感念毕老师，没有那些魔鬼般训练的早上，她无论如何挺不过农村那些凄冷的日日夜夜，那比"拉练"要难挨一万倍。高群耀同样受益于毕老师的那段"魔鬼训练"。

高群耀坚持每天跑。原本运动会上全班只有两个人没事干，一位是身患疾病的同学，另一个就是高群耀。高群耀的身子骨到了中学还显得很单薄，老师怕出意外，允许他自行其是。他的内心却溢满了难过。

高群耀的跑步人生就是从他被安排在冷板凳上的那一刻开始的。

他像阿甘那样开始不停地奔跑，最初是为了摆脱被轻视的难堪，然后是为了让自己变得更加强壮，后来是为了证明自己的信心和毅力。他在奔跑中思考，在奔跑中释放，在劳累中缓解劳累。再后来，他不再有功利的目的，只是为了跑而跑，没有终点，不能停息。

同时，高群耀的文艺天赋被挖掘了出来，他几乎无师自通地捣鼓会了拉手风琴，还学会了拉二胡、吹小号，由此加入了学校的宣传队，他的新疆独舞《大寨亚克西》成了一个独立的节目。他跳得很投入，站在舞台的镁光灯下，他越来越敢于展示自己，台下黑压压的人群对他不再有压迫感。2018年当他观看电影《芳华》时，仿佛看到了过去的自己。

高群耀的身体和他的内心都强健了起来！

╱ 上山、下乡、留城

阿继厂地处荒郊野外，俨然一个封闭的小社会，但并不是世外桃源，它一样要和大时代共振。

陆续有一些厂领导倒台了。人和人开始疏离，院子里的气氛变得压抑和冷清。

高妈妈"出身不好"，这无疑会危及姐弟仨的前途。邻里一起嬉笑打闹的大哥大姐都在打点行装走向"广阔天地"，愁云开始笼罩在高家的上空。厂子里每位父母的脸上都写着忧心忡忡。

大姐的运气不错，阿城的一家纺织厂到阿继厂去招收少量的学徒工，大姐毛遂自荐，15岁的她看起来有点纤弱，但她的聪明伶俐和那股不服输的劲头一下子就被负责招聘的人看中了。大姐总算是"留城"了。

二姐中学毕业的当天就瞒着父母办理了下乡手续，她豪情满怀、热血沸腾，积极响应党的号召。爸妈很无奈，实际上他们也没能力把她留下。

二姐从来没有拿过锄头和镰刀，凌晨要起来割麦子，庄稼还带着露水，人从田垄的这头进去，那头出来，就像洗了一个澡，身上的衣服全湿了。割完麦子是割谷子，割完谷子还要割豆子。城里女孩子的手都是嫩嫩的，第一天收工回来手上全是血泡，挑破后第二天手肿得就像馒头，不敢握拳。但是还得拿起镰刀，一天天地下田。水泡破了一层又一层，最后变成了茧子，就像没有时限的苦累一样坚硬的茧子。

1975年，高群耀高中毕业了，他想去当兵，背着父母偷偷地报了名。入伍首先要通过厂子里武装部的审核，作为武装部长的爸爸自然就知道了，父母舍不得放他走，高群耀最终留在了父母身边。

多年后，高群耀都感激父母为他做出的一切，这一步对他的一生至关重要。他与儿时玩伴的命运就在上山下乡那一年开始分化，然后命运的轨迹各行其是，越离越远。

然而，离开了学校他却成了待业青年，在家里能干些什么呢？人生没了着落，高群耀突然觉得无比迷惘。

他不断地缠着父母找事做，经过一番折腾，终于在一个大厂子谋得了一个"关键岗位"，在一家糖厂的锅炉房里清扫炉灰。这是一份苦力活，但没有关系还不一定能得到。

上班第一天早晨，大姐把他送出门。高群耀的身板还是单薄，裹着一件又肥又大的棉袄。大姐叹了口气情不自禁地抹起了眼泪。高群耀已经兴冲冲地骑着自行车跑远了。

他干得不亦乐乎。北方取暖的炉子粗壮高大，他戴着口罩把还冒着烟的炉渣子从炉子里掏出来，不顾渣子还烫手马上从锅炉房推到垃圾场。每天两点一线，日子久了实在索然无味。22天后，妈妈和姐姐心疼他年纪轻轻就去吃这份苦，最终辞掉了这份工作。22天挣了40元钱，平均每天不到两元钱，但这是他有生以来第一次靠力气挣来的钱。

然后，他又处在人生彷徨的十字路口了。

"小高老师"

漫长的人生，幸运的机遇可能只出现几次。如果它的出现都是在人生的关键节点，所谓"如穿越般"踏准时代的节拍，那一生无疑是幸运和顺利的。

高家搬了一次家，在厂区里换了个位置。然后，高群耀就遇到了一个对其一生都有重大影响的人物——他的新邻居郝智信，阿继厂中学的教导处主任。正因为坦诚相处，郝智信老师敢于和高群耀说那些人生求知的道理。郝智信告诉他："现在的一切都是暂时的，将来一定不是这样。人想有出息，一定要有文化知识，你很聪明，可以争取先到学校工作，在学校的环境中努力学习和锻炼自己。"

高群耀一下子被激起了学习的强烈欲望，离知识最近的地方，难道不是学校吗？但整个学生生涯都被耽误了的一个刚刚高中毕业的学生，去中学教书简直是天方夜谭。

此时,高爸爸出动了,人有跑一千米的毅力,可以用在任何地方,高爸爸把跑步精神用在了对儿女未来的经营上。而高群耀明白,父母的帮忙总有时限,终有一天,在人生的道路上他们只能帮你到这里了,凡事终要靠自己。此后,他考大学、出国,父母再也没能力为他做什么铺垫了。领路只是为了放飞。

在郝智信老师的指点和引荐下,经过高爸爸的一番疏通、活动、磋商,高群耀终于又回到了原来的学校,不过是以代课老师的身份。

和他年龄相仿的孩子开始叫他"高老师",高群耀有点无地自容、诚惶诚恐,更不敢懈怠。

学校安排他教地理。他盯着一张世界地图,仿佛不把乾坤参透,就不足以让他守住这个来之不易的饭碗。第一天上班,大姐看他心事重重地拎回来一本地理书,有点没底地问他:"你打算讲什么呢?"高群耀指了指手里的书:"就讲这个。"那天,他备课到深夜。

他把整节课的时间算计得很精确,下课铃响正好讲完。他想,只要那些学生不提问题,他就能应付得来。只要把能讲的都讲完了,他就叫大家考试。他内心有点歉疚,知道自己水平有限,因此更加卖力地备课。

第二个学年,学校让他改教物理,这正中高群耀的下怀,物理是他最感兴趣的。但他明白自己的二元身份,一半是教师,一半是学生。所以很努力地学习,也和自己较劲。他写日记敲打自己:"我脑子怎么那么笨,好像零件生了锈。我非得猛力让脑子不停地转不可,拧碎了也要转。" 他觉得不这样逼自己就无以弥补与那些大学生老师的差距。

阿继厂最好的资源就是人了，那时五湖四海的技术人员支援东北来到阿城，厂子就抽调了一些大学生补充教师队伍。高群耀虚心求教，那些老师也乐意把自己的知识和经验传授给他。

大姐终归不放心，偷偷问高群耀班上一个孩子："他讲得到底怎么样？"孩子嗫嚅着说："在他的课上我绝对没睡觉。"

他说的是实话，高群耀就像掌握了和学生交流的密码，学生们听得津津有味。什么都比不过学生买账，那一年，高群耀居然被评为"优秀教师"，披红挂彩绕着厂区走了一圈以示光荣，好多人围观。高群耀既难为情又有一种中状元的感觉。

／《每当我想起〈东方红〉》

就这样，平静又紧张地教了近两年书，1977年，突然就恢复高考了。

1977年10月21日，《人民日报》头版头条刊登文章《高等学校招生进行重大改革》，宣布恢复高考。这个消息通过中央人民广播电台如常规新闻一样的语气播报了出来，立刻就在全国炸开了！是那种"漫卷诗书喜欲狂"的沸腾，11年啊，一条被关闭如此之久的公平公正选拔人才的通道要开闸了。

还在农村的靳小杰听到这个消息扔下锄头就回城了，什么都不顾了，她要参加高考。后来她考取了一所专科学校，毕业后回厂区中学教了英语。

高群耀的一位哈工大的同班同学韩冰也跑回县城在家复习，那时他还是农村大队里的民兵连长，公社的书记找上门来，秋收太忙要求他赶紧回去，如果复习有不会的就让公社的老师帮忙解答。韩冰想到上一次公社的老师遇到数学难题还是来求助的他，但终究还是回去了，边复习边上工。

从消息爆出来到高考仅有一个多月时间了，而且根本找不到复习资料。所以一定意义上，这一个多月拼的就是时间和资源，谁花费的时间多、谁能找到复习资料，谁胜出的概率就大。

而这两年的教书生涯对高群耀来说，简直就是为这一刻来临做的长期准备。不用从头复习，不用环境置换，从没离开过知识的殿堂。

他把童年起就对舅舅的仰慕，对教学组大学生老师的敬佩，对这是个绝对不容错过的机会的敏锐判断，统统化作了疯狂的备战。而高家，也陷入了家有考生的紧张状态。

妈妈是最喜欢大学生的，一想到家里有可能要出一个大学生，她每天忙忙碌碌，严肃的脸也变得眉开眼笑。

1977年11月28日和29日那两天，高群耀已经不记得黑龙江冬季的寒冷了，他度过了两天紧张的高考。

考题对他来说不如预想中的难，100分的语文课目，看拼音写词语加一小段文言文翻译占10分，现代文知识20分，作文高达70分，还记得当年的作文题目是《每当我想起〈东方红〉》（黑龙江省考区）。但是对许多已经多年没有被知识浇灌的考生来说，这个水准的试卷也勉为其难。

接下来是漫长的等待……

厂子里的人都知道高家曾经披红挂彩的儿子是高考考生，见了面免不了询问："考上了没有？"而通知书却迟迟都不来。

高群耀变得越来越焦虑，春节过后，几乎要崩溃了。大姐经常往家跑，这几乎成了家里所有人的一个心病。那天，她恍惚看到一个邮递员向自己家的方向奔去，她心念一闪。邮递员敲开门后连说"请客请客"。高群耀从屋子里冲出来，一封印着"哈尔滨工业大学"字样的挂号信赫然在目，一家人激动地拥抱在一起。

厂子里恭贺的人群几乎踏破了高家的门槛！

光辉岁月哈工大

高群耀以当地考区最高成绩考上了哈工大。拎着行李第一次仰望哈工大的主楼，他被深深地震撼到了。这座仿照莫斯科大学主楼设计的折中主义风格的混凝土建筑，高大、庄严、厚重、神秘，完全符合他心里知识殿堂的形象。

而这个殿堂的确给了他日后职业发展的很多基础，判断力、思考力、能吃苦、脚踏实地。从舅舅到高群耀，再到日后大姐的儿子，高家三代都接受了哈工大的洗礼。

哈工大的历史可追溯到1920年，其前身为哈尔滨中俄工业学校，当年10月17日举行开学典礼，设铁路建设和电气机械工程两个科，首届三个班共招收103名学生，学制四年，一律用俄语教学。1938年1月1日，学校更名为"哈尔滨工业大学"。从此，哈尔滨工业大学的校名就一直沿用至今。

从20世纪50年代起，哈工大就以"工程师的摇篮"而享誉全国，为国家培养了一大批中国科学院与工程院院士、教育家、著名企业家。特别是，为中国航天事业输送了数以万计的毕业生。正如航天员杨利伟在演讲时所言："在我工作的周围，有近40%的人是哈工大毕业生。"

在那个1978年的春天，高群耀终于走进了这座向往已久的知识殿堂。

/ 所有人都在"报复性"地学习

然而，报到的当天却发生了一件意想不到的事。

他原本填报的志愿是计算机系，报到时才发现通知书上的专业已经改成了基础部力学师资班，他一头雾水。而哈工大有自己的考虑，"文革"造成的断层，让学校的师资力量严重不足，很多大学都要开学了，一些老师还没有平反，不得不从劳改的农场紧急召回。于是哈工大就从恢复高考后录取的第一届新生中，挑选成绩优异又年轻、家在黑龙江的学生作为大学老师的储备专门培养，总共19名学生，组成了一个力学师资班。

能考上大学比中状元还兴奋，哪有人去计较和挑剔呢！叫读什么就读什么，任由安排，全部接受。高群耀感觉，人生就像一场盛宴，才刚刚开始。

班里新生的"成分"有些复杂。最小的17岁，最大的34岁，是已经有了3个娃的"老三届"。物理系有个班的两位新生，一个是叔叔，一个是亲侄子。因此有些"老三届"闲聊家庭话题时，年轻的同学听得懵懵懂懂，他们都已是青年，但还没有机会接受启蒙。

于是一个年纪小的同学悄悄地买来一本《婚姻与卫生》，包上《钢铁是怎样炼成的》书皮，趁没人注意时偷偷翻阅。

进入大学前，有的同学是民兵连长，有的是卡车司机，有的是工厂会计，有的是县剧团拉二胡的……真是来自各条革命战线。而如今，他们都珍惜自己的新身份——大学生。

入学第一天，学校迎新生放了一部电影，一个力学师资班的女生看了一半就走了，得回去学习，她觉得看电影对她来说太奢侈了。

所有人都在"报复性"地学习，暗地里较劲。实在被耽误得太久，这个身份也来之不易。要知道1977年参加高考的学生是570万，只录取了27万，录取率是4.7%。能等待11年参加高考并被录取的人，都是没有泯灭对知识向往的人。

大学里的活动逐渐变得丰富起来，不久还有了舞会。男女拉着手跳舞那几乎是从未有过的体验。但是力学师资班的人"不积极，不主动"，事实上他们几乎不参加任何娱乐活动，学习是唯一的主题。学生会干部韩冰的工作变得艰巨而重要，系里举办联欢会，他在班里费尽唇舌，最后高群耀去吹奏了小号《铃儿响叮当》。

高群耀刚入学的沾沾自喜很快遭受到了打击。上课时才发现，全班只有他一个人对英文大字不识，别人至少还会26个字母或部分认识26个字母。能考上大学的都非等闲之辈，尤其是他的同桌，一个老三届，基础知识非常扎实。

他没法容忍自己在外语上的弱势地位，下决心从零开始，拼了命也要把英文学好。于是无论严冬酷暑，他每天早晨爬起来用冷水冲把脸，独自一个人跑到哈工大宿舍对面的动物园，躲在树丛里，或对着灰暗的墙，背单词、朗诵课文。有一次，一个饲养员居然误把他当成了一只潜伏的动物。

每天晚饭后，他又与另一名同学在校园或宿舍练口语。因为超负荷运转，有一天他晕倒在动物园里。那个微冷的早晨，他像往常一样跑完步——这个习惯从中学"魔鬼式晨跑"后保留了下来，然后面向一棵大树念英语。过了一会儿起身时，或许因为突发性贫血，眼前一阵昏黑，他下意识地赶紧趴在树上，之后就失去了知觉。醒来后，脸上、身上、书上全都是鲜血，粗糙的树皮剐破了他的脸，一根坚硬的树杈子直接戳穿了他的下嘴唇，直到现在，这个遗留的伤疤成了他那时候疯狂学外语的一个印记。

高群耀一个人单练似乎还不过瘾，最后在哈工大又成立了一个英语俱乐部，成了学生中的活跃分子。他中午不休息，到哈尔滨唯一的一个涉外宾馆去做义工，给那些外国人服务，为的是能练练口语。他学英文简直到了如醉如痴的地步。

这样坚持了两年，每当英语考试的时候，他把英语试卷做完，又在考卷背后自觉地加上一篇作文。当时对自己的要求，近乎疯狂。他给自己起了一个英文名字——Jack，就是千斤顶的那股劲。

/ 挚友即"家人"

1977年，社会思潮的变迁让人来不及反应，也冲击着文化高地的最前沿——大学校园。

1978年12月十一届三中全会后，中国开始实行对内改革、对外开放的政策，1978年是中国改革开放的元年。从此，中国的经济形态发生了巨大的改变。

1979年，一场"实践是检验真理的唯一标准"的大辩论，终于把僵化的中国国门徐徐地打开。"落后就要挨打"也不再像以前那么空洞，读书仿佛也与国家的命运牵连在一起。

教育界立即闻风而动，中国的高等学府再度出现了外国老师。哈工大也理所当然地迎来了第一位黄头发、蓝眼睛的美国女老师。就像一位外国人谈到20世纪70年代在中国的感觉："到哪儿都有种被监视的感觉。"只是因为中国人看到外国人就像看到久违的珍稀动物。

然而这位美国老师玛丽（Mary）只肯招收有限的一些学生。一时间，上千名学生报考，这引发了全校的轰动。要求最高的无疑是英文水平，如果英文的听说读写不过关，上外国老师的课也是不知所云。英语早已从弱项变为强项的高群耀也加入了报考大军，经过惴惴不安的等待，最终成了12名学生组成的"英语班"的一员，那时力学师资班只有他一个人考上。

进入到玛丽老师的班里，高群耀的英文与以往就不可同日而语了，这是真正在和一个外国人交流语言和思想，他受益匪浅，由此对玛丽老师充满感激。1979年春节，他把一位美国老师带回家过年，包饺子放鞭炮，让其度过了一个难忘的中国式春节。那时候可不能轻易带一个外国人回家，为此他还跑到公安局专门报备，并经过了多道审批和质询。此后，高群耀把每一位人生遇到的挚友几乎都称为"家人"。

在新的观念正在形成的阶段，两股思想在交替期的碰撞不可避免。

自1977级起，崇尚学习在哈工大蔚然成风。1980年5月，一篇署名为"潘晓"的文章《人生的路啊 怎么越走越窄……》刊登在《中国青年》杂志上，诉说着一位23岁姑娘的青春迷茫和不知为何而奋斗的苦恼，从而引发了一场全国范围关于人生观的大讨论。这成为改革开放之初思想解放大潮的一个标志性事件，同样也在哈工大引发了一场激辩。

而这样的讨论最终成了滚滚浪潮的一朵浪花。大时代的变化已经到来，有的人不幸被冲上浅滩，而勇敢者则继续会向深海中游去。

/ 不能把时间浪费在食堂排队上

当原本僵化的体制出现松动和改变，一个人的命运方向相应地也呈现出更多样的可能。高群耀快毕业的时候，机会又一次降临了，教育部推出了一项改革方案，对应届毕业生首次实行研究生培养制度。应该说，上进心让他再一次抓住了瞬间出现的机会。

就像四年前的高考一样，他又开始了夜以继日的冲刺，终于成为哈工大首批复合材料硕士研究生班的一员。

高群耀是中国第一批大学毕业后连读的研究生，那时候社会上普遍不知道研究生是什么，只知道是超高的学历，所以盲目崇拜得厉害。北京的建国饭店是五星级饭店，曾经有外国元首来住过，所以平时不让闲杂人等随便进。有一次高群耀有事去找人，保安盘问："你是谁？你从哪里来？你要到哪里去？"面对这样的人生"终极追问"，高群耀无奈之下只好拿出研究生证以说明身份和来意。对方马上满脸充满了惊讶和崇拜，放行了这位"罕见物种"。

他的导师顾震隆，是航天部复合材料领域的头号专家，承担一系列复合材料项目，也是哈工大最优秀的力学教授之一。顾老师对他的学生要求非常严格，和他谈话必须用英文，学生要不做好准备，根本没法面对他。而顾老师认为，一个人如果英文不好，就没法看外文资料，没法对外交流，也到达不了科研世界的最前沿。如果达不到这种境界，岂不是限制了项目的开展？限制了学科发展？

顾老师在美国承担了一些项目，比如短纤维复合材料研究等。美国人做不出成果的项目，他却做出了成果，因此获得了一笔奖金。他用自己的奖金买了设备，在哈工大继续做研究。

哈工大早年的条件实在太艰苦了。当年哈工大在校师生3000多人，仅有两个食堂，窗口又很少，每次队伍长得让珍惜时间的学生看得绝望。力学师资班的一个女生早晨会多买一个馒头，留作中午饭，免得时间都浪费在买饭排队上。

食堂也没有桌子和凳子，大家买好饭，没有席地而坐已经算文明行为了，但是黑压压一大堆人站着吃饭的场景也蔚为壮观，食堂就像操场一样。

曾经有一段时间，高群耀的同班赵树山经常会带给同学们一些驴肉，这些稀缺物资没有点渠道还真搞不到。赵树山的父亲在兽医研究所，这个单位特别惹人羡慕，别的研究所用于研究的都是小白鼠，这个研究所因为承担了一些国际动物疾病研究课题，用于研究的都是驴、马、牛，而且主要是用内脏作为细菌培养基，肉就成了"废弃物"。这些兽医研究所的"废料"成了高群耀和同学们那几年大学生涯难忘的美味。

后来，正值高群耀硕士研究生毕业之际，顾震隆老师和家人移居美国。高群耀跟随刚刚从美国归来，从事固体力学研究的杜善义教授开始了博士生涯。

/ "规格严格，功夫到家"

高群耀读了三年复合材料，主要是做航空航天所需的特殊碳复合材料试验，这是非常先进、尖端的复合材料，制作成本比黄金还贵。一如讲述胰岛素发明者的电影《光辉岁月》里，那种单调、重复却激情不减的上万次试验的场景，科研不仅需要严谨，还必须要有足够的耐力和坚韧不拔的信心。

这或许从哈工大的校训能窥到一点端倪。清华的校训是"自强不息、厚德载物"，北大的校训是"爱国，进步，民主，科学"，哈工大的校训是"规格严格，功夫到家"。有人调侃哈工大的校训有一点蓝翔技校的味道，有点土。

这则校训，是20世纪50年代由时任校长的李昌等人归纳概括而成，体现了过程管理与目标管理相结合的思想。"规格严格"有两层意思：首先要有"规格"，其次要"严格"遵守。功夫到家也有两层意思：一是要肯下"功夫"，二是功夫要下到点子上，要有深度。

但是，当年哈工大校训曾引发过全校大讨论。有人提议，一句校训两个"格"字不太妥当，为什么不用"规格严谨，功夫到家"呢？最后学校很坚持，认为严格和严谨还是两回事，严格是对学生的一种要求，严谨是对老师的要求，最终哈工大的"产品"还是学生，所以宁可用词朴素点，"严格"和"严谨"也绝对不能换。

这种务实的精神，让高群耀多年后即便离开航天业进入商界，从一个工程师转变为一名管理者都受益匪浅。

回头看，20世纪50年代出生的这一代人的命运，几乎从来都没有掌握在自己的手里，2000多万上山下乡的知青，不知道还能不能回来；带一个上写"广阔天地　大有作为"的搪瓷缸子，不知道去往哪里；毕业听从分配，家在上海可能被分到天南海北……但是很多人又尽力在大时代的洪流里掌握自己的航向，自己的命运。

人生经历是社会价值的函数，这一代人有一种普遍的意识和能力，因为什么苦都吃过，所以什么都能干。那时候吃的苦几乎是生死考验。比如在林场里伐木头，其中最累的一个活儿叫"归楞"，就是把伐倒的木头搬到木料厂归纳好。4个人抬着一根木头，谁体质弱、个头矮，那重量就落到谁的肩上，谁的那边低，谁就可能倒下去，甚至掉下山去。这逼得每个人不得不把困难当成生存的一部分来看待。

由此也带来另一种气质——"穷且益坚，不坠青云之志"，越有困难，越激励他们找到出路、闯出一片天地。

/ 生活会奖励勤奋的人

经过了近3年的攻坚，高群耀参与的科研项目终于获得了成功，并得到了航天部的二等奖。那时候刚刚恢复物质奖励，高群耀拿到了上千块的奖金，这是一笔很惊人的数目。20世纪80年代，普通职工一个月的工资才几十块钱。

生活对他的奖励和惊喜接踵而至。这时，人生第一次，一个女孩子闯入了高群耀的生活。25年的生涯里，高群耀还从来没有尝试谈一次恋爱，他仿佛突然发现，生活不止学业一个主题。徐苗，是比高群耀低两届的师妹，从上海交通大学毕业来到哈工大，和高群耀师从同一个导师顾震隆。她性格开朗、不拘小节，与高群耀的书呆子格调非常不同。

一个大雪后的早晨，太阳还未升起，呼出一口气几乎就结了冰，高群耀仍然起来去跑步，大雪让脚步有点滞重。一回头，发现徐苗不紧不慢地跟在他的后面跑着。他惊讶地与她四目相对，也许他们认识了好久，但真正的相识仿佛是那天早晨。那个每次回忆起来都是大地白茫茫一片、浪漫的早晨。

在高群耀出国之前，他们在父母的催促下结婚了，直到现在，许多功成名就的人士婚姻几经更迭，高群耀却始终都守着"原配"。

与高群耀对自己职业的设计一样，毕业后他留校当了助教。职业发展正在按既定的轨道：助教—讲师—副教授—教授行进着。而他当时的理想就是当一名教授。

然而，高群耀课题组所做的项目，以及发表在专业刊物上的文章，引起了行业相当一部分人的关注，包括国外的同行。美国爱荷华大学的一位教授正在为美国铝业公司做一个项目，并在匹兹堡的研究基地里做类似的工作。一次，他到哈尔滨参加会议时遇见了高群耀，问他有没有可能去国外做这样的研究，这意外的机会让高群耀欣然接受。他的决定也得到了哈工大杨士勤、杜善义等校领导的大力支持。

高群耀在哈工大任教半年之后，开始了他的留学生涯。

从世界定位中国

那是一个"新的转机和闪闪星斗,正在缀满没有遮拦的天空"的时代,一如财经作家吴晓波在《激荡三十年》一书开头所描绘的:"当这个时代到来的时候,锐不可当。万物肆意生长,尘埃与曙光升腾,江河汇聚成川,无名山丘崛起为峰,天地一时,无比开阔。"

怀揣300美元去留学

地球的那一边是什么样的，高群耀还一无所知，但是他上路了。

走的时候，他从学校借了300美元。1985年父母每人每月的工资是70多块人民币，一年每人200多美元，很难拿出一笔钱支撑他上这个"自费公派"的留学。

他生平第一次坐飞机，起飞、降落时耳朵被压迫得快要失聪的感觉让他非常不适。飞机降落在上海，转机去芝加哥，因为爱荷华市（Iowa City，现译为艾奥瓦市）没有机场，还需要从芝加哥飞到另一个城市，再驱车赶往爱荷华市——他的人生下一站。

飞了约14个小时，到芝加哥已是深夜，他不得不找酒店暂住一晚。有人指点他机场旁边有个希尔顿。严格地说，他在希尔顿只住了不到6个小时，因为倒时差，他也睡不着，遥控电视他也不知道怎么启动。他就趴在桌子上，给太太写了一封信。天蒙蒙亮时他又要启程了。

退房的时候，他惊呆了，房费居然是130美元！这是他有生以来最大的一笔开销，一个晚上花了爸爸约半年的薪水。基本上没吃没喝，连电视都没有打开过。

终于到了爱荷华大学,高群耀的导师问他昨晚住哪儿了,他说住在了希尔顿。导师哇了一声说:"我这辈子还没有住过。"高群耀辛酸得一塌糊涂,揣着300美元,刚到美国第一个晚上,已经花去近一半。

而且,他的箱子还丢了。那是启程前太太特意给他准备好的一个箱子,她尽最大的可能给他置办吃穿住用的东西,包括一针一线织的毛衣、手套等等。箱子丢了,感觉物质和精神的寄托全部都丢了。

虽然爱荷华大学随后和美联航交涉,最终美联航赔了650美元,但这没法平复高群耀的沮丧,他携带的所有安抚乡愁的东西都找不回来了。

旅途劳顿几日,都没有好好吃过一餐。高群耀来到学校旁边的一个商场,进到商场就闻到一股奇怪的味道,那是他生平第一次闻到沙拉的味道,突然觉得头昏脑涨,跑出去干呕不止,世界上怎么会有这种味道?虽然后来在美国多年,沙拉成了日常食物,但那时候完全无法接受。

高群耀到美国是10月份,到11月份就赶上了第一个感恩节,这就像中国的中秋节,是一个全家人团聚的时刻。1985年的感恩节,爱荷华下起了鹅毛大雪,路上的积雪快要及膝了,比东北的雪还要肆虐和壮观。城里的学生们都放假回家了。高群耀一个人,从校园这边走到校园那边,又到周边转了一圈,两个多小时,自始至终没有看见一个人,只有他的一溜脚印,并且很快被漫天的大雪湮没了。

他站在大雪里,把脸仰向迷蒙的天空,问自己:"我为什么要来这里?"

/ 见识另一个世界的广阔

爱荷华州（现译为艾奥瓦州）是美国的一个农业州，95%以上的人口都是农民，主要经济作物就是玉米。整个州从东到西，到处是一望无际的玉米地，爱荷华整个城市的最大机构就是爱荷华大学。

爱荷华大学有中国学生，好多中国人住在一栋楼里，高群耀的宿舍有点像合租公寓，很简陋，男女混住，共用一个厨房等公共设施。

在同一栋楼里，你会很快识别出哪些是大陆（内地）人，哪些是台湾人抑或香港人。大陆（内地）人用的是简体字和现代汉语，台湾人用的是白话文式语言，香港人用的几乎是清朝语言，比如香港人把当警察说成当差，是清朝人的典型说法。

因此，能找到一个沟通顺畅的华人做朋友还有点不容易，后来，来自武汉水利学院的一位比他大20岁的访问学者成了高群耀的好朋友，两个人一起做饭，虽然做得一塌糊涂；一起去听音乐会，但那次一进场，高群耀差点没昏倒。这是他去过最嘈杂的地方，舞台上有乐手就像在发泄仇恨似的敲着架子鼓，贝斯手一边弹奏一边疯狂地甩头，仿佛头上粘着一只蚱蜢，旋律非常激越狂野。整个场内竟然没有椅子，所有人都站着，音响、光影、男男女女所有的东西都是抖动着的，如果进场的人不跟着扭动起来，简直就像扎眼的木偶一样不可思议。我的天呐，这也叫音乐会！音乐会难道不是让人正襟危坐地欣赏的吗？高群耀和朋友不一会儿就逃了出来。他一个礼拜都因此没睡好觉。

他们又尝试去看了一次电影，驱车两个小时到爱荷华州的州府，电影中场休息期间，出来了两个女人，一丝不挂，在舞台上旁若无人地扭了起来。高群耀惊得眼珠子都要掉下来了。

晚上消遣想看看电视，发现不是一个频道。如果看HBO（Home Box Office）还是分级的，好多同学在期待看R级电视，限制级，很黄很暴力。

有时候，高群耀希望到图书馆找到一些心灵的安慰。爱荷华大学的东方文化很有名，中国作家聂华苓来到爱荷华和丈夫创办了爱荷华大学的"国际写作计划"，因为这个项目，中国大陆作家萧乾、艾青、王蒙、王安忆、汪曾祺、苏童、莫言、阿城等都来过爱荷华大学进行学术交流。而图书馆给高群耀的震撼或许比那次重金属音乐会还要大，原来很多事情还可以从不同的视角来解读，醍醐灌顶似的，他的周围仿佛一下子打开了很多扇窗，视野由此更广阔了。

他仍然每天跑步，来洗刷自己的灵魂，就像来到美国每天精神被洗刷一样。

出国几个月后，即1986年2月份，他成功地把太太徐苗接过来了。虽然大学简陋的宿舍让徐苗震惊，这里和她的教授父母住的荷兰人遗留的小洋楼不一样，但是学校却因徐苗的到来给了他们一间独立的宿舍，他们有了"家"，一种颇为像样的留学生活开始步入了正轨。

高群耀在爱荷华大学当他的导师的助理研究员，同时也是博士研究生。他只想读书，一心一意读完博士回国，他的理想是当教授，阳光下再也没有比这个职业更崇高的了。

他来到美国后几乎是身无分文，直到这时才更懂得独立的意义。

一位刚毕业的师兄去了底特律，供职于一家汽车公司。回来看望高群耀他们时，告知每天可以挣100美元，高群耀和同学们羡慕得不得了，那是什么样的高薪收入啊。20世纪80年代的美国，高群耀的教授年收入大约3万美元，一般的工薪阶层是1万多美元。

高群耀开始为别人做一点科研项目，一个月能挣上几百美元。他还帮学校工厂设计了一部压纸的机器，他是学力学的，这种小设计对他来说只是"毛毛雨"，由此得到了500美元的报酬。他发现在美国，只要你的东西新奇有市场，就会有人付费。

每天早上6点半他还骑车去学校的食堂去包三明治。把一个圆面包从中间切开，放上奶酪、生菜、火腿，再用塑料薄膜包好。每天早上做2~3个小时，可以赚10美元。就这样，一面读书一面打工。有一个月他的收入达到了1000美元，这对他来说是一个标志。他跑到流经全城的爱荷华河的桥上，对着默默流淌的河流远处大声地喊了两嗓子。

他和太太花500美元买了一辆车，一辆1977年出厂的老爷车。照了一张照片寄给了爸妈，他想他们一定很惊奇、欣慰。徐苗酷爱旅游，他们制订了一个计划，要在几年内完成周游美国的梦想，这也是一个了解美国文化的旅程。所以他和徐苗一有机会就出发，没有保险、没有信用卡，他们开着一辆500美元的老爷车，走遍了大半个美国。虽然现在想起来有点后怕，抛锚了怎么办？

在被尼亚加拉大瀑布气壮山河的景象迷住时，高群耀脑子深处会想到黄果树大瀑布；去了科罗拉多大峡谷，会想到中国西部神秘的鬼城。

那时候，"乡愁是一枚小小的邮票，我在这头，母亲在那头"。只有出国，才会对这句诗有更真切的感受。

当上中国学生的"头儿"

因为高群耀夫妇在学校有了自己独立的住所，所以他的"家"很快就成为中国留学生的一个主要活动场所。他们买了汽车后，还配备了电视、录像机等国内还稀缺的"硬件"。大家买菜都来开高群耀的车，有空就到他家来看电视。对刚到美国的同学，高群耀还会安排同学去接。

想家的同学经常跑到高群耀家里来聚会。一部风靡国内的电视连续剧《上海滩》，大家几乎是一口气一天一夜看完的，饿了就煮点方便面，困了就在沙发或者地板上打个盹。中央电视台的春节联欢晚会成了必看的节目。一开始，是通过一些人把录像带带到美国，后来干脆自己录。几乎所有中国留学生无一遗漏都来高群耀家看了一遍，谁来了高群耀都陪着再看一遍，一部春晚看了不下数十遍。

洋装虽然穿在身，但心仍然是中国心。在潜意识里，高群耀一直在关注国内的发展和变化，这或许让他对某个机会的出现能更敏锐地捕捉和判断。那时他对中国航天技术尤为关注。在美国仅能看到的国内报纸是《人民日报》海外版，有一段时间，《人民日报》连载了有关中国发射澳星的一些感人的故事和内情。高群耀兴奋得召集一批人来他家读《人民日报》，一版一版地读那些航天故事。

或许同学们很感念高群耀给大家提供了一个社交的据点，一个释放乡愁的港湾。在一次中国学生会主席选举之际，他们立即鼓动高群耀前去参选，并帮他游说、拉票，俨然成了竞选团的成员。结果，高群耀真的当选了那一届的中国学生会主席。

不久，爱荷华大学学生参议员换届，大家又鼓动高群耀乘胜追击。

但这次就像美国国会参议员竞选，2500名外籍学生只有一名参议员名额，竞争异常激烈。高群耀的"竞选班子"又开始了忙活，组织投票，巡回演讲，最后选举结果公布在校报上，高群耀代表外籍学生最终当选了。高群耀生平第一次见到自己的照片登在报纸上。

学生参议员和美国国会参议员的参政议政，有点异曲同工。他可以参与学校的一部分行政管理方面的工作，还要对学校的主要决策包括校长的假期等在形式上参与决策。更主要的工作是预算，学校有一笔钱，这笔钱由参议院来决定怎么用。高群耀的工作就是想办法争取到一笔钱给外国学生，同时要参加学生会举办的各种各样的活动。所以常常跟美国学生参议员一起出去开会和玩耍，有时住在酒店，一场辩论之后大家累了，也不忌讳男女，横七竖八睡在地板上。

一天早上，高群耀刚刚醒过来，猛然看到旁边睡袋里的女同学吓了一跳，原来早晨的她和白天化了妆的她简直判若两人。直到她一会儿从卫生间出来后，又恢复到平时的样子。让高群耀惊觉化妆简直是易容术。

这次参议员任期，对高群耀来说绝对是个新鲜事，也是个难得的经历。他发现美国的政治人才从学校时期就开始培养了，或者说美国的政治制度已经深入到了学校。这使他有机会对美国的社会和政治体制有了比较深入的了解。这一点让他在以后公司的政府关系处理上也游刃有余。

／ 卢刚枪击案

一转眼，来爱荷华大学已经一年多了。高群耀的内心从最初的震动也渐趋平静。

1986年，爱荷华大学的足球队鹰眼队（Iowa Hawkeyes）在大学足球联赛中取得了历史性的突破，得以在12月份到加利福尼亚州（以下简称加州）的洛杉矶北部的帕萨迪纳进行决赛——玫瑰碗比赛（Rose Bowl Game）。这是年度性的NCAA美国大学美式足球比赛的盛事。对爱荷华来说，也是破天荒的大事，于是上千人跟着球队去加州当啦啦队。加州，对高群耀来说简直是另一个世界。

在电视上，他看到有电视台记者采访观众："你知道爱荷华吗？"这位观众说："No，美国还有这样一个地方吗？"

他才惊觉，除了爱荷华，世界还那么大。

次年暑假，高群耀拜访了工程力学领域的两位知名教授——斯坦福大学的赫尔曼教授和加州大学的福尔尼教授。全A的成绩，以及在中国参与航天项目研究的经历，让高群耀的履历显得非常突出。两位教授都向他发出了邀约，高群耀有些踌躇。斯坦福虽然有作为教学助理（Teaching Assistant，TA）的补贴，但是每年还需要2万多美元的学费，对于还在半工半读的高群耀来说，这是笔巨大的开销。最终，他接受了豁免学费的加州大学的邀请。20世纪90年代，硅谷开始崛起，斯坦福成为创业者的摇篮，虽然高群耀有些遗憾，但是经济条件对绝大多数中国留学生来说是那个年代的一大限制。因为失去，他也在寻找更多的新机会。

至此，在爱荷华学习了一年多之后，他到了加州大学继续读他的博士学位。

1991年11月份的一天晚上，徐苗突然在客厅喊他："Jack，你快来看电视。"电视上正在播报一则令人发指的枪击案，爱荷华大学的中国留学生卢刚开枪射杀了3位教授和副校长安·柯莱瑞，以及一位和卢刚同时获得博士学位的中国留学生山林华，并射伤一位年轻女助理，然后开枪畏罪自杀。据当地媒体报道，枪击的直接原因可能是由于博士论文最高奖学金没有由卢刚获得，而是由山林华获得。同时卢刚在博士论文上和自己的导师观点有分歧导致怀恨在心。高群耀无比震惊，爱荷华那么小的城市，几乎是全世界最安全的地方，连小偷小摸都很少见，警察每天非常悠闲。

他恍惚记起这个卢刚初到爱荷华，还是作为学生会主席的他让同学去接的。事后高群耀问起接机的同学，这位同学还非常不屑："张口闭口就说自己是北大的。我接机，你谢一下好不好？"

这件事给爱荷华造成的震撼特别大，学校停课一天，为逝者默哀，同时呼吁对中国留学生不要有愤怒和仇恨，跟其他中国人都没有关系。爱荷华大学以最理性和公允的姿态来处理这件事。

这件事对高群耀触动很大，卢刚能考上北大，一定头脑聪明、成绩优异，这意味着在校期间是被赞美、被捧着的，以某种标准衡量他是成功者。但一个人的成功首先是心理健康，是人格的健康。当两种教育体制、两种文化体系发生碰撞时，一个心理不健全的人的狭隘、极端和恶毒就被激发了出来。

直到以后公司招聘，高群耀都很在意应聘人士的心理健康，他会问一些与价值观有关的问题。他觉得评价一个人，不要只看他辉煌的履历表，其内在的和谐是选择一个员工不可忽视的因素。

／ 等待人生的使命召唤

美国是学分制不是年限制，所以无论读学士、硕士还是博士，没有死板的时间限制，非要在两年或者三年的时限里完成学业。所以高群耀可以一面读博士一面工作，课题是加州大学和哈工大共同参与的"断裂力学微观实验"研究，后来他也以此取得博士学位。

这段日子，对高群耀和家庭来说是一个相对安宁、稳定的阶段，他们在加州的洛杉矶买了房子，买了新车子，女儿杰西卡（Jessica）也出生了。每天8小时学习和工作，周末在家打理打理花草，俨然一副中产阶级的状态。

但高群耀心里明白，他宜动不宜静，不适合这种布尔乔亚式的生活。

不久，高群耀正式受聘CSAR公司，出任宇航结构力学分析软件开发研究员。这是一项软件产品的研发工作，他开发了"噪音分析"的功能模块，后来这个软件模块广泛应用在汽车低噪音的设计之中。

后来，高群耀又出任了MSC/PDA公司宇航结构力学分析软件亚洲渠道市场经理，负责这个产品在日本和韩国以及亚洲其他一些国家和地区的业务。虽然办公室在洛杉矶，但是三分之二的时间都在亚洲。正是这一段时间，高群耀走遍了韩国、日本和中国台湾的主要工业城市，他的业务知识尤其是各国各地区不同的生意经验也在这一段时间得以积累。因为工作出色，1994年，MSC/PDA公司还授予了高群耀"年度经理人奖"（Manager of the Year）。

那几年，高群耀每年要飞行近20万公里，三分之二的时间在东京、汉城（今首尔）、中国台北和中国大陆的一些城市。如果用一个字概括当时的状态，那就是：忙！忙得出离了宇宙。

但在如此忙碌之中，高群耀的内心深处总有种缺憾，他明白现在所做的只是为了生计，绝非他的事业。而他所追寻的终身事业难道真的与中国永远无关？

这段时间多次回国的经历让高群耀更多地看到了中国的变化，更敏锐地预见到了未来。1992年"南方谈话"之后，中国经济发展进入了一条快车道。如果不亲身参与到这种如火如荼的发展中去，发挥独特的个人竞争优势，以及在海外获得的得天独厚的经验，他断定，这将留下永远无法弥补的缺憾。

他希望所从事的事业与中国有关联，不仅仅是中国人，可以说在美国步入高科技领域的外籍人士，包括俄罗斯人、印度人、泰国人等莫不如此。这种乡恋是世界共通的。

他一直很羡慕保罗·斯里比巴德。

保罗·斯里比巴德出生在泰国，10岁时随父母移民美国。他曾为三大巨头科技公司工作过：IBM（国际商业机器公司）、英特尔公司和微软公司，也是微软早期的精英之一。刚进入微软时，有一个小插曲。微软CEO斯蒂夫·鲍尔默面试他时，就英特尔的某些产品和软件问题向他提出尖锐的问题，保罗当场就跳起来反驳他，说他胡说。那时候保罗想，这下肯定完了，最后一关竟然与鲍尔默大干了一场。结果出乎意料，微软竟然向他发出了工作邀请。

保罗刚进微软，就为自己定下10年目标：积累经验，回泰国去，帮助泰国发展IT技术。7年后，他终于如愿以偿当上了微软泰国总经理，单枪匹马地开拓市场，说服微软投资泰国，开发微软泰文版，设立分部，培训当地员工。他在3年半的时间里，将微软在泰国的营业额从100万美元增加到3000万美元。泰国政府为此给他颁发了杰出贡献奖。从微软退休后，他和家人一起留在了泰国，并在泰国成立了两家软件公司。

高群耀的这个念头很朦胧,自己会有保罗那样的机会吗?

1994年,这个身在异乡的年轻人还在默默等待人生的下一次使命召唤。

看清风口逆向回国

对于任何一个人，机会的出现有时非常偶然，抓住机会必须具备水到渠成的条件。

1995年，生产计算机辅助设计软件的美国电脑软件公司Autodesk（欧特克）向高群耀伸出了橄榄枝，他们在苦苦寻找一位中国区总经理。出自中国大陆，了解西方文化，有亚洲市场的拓展经验，这是让公司回到远东地区的最佳人选。

高群耀潜意识里认定这是个机会，但是下决心却花了整整两个月。要放弃的东西实在太多了。

他本科学的是工程力学，研究生时期学的是复合材料力学，都是科学的前沿阵地。如果出任Autodesk的中国区总经理，必将完全脱离以前的专业，从一个从事技术研究和技术市场开发的人员，一夜间变成一个完全的经营管理者，彻底脱离十几年积累的技术经验和自己的专业。而且他的教授梦也将发生偏移，他的人生既定目标和轨迹都要发生重大的转变。

要舍弃的还有10年来的美式生活。20世纪90年代，是中国青年才俊的出国潮，而他却要逆向而动，在大家蜂拥出去的时候，他却回来了。

当年的中国大陆市场，对Autodesk乃至很多跨国公司来说，都是一片处女地。未来的"金砖四国"之一这时候似乎还没有醒来，每一个"市场先锋"将要在毫无成功先例借鉴的情形下去开辟、去管理，一招不慎就成"先烈"。对高群耀来说，是诱惑和冲动并存、挑战和风险俱在。

对于美国的大公司来说，他们大多会挑选在总部从事管理工作的美国人，或在亚太地区有经验的港台籍华人来担任中国区总经理，还没有一个像高群耀这样的大陆留学生被委派回国内担当重任。而自己是否能最大限度地发挥潜能，他还没底，但他确信自己喜欢挑战。

当他把整个利弊衡量清楚后，一股热血在胸中涌动，他接受了Autodesk总部资深副总裁多米尼克·卡列洛（Dominic Callello）的聘书，并准备把家迁到北京。

1995年1月，高群耀正式加入了Autodesk，并许诺会有一个长期的工作打算，会使Autodesk在远东区从无到有，会让Autodesk占有一定的市场份额，最大限度地完成总部的战略布局。他准备好了到一个从零开始的地域迎接挑战。

/ "再不回去就不用回去了"

第一个反对的，是他的太太。

徐苗有她的工作，在一家电脑公司已经做了5年，不但有了工作积累,也早已习惯了那种朝九晚五的生活。要她一下子放弃一切——熟悉的环境、生活方式,从头开始,并且短时间内还要依赖别人生活,这对她来说是难以容忍的。她的个性一直比较独立,不愿做生活的附属品,她反对得相当强烈。

"你可以去发展你的事业,但搬家,不仅仅关系到你,还有我和孩子。"

20世纪90年代的北京,自行车还是主要交通工具,每次从街上回来都风尘仆仆,洗手时总能看到黑黑的水流下来。而且除了一些星级酒店,几乎找不到一个晚上8点后还能去吃饭的地方。在美国,他们有稳定方便的生活,有一座不算奢华但足够舒适的大房子,院子很大,幽雅清净,铺满绿绿的草坪,周围有40多棵郁郁葱葱的大树。

而来到北京后,在亚运村内的涉外公寓,价钱高得离谱,100平方米左右的房子月租金5000美元,想住进去还得排队。

生活的不便,连他自己都觉得难以接受,何况3岁的女儿。有一次带女儿去西单商场,她想上厕所,但无论如何劝说,她就是不肯去商场的洗手间,没办法,只好打车回到所住的酒店。

最初,高群耀只好开始两地分居的日子。

虽然过去也经常出差,少则一周多则个把月,但一个温馨的家就在身后,感觉得到,触摸得到。现在不一样了,回美国总部反倒像出差,回到家仿佛像住旅馆,惦记着住几天又得上路了。

生活发生了意想不到的错位,这种感受让他很不舒服。

但他对Autodesk的承诺,注定这次回到北京不是一个短期行为。他隐隐地感觉到,这样的日子拖久了,对家庭而言,潜伏着一种不安定的因素。他有着东方人的秉性,把家庭看得很重。爱情、亲情,有时候需要时间来维系。

　　这样的日子过了半年多,他抓住了一个机会,试图打破这种丧失大后方的僵局。在他生活的关键时刻,总有机会不失时机地出现。其实,捕捉转瞬即逝的机会,并非单靠灵性和耐心,还要看对机会的理解,这一点高群耀受了两位文学巨匠的启发。在托尔斯泰的《战争与和平》里,库图佐夫抵御拿破仑的精神支柱,托翁概括了五个字:等待和时间。在大仲马的《基度山恩仇记》里,基度山伯爵跌宕的一生总结出的人生精髓也是:等待和希望。这几个字蕴含的是做人做事的底气,没有这样的底蕴,即使有一百次机会出现也会丧失。

　　高群耀太太的一位好友来北京了。这时高群耀在酒店已经住了半年之久。她是台湾人,在大陆有些生意。或许受太太的嘱咐来看看高群耀生活得怎么样,或许她想了解一下北京的真实情况。不管怎么说,这位女士身负重托,带有"间谍"的色彩。

　　高群耀的策略是如实介绍,逐步"策反",最终说服太太。他请她吃饭,不厌其烦地向她介绍,并让她目睹北京的种种变化,效果似乎不甚理想。然后又让她感受一个忙碌的单身男子在异地生活的种种不便,这似乎能引起一些同情但也是他自找的。然而凭她女性的敏感,很快就发现了问题严重所在。

　　她是台湾人,关于台湾男人在大陆的故事耳熟能详。这些故事的中心议题,就是家庭和生意一样都存在着"机会和风险",在一定程度上,家庭危机的概率似乎还要高一些。

　　她回到美国后,如实向高群耀的太太介绍了大陆的情况,尤其是那些她听到的台湾男人的"原版故事"。她告诉徐苗,大陆目前的生活状态和整个氛围与以前完全不一样了,凡是条件比较优越的人,身边都围满了青春靓丽还会主动出击的女子，尤其是那些海外归来的人更受青睐。

她向徐苗建议，如果掉以轻心，这个家可能就要毁掉。潜台词就是"再不回去就不用回去了"。

这句话发挥了作用，徐苗最后下定决心全家迁回了北京。事后她疑惑地问高群耀："是不是你们两个串通好的？"

高群耀至今心存愧疚也默默地感谢太太，他要的是事业，而她却放弃了所有。女性的伟大就在于她们往往比男人做出的牺牲要多得多，而人生的舞台上耀眼的却大多是男人。

／ No Happy Wife，No Happy Life

1995年秋天，高群耀把家从一个国家搬到了另一个国家，这是个巨大的工程，刚开始的适应也是很难熬的。

高群耀一家的生活方式发生了巨大的变化。新婚的时候都没有多长的磨合期，现在反而处于一个相互适应的非常时期了。他忙，忙得满世界游走；她闲，闲得无所适从。她为自己每天无所事事而内心充满了冲突。

这种举家回迁的举动更让大部分人不理解，好不容易出去了，何苦要回来呢？

那段时间，公司为他们租了一套酒店里的公寓，一住就是三年，感觉总像一个临时家庭。女儿刚回北京时，差不多一年都处于生病的状态，她的呼吸道一直在感染，不停地看病。北京那么小的公寓，她根本没有地方玩耍，而在美国家里的户外，她可以在草坪和树林里蹦蹦跳跳得气喘吁吁。

太太在两年里没有工作，像个家庭妇女一样整天无所事事，这与她的个性极其不符，她与无聊的环境极不协调。这势必造成各种联想，并将矛头转向高群耀，他理解这一切确实都是因为他而造成的。

他想当务之急是尽快帮助她对生活做一番有效的调整。

1995年10月，美国商务部部长布朗访华，时任美国IT公司在华主管提出成立USITO（美国信息产业机构）的建议，以推动中美关系和交流。由美国商务部和美国主要的信息产业商会发起的USITO，在北京和华盛顿各设一个办事机构。北京机构的目的是协助美国公司就中美信息产业进行交流。

高群耀也是建议成立USITO的人员之一，并与USITO在华的首席代表相熟。得知他的办事处还需要人手，需要一个对美国有一些了解的人。高群耀毫不犹豫地推荐了徐苗。这工作对于性格开朗、热心助人的她来说再合适不过了。

至此，高群耀一家彻底把家安顿在了北京，一个和谐、稳定的大后方宣告建成了。美国人讲：No Happy Wife, No Happy Life（太太不开心，日子没法过），的确有道理。

虽然他们仍然住在酒店的公寓里，生活上有诸多不便，但他们也发掘到了北京的美好。有句中美生活对比的俚语叫：美国是好山好水好无聊，中国是真挤真乱真热闹。一定程度上却也代表了中国生活的丰富，特别是在历史底蕴深厚的北京，这是美国城市无法比拟的。高群耀一家几乎每个月都去听音乐会；北京的博物馆众多，作为历代古都，加上近现代名人的遗迹，浓重的历史积淀有点叫人目不暇接；周末去爬山，亦别有情趣。渐渐地，他们用这样的生活方式弥补了物质方面的不足。

/ **新的转机和闪闪星斗**

如果今天有机会重新选择的话，回国仍然是高群耀的首选，他庆幸那一刻的判断奠定了他职业大发展的基础，正因为抓住了中国大变革时代的潮流，从而有机会冲上了浪潮之巅。

高群耀回国的1995年，后来被称为中国互联网商业化元年。当年中国电信开通了北京、上海两个Internet接口，这是以后诸多互联网事件的发端，也成为一个历史节点。

1996年春，北京一个名叫"瀛海威"的公司在中关村竖起了一个硕大的广告牌，上面写着："中国人离信息高速公路有多远——向北1500米。"当年的畅销书，无疑是尼葛洛庞帝的《数字化生存》和比尔·盖茨的《未来之路》。一个叫丁磊的宁波电信员工痛下决心辞职下海，在广州创立了网易；一个叫张朝阳的美国留学生在1998年回国，创立搜狐；也是在1998年，马化腾和几个年轻人在深圳发布一款聊天软件，取名叫OICQ；次年，李彦宏结束在美国伺弄花花草草的生活回国在北京一个小宾馆里创立了百度；大学教师马云联合日后被称为"十八罗汉"的创始人创立了阿里巴巴……

那是一个"新的转机和闪闪星斗，正在缀满没有遮拦的天空"的时代，一如财经作家吴晓波在《激荡三十年》一书开头所描绘的："当这个时代到来的时候，锐不可当。万物肆意生长，尘埃与曙光升腾，江河汇聚成川，无名山丘崛起为峰，天地一时，无比开阔。"

中国此后20年的互联网产业的大格局，就在那一刻发端。

本土IT产业的成长和壮大，伴随的另一条历史主线是跨国公司巨头们的纷纷入华掘金；正是在这一背景下，当许多人向往着"北京人在纽约"的生活时，高群耀却买了一张飞越太平洋的相反方向的单程票。1992年，微软进入中国，1995年IBM进入中国，1997年戴尔进入中国……外资终于发现在欧美之外还有一个巨大的待开发的潜力市场。

伴随着创业潮和外资进入中国，推动中国互联网发展的另一大主要人才群体——海归开始登上历史舞台。他们的优势是明白要充分调动市场元素——技术、产品、团队，尤其是资本。风险投资（Venture Capital，VC）争先恐后地下注互联网等风口行业，担心错过了大买卖。

2001年12月，中国正式加入世界贸易组织（World Trade Organization，WTO），中国更好地融入世界。

这是一个智慧碰出火花、一个在浪潮上起舞的光辉时代！

高群耀庆幸当年做了这么一个决定。尤其当看到女儿杰西卡的时候，她毕业于纽约大学和美国电影学院，可以写中英文剧本，拍的电影可以运用中外两种视角，在两种文化间娴熟切换。她的语言能力，对各国文化的理解和全球视野都让她的人生和事业受益无穷。那时高群耀就想，如果没有1995年回国这个决定，杰西卡绝对没有这种视野、这样成长的可能。于自己来说也一样。

从零开始创建外企样板Autodesk

如果除了激情,我一无所有,是否还有成功的机会?

这是高群耀初回中国时面临的现实情况。虽然他雄心万丈,但是没有中国公司、没有税单、没有工商执照、没有进出口许可证,没有一支雷厉风行的团队,甚至没有方向。除了依稀意识到在中国信息化发展初期Autodesk可能会有大发展之外,并不知道怎么抓住信息化革命大潮的价值和红利。

他记得那时有个企业叫瀛海威,说过一句很经典的话能代表当时很多中外企业的心态:我们知道2000年以后我们会赚钱,可我们不知道现在应该做什么。

找不到未来的时候,最大的可能和本能就是复制模板。但是高群耀发现身边根本没有可借鉴的对象。1995年Autodesk还算是软件业外企进入中国的急先锋。微软早Autodesk 3年进入中国,但还没有度过开拓期,仍然处于严重的水土不服时期,甚至直到现在微软也没有完全克服这个问题。

有些跨国公司对中国还心存疑虑，当年拥有Photoshop软件的Adobe公司的CEO把一个盗版光盘挂在办公室的墙上，谁来和他谈论中国市场，他就指指那个盗版光盘，满是疑虑地问："盗版问题怎么解决？"

跨国公司对中国市场的意见是两极分化的。就像那个典型的故事，一个制鞋公司派两批人去印度考察，一批人回来无比兴奋，建议马上进入印度，因为印度有近10亿人没鞋穿，光着脚。另一批人正好相反，沮丧地说不用去了，印度大部分人根本不穿鞋。

Doing business in China（在中国做生意）是外企的一个重要课题，也是当年哈佛、斯坦福关注的商业案例。

许多跨国公司都看见了地球另一边有一个非常性感的市场，但到中国做一次旅行，尝一尝烤鸭，喝一瓶茅台，和在这边做生意完全是两码事。

该如何从头开始呢？

高群耀跑遍了书店，找不到任何一本有关"外企在中国"之类的书，更别说外企指南了。偶然间，在入住的酒店里，他发现凌晨2点在重播一部电视剧《中方雇员》*，于是高群耀每天等到深夜2点守着看那部电视剧，那是唯一的机会，让他看到外企在中国是怎么一回事，当然还是经过了很多演绎、戏剧化了的外企在中国。

没有现成的教材，这是一项前无古人的创举，对任何跨国公司来说都是。

高群耀一边熟悉有关外企在中国的法律法规，一边做商务计划。虽

---

* 《中方雇员》是一部反映改革开放、商海沉浮、都市繁荣的20集电视连续剧，首播于1993年，主演史可、孙松等。

然住在酒店生活上很简单,但是每个月抱着一捆现金去税务局交纳个人所得税,实在是不方便。几个月后,终于要正式拿到首席代表许可证了,于是他被传唤去工商局"面试",并被严肃地告知从今天起就要交收入税了。高群耀老老实实地告诉对方,他从到北京的第一天起就开始纳税了。屋子里顿时爆发出一阵大笑,仿佛在嘲笑一个"傻帽"。

卷入中美贸易争端

高群耀是1995年1月1日正式走马上任的,上任伊始,就遇到了第一个严峻的挑战——中美贸易战。中国那时尚未加入WTO,每年尚需美国国会批准才能享受最惠国待遇。如果双方在2月26日之前达不成协议,美国将单方面宣布贸易战,这将严重影响美国国会通过中国最惠国待遇。美国人很会利用时间筹码。而双方谈得十分激烈的一个焦点,也是唯一处于僵持状态的观点,就是中国对知识产权的认可。高群耀上任之际正是谈得最关键的时候。

那次美方代表一下飞机就买到了一份报纸——《中国计算机报》。不巧的是,报纸第一版就是一个"大补贴"的广告,软件"大补贴"里包括微软、Autodesk等公司的产品,只要几块钱就能买到。所以当中美谈判时,那张报纸在桌子上被推来推去。美方代表坚称:"你说你们已经改善了知识产权环境,你看看这张报纸,难道这就是对知识产权的尊重吗?"

很不幸,Autodesk也被裹挟在了谈判当中。

他刚刚上任,正想大干一番,却被卷入了中美贸易争端这么敏感的事件中,真是一道棘手的难题。看到了报道,高群耀的第一个反应是,其他公司扮演什么角色不得而知，反正Autodesk一定要扮演一个正面的角色。

这次事件在他看来更像一个预警——美国公司在中国市场该用一种什么样的行事法则？该有一个什么样的品牌形象才可能在这个特殊的市场不会遭遇更多的障碍？这一点，后来在微软、波音、宝洁等许多美资公司都遇到过。因为敏感的中美贸易关系，美资公司要不断地在市场利益和国际政治间权衡。

高群耀当即组织了一次代理商、经销商临时会议，策划了两个项目：其一，Autodesk中国迅速与国家科学技术委员会及18个部委组成的"全国CAD领导小组"联络，建议在其领导下的全国计算机辅助设计（Computer Aided Design，CAD）培训中心使用正版CAD软件，Autodesk愿意无偿提供正版原装产品。第二个项目是，在最短的时间内，至少签下一个大客户的订单，额度不能少于100万元。

如果做好这两件事，就可以拿到中美的谈判桌上去。一来表明中国已有进步，不是说中国没有正版软件市场吗？现在有一个大客户花了100万元购买正版软件。第二，美国的原厂商有和中国合作的姿态。这就是Autodesk要扮演的正面角色。

这是一个有趣的巧合，当高群耀到科委和当时的科委副主任徐冠华院士接触时，他刚刚从科学院调到科委，后升任科技部部长。两个人上任伊始做的竟然是同一件事。当天两人一拍即合，并随后在西苑饭店举行了一个相当大规模的仪式，向中国的CAD培训中心提供正版的AutoCAD软件。这个信息自然而然地传递给了参加这个仪式的各个部委的主要领导人。

这个仪式特意被安排在2月25日晚间举行，就是26日中美贸易谈判截止日的前一天。

与此同时，高群耀在尽可能短的时间内，签下了AutoCAD在中国的第一个大客户——中国一汽的订单，正好100万元。Autodesk在短时间内办成了这两件大事，并且不失时机地在2月25日那天，通报给了谈判双方，应该说对中美谈判成功起到了一定的作用。2月26日中美双方达成协议，中国签订了IPR知识产权协议。

中国国内的主要媒体，相继对此做出报道，并称赞Autodesk在中美贸易谈判中起了非常积极的作用。在一个关键的时刻，高群耀使Autodesk在中国市场树立起来了第一形象。

视员工为合作伙伴

Autodesk还没在中国站稳脚跟，就跟跟跄跄地开始了业务。而当务之急，是迅速组建一支雷厉风行的团队。

高群耀一直认为，对于一家企业的经营者来说，一支精明强干的团队是经营者的成功保障。

高群耀请人过程中最富戏剧性的故事，要算与刘伟和单适南的相遇。1994年他在北京参加一个AutoCAD发布大会，会场有几千人，人山人海，场面热烈又混乱。刘伟和单适南在台上演讲，高群耀被裹挟在人群里根本看不到他们的脸，但他们对Autodesk产品技术的热情让他记下了这两个人的名字，暗想如果自己真的加入Autodesk，这两个人就一定要请过来。

1995年高群耀加入了Autodesk，他们在上海贵都饭店再次相遇了，高群耀在那儿成功地说服他们加盟。他们当时就像进入决赛的球员一样手拉手，充满激情地齐声喊道："五年，五年时间，把Autodesk的中国市场做下来！"

刘伟和单适南原本都在中国机械工业部所属的中国机械工业电脑应用技术开发公司工作，是公司的部门主管。该公司在当时的中国信息产业界举足轻重，总裁席与平女士甚至被一些媒体称为"中国的女比尔·盖茨"，给人的印象是非常不容易相处。高群耀与席女士深入交流，使得她不但没有责怪他挖了自己公司的员工，还与自己成为多年的忘年交。高群耀没想到处理这样一件棘手的事情，他的情商会发挥到如此的极致。

从国外回来的倪晓明，在高群耀加入Autodesk之前先来到北京负责公司的设立工作，就像一个先遣兵。高群耀到北京之后，有相当长的一段时间，他对高群耀都存有一定的戒心，担心会被"挤掉"。从美国回来，高群耀太理解大家那种对中国市场的热情了，于是让倪晓明负责市场。他也不负众望，一直做到市场总监，后来还成了美国Novell公司的中国总经理。

而在上海的业务，高群耀请了刚出校门的吴旻晖，那时他刚刚拿到同济大学的博士学位。几次面试之后，高群耀觉得此人聪明、刻苦、踏实，很有潜力，特意去同济大学宿舍找他，他们在校园餐厅叫了两碗面，一共花了两毛钱。后来高群耀毅然决定把上海乃至整个华东区交给他去管理，这对一个没有任何公司从业经历和管理经验的人来说是一个极大的挑战。高群耀确信他的潜力，一点点把他带上正轨，后来他做到了Autodesk软件（中国）有限公司总经理。不轻易转变赛道的吴旻晖已在Autodesk工作了十多年，连太太也是Autodesk的同事。

高群耀又从美国请来了财务总监，从中国香港请来了律师。有位朋友曾经总结过：越来越多的内地（大陆）人将会成为出色的CEO（首席执行官），而在台湾制造业精打细算中磨炼出来的人会成为出色的COO（首席运营官），来自香港的很多人，由于具有更多的金融经验会成为最好的CFO（首席财务官），而这种组合将会是一个企业最完美的组合。基于这几年的运作经验，高群耀相信这句话是有道理的。

5年的Autodesk生涯，高群耀视这些员工为自己的合作伙伴，所以除了同仁关系，这些员工还成了他多年的好友。中国著名作家张洁有句名言：爱情，是种对应。他想人际关系也是如此。你投入多少，得到的回报就有多少。

回国3年多后，1998年5月，给高群耀心灵造成伤痛的一件事发生了。他的母亲与世长辞了。她在前一年被诊断出癌症，从那以后，高群耀每个月都回哈尔滨看望母亲，并陪她在医院度过了最后一个元旦。

母亲病危的时候高群耀正在马来西亚主持一个会议，接到消息火速往回赶，遗憾的是仍没能见到母亲最后一面。听家人说，她临终前不停地喊着他的小名，念叨着：儿子小时候没吃过什么像样的东西，不像他姐姐们吃得好，他缺营养缺钙，要不然至少还能再长10厘米。她抱怨自己对儿子关爱不够，带着深深的歉疚，走了。

他为她写了悼词：人间没有比母爱更珍贵的东西，失去了将永远追悔莫及。而当她健在时，你会把很多事情推到明天去做，当她真的离你而去，才恍然发现这个明天已经不复存在。人们常常习惯了接受恩惠却忘记了感恩。后来，高群耀无论多忙，无论在世界的哪个地方，每个季度都会回哈尔滨去陪父亲，这习惯坚持了20年，没有一次例外，老人最大的心愿是"和你在一起"。

/ 找到与政府共赢的甜蜜点

而Autodesk的中国路，还要靠自己摸索前行。

那时中国的工程设计软件发展环境并不成熟，谁也没有灵丹妙药。于是两个聪明人刘伟和倪晓明没有一件事不争论、不吵架的。高群耀就坐在一边听他们吵，一边把他们的意见抓紧写满一黑板。他告诉两个人，就欣赏他们吵架的过程，两个不同背景的人在有分歧时激烈碰撞出来的观点，对团队来说是最有价值的，最后做决定要等到他们吵完之后。激动的刘伟和倪晓明开始为做好同一件事共同"付出的努力"开心了起来。

制定目标时很有激情，但落地就没那么容易了。他们去拜访国内规模最大的工程设计院，对方一位领导得知Autodesk是美国的软件供应商后，三言两语就把他们打发了。这让高群耀意识到，要在中国立足，必须和中国政府行业主管部门一起合作，解决了政府部门在推动和主导行业信息化过程中的问题，也就解决了Autodesk市场拓展的问题。中国建设每一个项目都需要工程设计，需要AutoCAD。

1995年11月，Autodesk在政府项目上有了重大突破，Autodesk抓住了一个关键机会，参与了建设部全行业的"甩图板"工程——整个建设部旗下数以十万计的设计人员要甩掉图板，再没有人趴在图板上画了，这是中国整个产业升级的一个典型标志。高群耀把主管部门作为突破口，把软件这件2C（To Customers，面向用户）的生意变成了一个面向建设部、机械工业部以及国企的2B（To Business，面向商家或机构）的生意。

建设部下面有1万多个设计院，估计有20多万套AutoCAD的使用量。当时的建设部长首次在1996年5月极富胆识和勇气地提出了使用正版软件的号召，高群耀配合几个主管司立即搞出一套项目，逐步实现在建设部行业内的AutoCAD正版化。

Autodesk还与当时的机械工业部一起举办CAD推广年。由此签了一个无法想象的大单，堪称Autodesk有史以来最大的订单。Autodesk租了两个集装箱，这是什么概念？它装载的不是冰箱、彩电和汽车，只是一盒盒小小的软件，两个集装箱，是以吨位计算的软件。高群耀想象着Autodesk的董事长卡萝·巴茨（Carol Bartz）做梦都会笑出声来。

机械工业部在200个机械企业中实现了CAD的正版化，而受益的将是机械和设计行业的用户，从此有了正版软件的全方位服务。

据说这两个突破，当时被中美高峰贸易会谈作为一个重要的热点。Autodesk对建设部和机械工业部的正版化项目，被认为是中国尊重和应用知识产权产品的代表案例之一。

经过几年的努力，Autodesk在中国从零开始，摸着石头，架构和经营已经粗具规模。业务范围从中国大陆（内地）拓展到中国台湾、中国香港地区和蒙古国，建立起了以台北、香港、上海、广州、北京、成都、大连七大分支机构为框架的远东区。之前Autodesk远东区业务最大的市场是台湾，而后中国大陆的业务远超台湾地区。1995年高群耀曾定下目标，5年之内，使中国在亚太地区成为仅次于日本的Autodesk第二大业务国。这个目标也实现了。

而经过几年的摸索，高群耀对中国市场有了一个深入的了解，对怎么管理中国内地（大陆）的市场，对港台地区不同部门的员工培训管理和销售运作，都有了丰富的经验。

相比他1995年回国所遭受的质疑和不解，到2000年前后时却掀起了一股回国潮，仿佛去往中国市场就是一场淘金之旅。高群耀再回美国时，开始受到媒体的追逐，不断受邀连续在硅谷的电视台做对话节目，谈对中国的感受。2002年2月的一次节目中，硅谷电视台为了扩大影响、增强效果，让观众直接打电话进来与高群耀现场交流。节目组办公室的8部电话，在节目前的3分钟完全被占用，可谓火爆异常。

高群耀明白，观众最关心的还是在中国的感想和体验。中国市场已经像一个强磁场一样吸引了全世界的目光。

因为从0到1的5年拓展给Autodesk奠定了在中国的坚实基础，高群耀迎来了在Autodesk春风得意的日子。

远东区被评为Autodesk的优秀区域，高群耀被提升为Autodesk远东区总裁。1999年，卡萝·巴茨授予他董事长特别奖，这是Autodesk的最高荣誉。卡萝·巴茨也没有忽视物质奖励，给予高群耀数千股公司的股票，每股象征性地定价为1美分。但前提是，高群耀要在Autodesk继续履约一年。（而这些股票，后来由于他去了微软而没有兑现。）

上升的机会也适时地出现了。Autodesk正在考虑新老交替，对公司关键职务的继承人已在配置、储备、培养中，高群耀成为两个重要职位接班人的候选人之一，一个是Autodesk机械CAD研发部副总裁，一个是亚太区副总裁。于是，1999年夏末，高群耀被送去加州伯克利大学进行EMBA的高级培训。

一切都预示着前程似锦！

日不落王国微软

随着鲍尔默的离去,高群耀的诉求和鲍尔默的承诺一起杳无音信了。高群耀至今确信,有些事情鲍尔默是永远不会有精力介入的。微软太庞大了,事情也太多了,对于一个营业额小到可以忽略的中国市场来说,问题即便尖锐,鲍尔默也无法顾及。

成功也是失败之母

进入微软是高群耀职业生涯的拐点，微软带着巨大的光环，仿佛神坛。然而微软在中国的发展历程却像股市出现的盘整，多空双方交汇，向上还是向下突破难以把握。对高群耀来说，这是光明的季节，也是黑暗的季节；这是希望之春，也是黑暗之冬。

1999年12月17日，高群耀正式入职微软。12月30日，微软的市值就冲上了6000亿美元的巅峰，高群耀拿到的期权显得弥足珍贵，当天的微软股价高达59.97美元，如果把这份期权裱起来作为纪念，就是一个历史时刻。因为此后多年，微软的股票不断下挫，并一蹶不振，美国《商业周刊》说"微软已迈入中年危机"。没有人相信微软会重回巅峰了。连中国企业眼里的标杆GE（通用电气）、IBM都没法走出困境。微软凭什么能让大象重新起舞呢？

一家成功国际化的中国企业老板每次开会都把微软作为一个反面教材："为什么这个地球上曾经那么伟大的企业今天也面临了困境？那我们有什么资格谈成功？"以此保持对现状的清醒和唤醒危机意识。

直到18年后，2017年10月20日，微软的市值重回到6000亿美元。2018年11月25日，微软市值（8512亿美元）超越苹果（8474亿美元）再次成为全世界最有价值的公司。2019年4月底，微软市值超过了1万亿美元。

自此，中国企业又掀起一轮微软研究热潮："为什么一家持续低迷的企业仍然能重回巅峰？"

高群耀的微软股票一直留着，他始终对老东家心怀感激和期待。

/ 不可一世的Windows

2000年7月，高群耀参加一年一度的微软全体销售员工大会，微软全球各个分部的员工浩浩荡荡从多个国家和地区赶往美国，微软中国公司包了几架美联航飞机也飞往美国，这样兴师动众的大会师，高群耀在其他公司见所未见。

大会开始之前，高群耀与亚太区高管先走访了微软总部，高群耀坐在了微软视窗部门老大的对面。他的两条腿交叠着高高地翘在桌子上，巨大的鞋底子对着来访者的脸。整个会见过程中，高群耀始终被一双鞋底子挡住视线，没能看清这位公司最尊崇的视窗部门老大的脸。那一刻，高群耀的内心隐隐有一丝不安。

一个不可一世的部门也意味着没有势力可以撼动，那未来的改革该如何落地呢？

微软CEO斯蒂夫·鲍尔默（Steve Ballmer）是一个激情澎湃的人，他身宽体胖，足足有两百多斤，看起来很有力量。《福布斯》杂志称鲍尔默是比尔·盖茨"个性中的另一面"，以及"踢他屁股的强制者"，以示鲍尔默铁腕强硬的一面,但他能撼动强势的视窗部门吗?在随后微软十几年的低迷中,很显然鲍尔默不能。而新任CEO萨提亚·纳德拉(Satya Nadella)却"革了视窗的命"。

微软年度销售大会选在了亚特兰大市举行,因为只有这里有一个能容纳上万人的室内体育场。一道道光束在会场里扫荡着,一万多名微软员工的呐喊声响彻云霄,就像世界杯决赛前的热场。每个人似乎都陷入了一种亢奋和狂热的催眠状态,而鲍尔默是那个施加法术的催眠师。他挥舞着双臂跳上台,像个摇滚歌星,旋转着笨重的身躯,跳跃式地奔跑着绕场一周,衬衫都湿透了。整个体育场的气氛被他煽动得更加炽热。

这时候,一台大吊车登场了,"挟持"着一台SUN(太阳微系统公司)的电脑,随着吊车的摇摆,那台电脑就像无助的死刑犯。紧接着一台粉碎机开到场上,SUN的电脑被丢进粉碎机,随着一阵巨大尖利得刺耳的响声,电脑被粉碎成片状的飞絮,然后被抛向空中。大会以"打倒SUN"这样激越的方式开场了。在这种斗争的场景和氛围中,微软的员工们一片欢呼,热血沸腾。唯一遗憾的是他们手里少了几杆旗子。

这就是微软,一个激情澎湃的地方,一个不可一世的地方。它吸引了硅谷最顶尖的人才,拥有领先的技术,更有无穷多的金钱。2000年,微软的现金储备是数百亿美元,超过俄罗斯国库的现金储备,真正的富可敌国。

而接下来的十几年,财大气粗的微软却在错失移动互联的机会,失去了移动终端操作系统的控制权。

这就像高群耀总结的:"成功也是失败之母。"

Windows和Office在微软内部太强大了,以至于任何新开发的产品都必须围绕这两个产品进行,否则就很可能被砍掉。鲍尔默说过,"在微软,没有什么比 Windows 更重要"。这也意味着,一家公司的成功产品在不同的时代就可能变成阻碍创新的枷锁。

IT世界的光环在逐渐从微软的身上移开，舞台的聚光灯开始聚焦在谷歌、苹果、亚马逊、FaceBook等身上。微软当然很焦虑，但是那时候很显然缺乏对市场的判断。

"拯救苹果"这件事听起来有点匪夷所思，但微软确实这么做了，它扶植起来了一个竞争对手，当然它一定没把苹果放在眼里，也意识不到苹果未来的辉煌才出此下策，它的初衷就是不想让苹果破产，如果PC机里面全都是Windows，舞台上只有Windows一家，会让微软陷入垄断市场的诉讼风险中。微软认为必须留有5%的其他操作系统的市场份额。

于是在1998年8月，苹果公司濒临破产、乔布斯最一筹莫展的时候，是微软向这家即将变得伟大的企业伸出了援手，投资了1.5亿美元以便让苹果抱着它微薄的市场份额苟延残喘地活着。然而，正是凭借这1.5亿美元救命钱，乔布斯绝处逢生，使苹果成为世界上市值最高的公司。而2000年和2001年，微软却以每股8.30美元的价格出清了约1820万股苹果股票，因为微软仍然不认为苹果是一家"潜力股"。

微软的市值纪录最早是其在1999年12月30日创下的，当时市值6205.8亿美元。而到了2012年8月21日，苹果公司以6235亿美元的市值，成为有史以来全球市值最高的公司（不考虑通胀因素）。苹果就像一辆战车从微软身上碾压了过去。

鲍尔默曾在接受彭博新闻社（Bloomberg News）采访时说，微软1998年向濒临破产的苹果公司注资1.5亿美元是微软曾做过的最疯狂的决定，也可能是微软做出的最大的错误决定。这笔资金将苹果从破产边缘解救回来，并将其推上超越所有竞争对手的地位，包括微软。

这个事件背后是微软对移动互联和智能时代判断的失误。让鲍尔默难受的是，他的领导力在移动互联时代备受质疑。

"Change people is better than change people！"（换人胜于改造一个人。）

2013年微软董事会和比尔·盖茨终于在经过多年的踌躇后宣布鲍尔默离职，比尔·盖茨一脸泪水，对他来说做这个决定并不容易。鲍尔默执掌微软13年，他精力充沛、不知疲倦，他毕竟创造了微软PC时代的辉煌。

盖茨+鲍尔默，一个天才的创业者+一个激情的职业经理人，曾被硅谷认为是伟大企业的标配，及至后来谷歌的谢尔盖·布林+拉里·佩奇也印证了这一点。

但是"从0到1"需要一位有革命精神的创业者，"从1到10"需要另一位能规模化的统领者。之后又是一个轮回，新的改革人物会再度出现。

/ 打死不下牌桌

微软新任CEO萨提亚·纳德拉是一位印度人，21岁那年到美国留学，从1992年进入微软工作至今，2014年接任微软CEO。与事业相比，他的家庭是不幸的，他的大儿子因为宫内窒息出生时脑部严重受损，终身困在轮椅上，他的女儿出生后同样因为疾病要不断奔波治疗。或许是这样的人生让他的治理有点印度哲学的意味，他的一个核心观点是——同理心（Empathy）。

大道至简，"同理心"听起来就是站在对方的角度考虑问题。这有点像乔布斯去印度修行，回来把握了"从天堂洞察人间"商业智慧的味道，是印度哲学让乔布斯掌握了洞见商业本质的能力。

乔布斯曾说过："人类创作最根本的灵魂就是设计，而这个灵魂最终通过产品或服务的外在连续表现出来。"纳德拉认为乔布斯正是因为懂得什么是公司的灵魂才造就了苹果的伟大。纳德拉担任微软CEO后表示："记住我们的根本，记住我们几乎失去的灵魂。要告诉大家是时候重新发现微软的灵魂了。"

几乎是在这种灵魂挖掘下，纳德拉确立了微软的新使命：赋能全球每一个人、每一个组织，帮助他们成就不凡。

纳德拉首先推动的是文化层面的改革。在鲍尔默时期，微软各个部门甚至同一部门员工之间竞争残酷，就像相互用枪指着对方的头，纳德拉则使微软内部更加合作和开放。"同理心"改变了人的思想意识，只有人的思想意识开放之后，文化才能进行转型。

同时，在战略上，纳德拉让技术更加开放。不进行这种转型，微软就没法成为一家赋能型的平台公司。之前，微软把SUN等与消费者连接的公司都作为潜在的竞争对手，现在，则要把竞争关系变为合作模式。纳德拉在2014年的微软云策略发布会上曾大胆表白："微软爱Linux！"Linux和Windows这对死对头的竞争曾持续了几十年。

平台公司需要的是更加开放，这样才能把微软的技术嵌入到对方的产品和服务中，这需要相互信任。纳德拉更多地强调信任，因为客户只有在信任微软的情况下，才可能使用微软的技术。比如把AI技术嵌入到手机厂商的产品中，微软则提供技术和平台，让客户在此之上，建立起自己的解决方案。

2015年9月15日，在旧金山Salesforce的科技盛会Dreamforce（全球企业级科技大会）上，参会的纳德拉竟然拿出了一部iPhone，并说："这是一部比较特别的iPhone，我更愿意将其称为'iPhone Pro'，因为它安装了微软所有的软件和应用。"公开展示竞争对手的产品,这在之前的微软是不可想象的。这更像一个象征——微软在打破自己的边界,从一个碾压一切竞争对手的公司变得更加包容、开放。

纳德拉写了一本书叫《刷新》(The Refresh),成了一本畅销书,微软的重新崛起让公众对这本书越来越好奇。

纳德拉强调的思维模式是Grow myself,即用成长型思维模式来刷新自己。这有两层涵义。一是个人的持续学习和创新,即"每一个人、每一个组织乃至每一个社会,在到达某一个点时,都应该点击刷新——重新注入活力、重新激发生命力、重新组织并重新思考自己存在的意义。"

另一方面,是要以不同的视角来看待市场机会,包括与潜在合作伙伴的关系以及合作模式的变化。纳德拉认为,一个人无法去准确地预测未来的科技变化,但是成长型思维模式可以使他更好地对不确定性做出反应。"领导者必须同时看到外部的机会和内部的能力与文化,以及它们之间的所有联系,并在这些洞察变得众所周知之前率先反应,抢占先机。这是一种艺术,而不是科学。"

纳德拉看起来不像鲍尔默那么强硬,但在改革上的勇气和果敢却超越了鲍尔默。他革了Windows的命,微软不再把Windows作为公司的主营业务,而把微软打造成一个"移动为先 云为先"的生产力和平台公司。微软事实上从一个2C的公司转变为了一个2B的公司。移动性和云这两种趋势结合在一起,构成了微软转型的基础。

2018年3月,微软进行了多年来规模最大的一次重组,Windows操作系统部门并入云业务部门,这是自微软创立以来第一次从部门名字里拿掉了Windows。Windows业务主管、在微软供职21年的元老特里·迈尔森(Terry Myerson)离职了。当PC不再是计算世界的核心,随着计算转向云服务、移动、AI软件，Windows的萎缩是必然的。

纳德拉是在"空中更换发动机的"，把微软的发动机Windows更换为云，这种魄力使他获得投资人和业内的广泛赞誉。作为一家美国上市公司的CEO，4个季度业绩不理想就有可能被替换。要让微软这个庞然大物在空中平稳飞行，不允许业绩有大幅波动，还要把发动机彻底换掉。这堪称上帝之手。

一个公司越成功，转型的挑战越大。微软就是这样。

高群耀认为，一个公司的转型成功首先取决于领导力；其次是规模化带来的竞争优势，企业规模越大，转型时的抗压能力就越强。微软在整个移动智能设备战场当中，投资如此之大，失败频次如此之多，能坚持到最后全有赖于微软始终是一个有规模的大公司，仍然是一个很赚钱的公司。所以就出现了这么一个角色，不停地输，但打死不下牌桌，那他最终总能找到转型机会。

/ "3年魔咒"？

但是，一个奇怪的现象是，微软中国始终无法共享微软的辉煌和转型的红利，中国市场与美国形成了鲜明的反差。高群耀刚进微软的时候，微软中国是微软公司全球65个子公司中最小的之一，连巴西、墨西哥的销售额都比微软中国大2到4倍。

微软中国从1992年开始在北京设立办事处，1992年—1995年是市场的起始期，当时的首席代表为杜家滨。之后吴士宏成为微软中国的总经理，是微软在中国发展的第二阶段，开始有了一定程度的规模，吴士宏提了一个著名的口号"把微软中国变成中国的微软"，但是她并没有成功。

20世纪90年代后期，高群耀接手微软中国时完成了微软在华发展的第三步。中国真正开始出现了协同的微软公司，设立了微软研发中心、微软研究院和微软用户支持中心，微软变成了一个大规模、全方位的公司。微软开始规模化，规模化的过程也是一个本土化的过程，在这个阶段整个微软中国发生了巨大的变化。

高群耀在2000年成为微软中国公司的第一任总裁兼总经理，微软第一次从联想获得了上亿美元的合同，配合上海、北京等地方政府全面使用正版操作系统软件，开启了在中国采购正版软件、尊重知识产权的时代。参与和支持由国家发展和改革委员会起草的《国家软件发展纲要》，是软件产业在中国崛起的重要节点。

但是与微软全球的辉煌相比，微软中国始终是个没有长大的侏儒，其规模与步调没法与微软全球相协调。2000年中国个人电脑保有量占全世界的20%左右，比美国的比例还大。而2000年左右，微软中国的营业额占微软全球营业额不到1%，至今也不过3%左右。

微软最初试图进行本土化尝试，所以1992年的首席代表杜家滨之后，微软先后任用了吴士宏、高群耀、唐骏、陈永正、梁念坚，6任中国区或大中华区总经理、总裁都是华人，但所有的中国区总裁都逃不过一个"3年魔咒"。梁念坚之后，微软中国区总裁的面孔变了，又变成了老外，这是一个微妙的信号。

高群耀曾经努力把中国作为微软全球的重要战略市场，推动比尔·盖茨和鲍尔默把中国当作一个特殊的区域来对待，但是微软总部对微软中国始终没有满意过。在其他跨国公司都在华推进本土化策略之际，微软却出现了逆本土化倾向，微软中国和微软冰岛似乎没有什么差别了，微软仅仅把中国看成了一个销售市场，已不是一个战略高地。

危机四伏的微软中国

任何材料长期处于绷紧的状态，都会产生不同程度的断裂。在Autodesk，高群耀的神经已经绷了5年。在一系列的嘉奖之后，在1999年，他获得了一个六周的长假。

人一旦从烦琐的事务中抽身出来，就会思考未来的路该怎么走。

他和太太徐苗回到美国，连续专注地打了四周的高尔夫球。就像他当年立志要把外语攻克下来的劲头一样，仿佛不是要去放松的，而是下一步要成为一个专业的高尔夫球手。

那一天在泳池旁，他欣赏着太太的泳姿。徐苗特别喜欢水，游泳技能很高，姿态也非常美，她像一条美人鱼一样在水里肆意地伸展着。这个假期也是高群耀送给徐苗最好的礼物，是对她微不足道的补偿，她付出的太多了！

高群耀顺手拿起小桌上的一沓报纸，明星企业微软的一则短消息闯进眼帘：微软中国总经理吴士宏辞职。他的脑子突然有一个闪念，或者是说不清的直觉——这会不会是他职业生涯的下一站呢？

这种闪念稍纵即逝了，他继续沉浸在已为数不多的假日中。接下来，他需要打点行囊去读EMBA了，四个星期数万美元昂贵的学费，有资格参加的都是美国的商界精英。

／ 一个侏儒拖着一头大象往雪山上走

离出发还有两天，冥冥中他接到了那个电话，全球著名的猎头公司打来的："Hello，Jack，有没有兴趣谈一谈微软中国总经理这个'差使'？经过认真调研和筛选，你是最佳人选，两份报告上都有你的名字。"

高群耀呆住了。

微软在当时就是个神话。1975年，比尔·盖茨才19岁就创立了微软，把一个看不见摸不着的商品——软件卖给消费者，可以说创造了一种前所未有的商业模式。1986年3月13日，微软首次公开发行股票，每股21美元，几天内股价就涨到了35美元，然后这个增长曲线就像爬楼一样一直无限上涨。到了1998年元月，假如首次公开发行时投资了1万美元，12年就增值到了240万美元，几百倍的投资回报。

这无疑是一家深具魅力的企业。但是促使高群耀做出决断的并不是微软的光环，而是吴士宏在《逆风飞扬》一书里表现出来的深深的失望和无奈：她想把微软中国做成中国的微软，这事太难了，几乎不可能！微软在全世界都有一套统一的管理模式，你想稍有改变，犹如一个侏儒拖着一头大象往雪山上走，不是个人能力所能达到的。

"不可能"这三个字对高群耀甚至产生了一种蛊惑，或许点燃了他骨子里那种挑战的欲望。

　　高群耀同意了和微软接触，猎头公司喜出望外，迅速做出安排，让高群耀短时间内和微软总部方方面面的人广泛交流，这样有助于加深高群耀对微软的了解，当然也促使他更快做出决断。

　　高群耀会见了微软负责全球销售和市场的资深副总裁杰夫·瑞克斯、大中国区总裁罗麦克、在任和前任的亚洲区副总裁、欧洲区总裁等近20位微软的高级管理人员。

　　杰夫·瑞克斯在微软德高望重，他的一番见解打动了高群耀：微软今后要想取得全世界的成功，这种成功应该出自中国。但微软至今没有处理好与中国政府的关系，没有找到一个理想的发展战略，仍然处于不尽如人意、停滞不前的状况。

　　他的这番见解可谓点出了微软中国当下乃至十几年在华发展的症结。而高群耀要针对这个症结去寻求解决之道。

　　高群耀问他："中国有自己的一套特征。如果我出任中国总经理，是遵循全球步调一致而导致在华业务难以拓展，还是对中国市场网开一面？你会选择后者吗？"

　　杰夫·瑞克斯："OK！"

　　高群耀："如果我的一些做法不同于微软全球模式，你会全力支持吗？"

　　杰夫·瑞克斯："OK！"

　　有了杰夫·瑞克斯的"尚方宝剑"，高群耀感觉半只脚已经踏进微软了。

　　1999年11月，高群耀下定决心向Autodesk提出辞职。

　　Autodesk的反应，出乎意料地激烈。

高群耀的老板，亚太区总裁汤姆·诺林（Tom Norring）在电话里斩钉截铁地表示不能接受他的辞呈。汤姆·诺林要他立即飞往总部，最好撂下电话就赶往机场。"董事长卡萝·巴茨想亲自和你谈谈""Autodesk下一步的战略发展非常精彩""有很多震惊的举措将实施""我们公司前途无量，千万不要失去对公司的信任和信心"。高群耀能理解汤姆·诺林的反应，这完全符合他们对自己的投入和期望。

高群耀在电话里和卡萝·巴茨做了一次长谈。美国公司的专业在于如果权衡你下一步的事业发展和前景，会尊重和理解你的选择。卡萝·巴茨最终祝福了高群耀，并诚恳地告诉他："Autodesk的大门对你是敞开的，欢迎你随时回来。"

卡萝·巴茨派了市场总监特地赶到北京为高群耀开了一个欢送会，还邀请了众多业界人士，包括信息产业部的相关人物等。高群耀很感动，Autodesk中国毕竟是他带领团队从无到有建设起来的，这段征程既成就了自己，也成就了Autodesk中国。

而这个离职的排场并不像在一家公司的结束……

1999年11月5日，高群耀赶往罗麦克的家里接受微软的聘书。他住在北京使馆区附近的高档住宅区——东湖别墅，罗麦克让高群耀等了很长时间，他一直挂在美国总部的电话会议上，高管们需要统一口径，对付外界汹涌的舆论。他们不服输，还要战斗下去，即便面对的是美国司法部。那一天，正是美国司法部要拆分微软的日子。

终于，罗麦克放下了电话，和高群耀简单介绍了目前的情况。气氛顿时变得非常凝重。

当天下午，高群耀会见了一个美国代表团，当他们得知上午高群耀刚刚接受了微软的聘书，都吃惊地瞪着他。是的，他把自己的命运和前途押在了一个即将官司缠身的公司上了。而接下来,他发现自己确实跳进了一个旋涡中。

/ "答案就在你的手中"

或许因为吴士宏的《逆风飞扬》让微软的品牌如雷贯耳,新任微软中国总经理引发了媒体高度关注。高群耀上班那天,微软公司被几十家媒体堵得水泄不通,这是高群耀在Autodesk没有经历过的场面。离开时,他被保安护驾从后门下楼并从窗子跳了出去,刚刚以为平稳着陆了,突然一个话筒伸了过来,原来是CCTV2的记者早就架着摄像机守株待兔了。

"微软会被分拆吗?""你是来反盗版的吗?"记者几乎是在质问他。

此前,率性的比尔·盖茨曾口无遮拦地说过一段话,给"反盗版"埋下了伏笔:"让中国人先盗版去吧,等到他们离不开这些软件的时候,我们再想个办法去收钱,我十年总能想出办法来。"这是对中国大规模盗版流行无计可施的意气之词。后来在传播中却被冠以"微软阴谋论"的论调。

高群耀上任短短几天,各种媒体登载了130多篇高群耀出任微软中国总经理的报道。高群耀被冠以"反盗版高手"的头衔,但连他自己也不知道这顶桂冠从何而来。或许是罗麦克发给内部员工介绍高群耀的邮件里,用了"正版化上有过举措"的措辞,而这封邮件很快就被泄露给了媒体。这个颇有敌意的"称谓"似乎考验着他下一步的举措。

高群耀第一次面见全体员工。在凌乱的掌声中，他看到众人伸着脖子，一双双盯着自己的眼睛里流露出狐疑的眼神。他深信韦尔奇的那句话——"帮助别人建立信心是领导工作中举足轻重的一部分"。即便身处困境，领导者也要激励乐观主义、创造性、共同承诺和成长。

高群耀讲了一个故事：有一位智慧的老人，无论什么样的难题，到了他那儿都会有正确的答案。一个小伙子不信，他拿了一只鸟在手里，去问老人，手里的鸟是死的还是活的？他得意地等老人回答。如果对方说是活的，他就会捏死这只鸟；如果对方说是死的，他就会撒手让鸟展翅高飞。老人沉思了一会儿，瞧着小伙子说："答案就在你的手中。"

高群耀对大家说："现在我们没有现成的解决方案，可是这些解决方案在大家的手里。要靠我们大家朝着一致的目标把它做出来。"

适时地，他上班第一天，一个闻名全国的案子就抛给了他——微软诉亚都侵权案。同时，汉王科技也要告微软：只要微软把拼写系统技术放入其操作系统，汉王将以垄断罪起诉微软。

一系列的危机都扑面而来。高群耀明白，企业在盈利时是不会叫你来锦上添花的，只有在亏损或者危机时才会找你来攻克难关，这是世界通行的一条原理。

亚都的案子就像一个烫手山芋。1999年5月8日，中国驻南斯拉夫大使馆刚刚遭到美国轰炸，在爱国主义和反美情绪高涨之下，一家美国企业微软却起诉了中国企业亚都。其影响已经远远超出一个单纯的商业案件了。

法院该如何判决呢？结果，法院一审判决微软有理，但告的人不对。微软列举的所有证据，是这楼里的公司没错，但不是微软起诉的这家公司，而应该是同一个楼里的另外一家公司，因此微软告错人了，此案不成立。整个判决不存在是非判定，只是对象判定。这是一个多么绝妙的判决啊！

这就像把烫手的山芋抛回给了微软，接下来你是告还是不告呢？

微软法务部不服输，不惜代价立志要告下去，哪怕牺牲公共关系和品牌形象。

这就像德国人打到了敦刻尔克（一件事危及到了公司利益），要战还是要和，英国内部一定有不同的态度。国防部（法务部）是主战的，外交部（公关部市场部）是主和的。最后打还是不打，要看老板的意志。

对于大多数公司，法务只是防御性的武器，公司法务的存在，很大意义上是要把公司的法律风险降至最低，而不是动辄开战。只有那些作风强势、特立独行的企业，才会把法务作为一种进攻武器和威慑手段。

高群耀决定快刀斩乱麻，这个案子应该到此为止了。亚都案的一审判决事实上已经暗示这将是一件劳民伤财而没有胜算把握的扯皮官司。打击盗版有很多种手段，诉诸法律只是最后一道防线，重要的是达成一种共识，形成一种全民自觉维护知识产权的意识，中国的软件产业才可能具备快速成长的环境。

他说服了罗麦克。然而不久之后，在法务部负责人的游说下，罗麦克又把决定推翻了。高群耀有点激动，毫不妥协地说："我做出的决定，我负责，负责到底。"罗麦克和法务部负责人见高群耀反应激烈，不再吱声了。至此，亚都案终于画上了一个句号。

高管"大逃亡"

此时,微软中国最致命的危机还不是这类反盗版争端,而是高层团队的"大逃亡",微软中国整个业务处于半瘫痪状态。市场和销售部门有约200个员工编制,竟有46个职位空缺。微软的大工作平台上,放眼望去,几乎四分之一的座位上没人。

首先是负责销售渠道的微软中国副总经理谭智将就职电子商务网站8848的CEO。8848当年被视为最有希望成为今天阿里巴巴的电子商务企业,比当年的阿里巴巴更有光环,但是它没有熬到春天。创始人老榕说过一句话:"我不相信8848会崩塌,就像亚马逊河永不会干涸一样。"中国互联网初始期,微软的高管面临的外界诱惑太多了。尤其是2000年,中国互联网创业火爆,争夺人才的源头集中在微软中国等几大知名IT公司上,不可抗拒的条件吸引着微软的每一位高级经理人。

然后微软两大核心区域的要员——华东区总经理何东劲和华南区总经理许四清离职了。就像产生了某种连锁反应,OEM部门总监兼副总经理刘博、市场部的总监兼副总经理李浩也接连离职⋯⋯

尤其是大客户部总监兼副总经理鲁众即将离开,让高群耀隐隐感到,他这个"空降兵"的出现,肯定打破了某些许诺和格局。谭智和鲁众的即将离开,让吴士宏离职后依赖这两个人扛业绩的罗麦克手足无措。他们都是很有能力和经验的人,鲁众负责的部门几乎占微软中国生意的半壁江山,他们的出走对刚刚到任的高群耀无疑是一次能力测试。

接下来,一件始料不及的事是,高群耀被告知,其担任刚刚半年之久的总经理职位可以升职为中国区总裁,总经理的职位由鲁众担任,并改为销售总经理。一直以来,微软可以说几乎没有秘密,这些还没有定论的"假设"传遍微软上下,刚刚稳定住的管理团队再一次出现震荡。

这让高群耀对微软领导层特别是大中华区总裁罗麦克的管理能力产生了怀疑,也让高群耀和罗麦克出现了分歧和争执。罗麦克非常年轻,在美国几乎没有管理经验,被派到北京负责中国内地(大陆)及港澳台地区数千人的业务,面临着极大的挑战。高群耀建议大家开诚布公、面对面地讨论一下总裁和总经理的具体分工和可能出现的问题,才发现这是不可行的,罗麦克不得不放弃这个布局。但影响已无可挽回,加快了鲁众的出走。公司为了收场,不得不把"总裁兼总经理"的帽子扣在高群耀的头上。高群耀的内心则很苦涩,有谁知道这是经过一场"运动"挂到他的脑袋上的呢?

半年时间,微软中国高层团队浩浩荡荡走了一批人。不但给高群耀开展工作造成了困难,而且也给微软中国带来了巨大的危机。

但高群耀并未慌张,越是面对挑战越要镇定,他有一套自己的原则:以人为本,后会有期,分而不散,顺利交接。不管罗麦克是否介意,不管微软过去是否有这种传统,高群耀认真地为每一位重要的离职高管举办欢送仪式。

鲁众、何东劲,高群耀特地为他俩举办晚会并赠送纪念牌;他专程飞到广州,为许四清举办送别大会;为李浩在三亚举办市场部全体员工送行晚会;组织OEM部门与刘博共进欢送午餐⋯⋯

在公司治理上,高群耀不欣赏铁腕,他倾向仁政,尤其在东方社会。

他相信走的人和留下的人都能感受到公司的温情。他希望以自己为人处世的原则,改变员工对大公司的印象——无情。微软中国这时候太需要人气了,没有人气,没有凝聚力就什么事也办不成。

与此同时,高群耀启动了应急预案。事实上在他上班的第一天,脑子里就开始筹划应急措施了——如果发生意外情况，后备的这张组织图将是什么样的？

不出他所料，微软中国总经理新老交替之际果然出现了离职潮。

高群耀采取了三项措施：一是同等条件内部提拔，黄斌和赵方分别被破格提拔为华东区总经理、华南区总经理。第二是从美国总部挖人，加入微软前一周在美国总部的交流晚宴上，他看中了一个人——美国OEM部门的侯凯文。高群耀冲破阻力将其迅速从美国请回中国。第三是从外部找人，薄晓明是康柏电脑公司的总监里唯一的大陆人，高群耀花了一天时间和他谈，最终薄晓明出任微软渠道合作部总监；许弋亚本是Autodesk的代理商，后来到微软负责正版软件的推广营销。

当鲁众、刘博、何东劲等重要岗位负责人宣布离开时，就在同一个礼拜的星期五，高群耀召开全体大会宣布了微软中国的新领导班子，速度之快，让所有员工都大吃一惊。

一个公司如此大规模换血，势必引发负面影响。为了避免人心不稳，谣言四起，高群耀对人事部要求，在微软内部，任何有关人事调动的操作，都要迅速公开，不给谣言传播的时间。高群耀的选择就是速战速决，这样就杜绝了权力真空，把人心浮动的不利影响降到最低。

华南区总经理和华东区总经理的交接过程，紧凑得不给人喘息的机会。这两个地域的总经理都是微软中国的"封疆大吏"，都有牵一发而动全身的效应。微软中国有三个"地方诸侯"，高群耀一到任两个就出现了变动，这是任何中国区总经理都不愿意看到的。

他迅速破例提拔了赵方。

长期以来微软的习惯是，拿着一杯咖啡，把脚搁在桌子上，把那些代理商统统召到办公室开会，一副趾高气扬的派头。

高群耀一来就变了规矩，要求走出去，到那些代理商的公司去开会。他要秘书安排拜访所有代理商的老板，而且一个一个来。赵方那时还只是一个管理代理商的一线经理，陪着高群耀完成了这一计划。她陪同高群耀拜访联想、长城等大型PC厂商，在广州到深圳的汽车上，他们有了3个小时的长谈。在此过程中高群耀发现赵方表现出来的能力让人惊讶。他想，何不让她担任更重要的职务呢？

但是赵方在几名候选人中的"资历值"排在末尾，公司从上到下包括罗麦克都有顾虑，她能行吗？高群耀先派人事部总监去广州，使交替过程中容易出现的裂痕一一弥合，保证交接班顺利。

业绩才是说服力。高群耀没有看走眼，赵方几乎成了微软中国的销售女皇，不但每个季度完成营业额目标，而且其2000财年的销售额是1999财年全国销售量的一倍半。赵方也连获三次破格提拔，荣获2000年的比尔·盖茨奖，并与比尔·盖茨共进午餐，这是微软的最高奖项。

/ 税务风波

《观止——微软创建NT和未来的夺命狂奔》一书的作者G.Pascal Zachary曾这样评价微软："冲突处于微软每项重大决定的核心中，这是一家不时处于交战中的公司，不只是与局外人作战，而且还和自己作战。"

高群耀曾经侥幸地以为越过了一道道关口，马上就可以高枕无忧了。但现实是，他还得在炼狱里出生入死。

高群耀进入公司才3个月，感觉遭遇到了3年的历劫。而一场"税务风波"把他推到了一个最敏感问题的风口浪尖，这个最棘手的危机是个长期未引爆的地雷，偏偏在他的任上爆炸了。

这是微软中国内部的一个长期隐藏问题。

微软员工很重要的一部分收入是股票期权。微软之所以能吸引世界顶尖人才，除了公司魅力，其中一个很重要的因素就是它的股票收益屡创奇迹，比如上市10年来有200多倍的投资回报，这就孕育出一大批百万富翁、千万富翁甚至亿万富翁。微软早期员工、创立国际部的斯各特·尾木当初加入微软时就说："真正赚大钱的是内部认股，有机会加工资我也不要，我告诉比尔·盖茨，我宁愿多认些股而不加工资。"

美国《福布斯》曾统计过美国百万富翁的年龄是60多岁，当微软股权激励行权之后这个年龄段一下子拉到了30多岁。

微软中国员工同样享受着股票期权待遇，理应缴纳个人收入所得税。但是长期以来存在的问题是：股票买卖在美国进行，而收益人却在中国，这便造成了一定的模糊性，成了一个政策边缘地带。对微软来说，是一个随时可能爆发的地雷。

历届前任都被此问题困扰，但历任都没有采取措施。这个久拖未决的棘手难题，最终还是落在了高群耀的身上。

这正是他千方百计聚集人气的时候啊，却要对员工做一件直接影响他们切身利益的大事。他都能想到员工们的激烈反应。

但从企业责任讲，高群耀知道容不得有半点个人利益的考虑。作为一个跨国公司，守法经营是最重要的管理理念。

高群耀和人事部经理张铭精心设计了一套操作程序，既要快刀斩乱麻，又要让员工接受。他先和总监们提前沟通，然后和员工们面对面交流。不出所料，员工们反应激烈。"拖了那么久，别人都不做，你当什么冤大头！""那些人算好了就等着看你的笑话。"诸如此类。

高群耀能理解，员工已经把这部分收入纳入家庭计划中，你硬生生在人家身上割一块肉，谁不心疼？但这是一个原则问题，没有任何选择的余地，他今天坐的这把交椅，即使是老虎凳，也要执行。

终于，公司向全体员工宣布，所有股票以及由股票带来的收入统统由公司负责代扣代缴个人所得税。

这件事看似解决了，员工的抱怨声还犹在耳边，半年后，抱怨的员工却感到庆幸了，因为在税改之前尚未缴费的员工遇上了大麻烦。

北京的初秋炎热渐渐褪去，难得一个好梦。这一天凌晨，高群耀被一阵催命似的电话铃吵醒了，他睡眼惺忪地接通，这是微软美国总部税务部门打过来的，是一个紧急的电话会议。他听了片刻，睡意全无，从被窝里跳了起来，急躁地在卧室转了三圈，他没法再保持平时的绅士风度和镇静，对着电话大发雷霆，声音大得把太太吓到了。

他有种被出卖的强烈感觉。

这次电话会议的主题是向高群耀通报中国员工的税务问题，大意是微软收到中国有关部门的通知，在微软中国执行代扣代缴股票期权收入所得税之前的收入，也要按规定补缴个人所得税，并且要支付以每天计算的滞纳金。并告知这些员工的股票期权收入数据已经提供给了中国税务部门。那意味着，应该补交的税，加上滞纳金和罚款，大概是一个天文数字！

如此涉及中国员工利益的大事，是何时与中方交流的，又是如何发生的，作为中国区总裁的高群耀，竟然一无所知。

他庆幸提早实施了"代扣代缴"，如若不然，这个雪球无疑越滚越大，公司更加难以收场。

接下来数日与总部沟通才知晓事情的来龙去脉，微软美国一个负责税务的经理来中国与税务部门交流，无意中提及微软中国的近百名员工过去几年都有股票期权这件事，税务部门马上意识到对国家来说这是一项税收的疏漏。而从微软的制度上，无论如何该与本地的管理团队沟通一下此事。

经过税务部门和微软的不停磋商，此事在2000年底立案了。93名中国员工牵扯其中，作为公司的主要管理者，高群耀必须协助税务部门在规定的期限内把这个案子彻底了结。他能预见到这件事就像虎口拔牙一样惊险。

这个消息被当作公司高度机密，然而很快就在内部传开了。那一天是周末，高群耀到办公室时发现仿佛发生了群体性事件，员工们堵在办公室门口，有人声泪俱下："高总，你得为我们做主，这事不能怪我们，不是我们的责任。为什么最开始不说，一下子让我们交回如此大数额的现金，我们上哪儿凑这么多钱去？期权收益我们是拿了，买了房子、车子，现在要我们几天之内送回来那么多现金，我们真的要家破人亡了！"

持续几天，高群耀一上班员工就堵在办公室门口，情绪在积蓄中越来越难以控制。

有人当面哭诉："高总你如果叫我们无家可归，流落街头，遭受牢狱之灾，你于心何忍啊？"

每天早晨，高群耀不断增加跑步的强度，他感觉把自己的灵魂洗刷了100次。"你后悔吗？"他自问了100次。不，他从没试过倒退着跑步。"你不是就不信'不可能'吗？这难道不是发挥自己用武之地的天大机遇吗？"

/ "总裁"还是"总裁"?

而罗麦克那段时间却有"公事"出差了,高群耀只能独自面对。那段时间他的助理总是把"总裁"打成"总裁"。

他能理解员工如此激烈的情绪是因为这对他们来说已是性命攸关的大事,他同情大家,但同情还变不出税金。他需要一边默默地想解决方案,一面还要协调人事变动,拓展微软的生意,增加销售额等诸多事务。

税务部门的态度变得很坚决:如果再拖而未决,他们将采取处理措施。

不久,正式文件下发了,公司有几个人有权力代表公司签署微软中国的法律文件,高群耀拒绝了。原因并不是他担心未来的担责,而是其中一些条款无法接受,高群耀为员工感到委屈,他无法让员工去承担由于法律法规不清和公司管理工作的失误所带来的惩罚。

高群耀第一次感受到罗麦克气愤的目光,他意识到这将给自己带来苦果。在过去多年的从业经历中,上司都成了高群耀的好友,比如卡萝·巴茨等。但这一次是例外。

曾在伯克利EMBA的课堂上,和同为高级主管的同学们讨论,以工作重要性为序排出每天上班最重要的事,有一位总裁深有体会地说:"我的第一件事是管理好我的上司;第二件事是处理好我的同僚;第三件事没有了。这是生存的需要。"高群耀则认为"以人为本,包括下层员工"应是一个管理者的重要理念之一,在离开微软多年后,高群耀才比较理解他所说的"向上主义"了,但至今无法苟同。

高群耀破了一次自己的规矩,撇开大中国区直接将电子邮件送往上级，提出具体解决方案，请求美国总部立即做出决定，这事绝不能再拖下去。希望总部认真考虑此事可能带来的后果，对微软中国的影响，对微软中国员工的影响。在关键时刻，应该让他们以在微软工作而自豪。

他的呼吁，终于有了结果。总部批准了高群耀的计划，前提是这笔费用必须用中国公司自己赚来的利润填补，而且高群耀必须向总部做出一定数量营业额的承诺，且不可影响原有利润。高群耀毫不犹豫地全盘接受了，无论如何，他总算缓过来了一口气，解了燃眉之急，这部分微软中国员工也总算过了一关。

多年之后，原微软员工聚会，他们上前热烈地拥抱高群耀，感激他当年的担当，说："我们感谢你一辈子！"

大手术——把航母放进航道

微软的问题之多，情况之严重，大大出乎高群耀的预料，让人防不胜防。

5公里，8公里，12公里！每天清晨，高群耀跑步的距离愈来愈长，必须要有足够的体力和心理承受力来应对内外部的各种压力，能量仿佛来自于每天对自己身体极限的挑战。

每天一到办公室，都有几百件事情要处理，千头万绪，他必须挑出最重要的四五件，并为自己制定了一个16字大政方针：了解情况，制定方向，调整资源，重点突破。

微软早期的精英、总信息师内尔·伊万斯曾说："我从比尔·盖茨和斯蒂夫·鲍尔默身上学到好多东西。他们教会我，要想成为世界级人物，就要专心致志地去做一两件事，弄明白这几件事的原理，然后把它做成功。第二样东西是恒心，他们教我永不放弃，如果你有目标，而且又是对公司意义重大的事情，就要从多个角度去努力。"

/ 有钥匙？那就先找到锁眼

为了了解微软中国的问题到底出在哪儿，该从哪几个方面重点突破，有没有信心把事做成功，高群耀确定了一个"思考日"，把公司中高层统统拉到北京郊区进行封闭式头脑风暴，再忙也放下手头的工作，想想明天最为重要的目标和实现的手段。

他首先问这些经理人："大家在外企混那么久了，谁是你最崇拜的人？"有很多人说是杰克·韦尔奇。高群耀说："那太远了，我们需要的是怎么才能脚踏实地走出困境，而不是去抓高不可攀的目标。"于是有些人说他们崇拜自己。高群耀认为那还欠些火候，毕竟市场经济对大家还是新课题，自视甚高容易裹足不前。

其实高群耀真实的目的是调整大家的心态，任何好高骛远和裹足不前都是微软中国的大忌。公司如果想有所突破，靠的绝非他一个人，而是整个团队。

高群耀又给出第二个问题。微软中国到底有多少问题，或者说，要做哪些事？

他不厌其烦地把问题一一列在黑板上。他告诉大家今天要讨论的不是要做哪件事，而是不做哪件事。意思是哪些事不属于当务之急的，就在黑板上一一划掉。大家一下子变得紧张认真起来，因为这可能意味着有些部门就不存在了，有些职务就将被取消了。

他既鼓励大家"异想天开"，开拓思路，想出办法。如果有无限的资源我们能做什么？又要"脚踏实地"，如果实现目标，可实施的方案是什么？提出具体落实的步骤。

经过一番激烈的争论，最后，黑板上只剩下了四件事。高群耀回望黑板，思路更加清晰，如果把这四件大事解决了，那些被罗列出来的大大小小的问题都迎刃而解了。

这四大突破就是：

1.大幅度提高销售额（包括利润）；

2.关注人（员工、合作伙伴和正版用户）；

3.公共关系和政府关系；

4.微软在业界的领导地位。

既然是团队达成共识后确定的，那么大家所有的工作都围绕这四点展开。而要想做好这四件事并不容易，太多的障碍需要扫除。

单就业绩来说，微软中国区一直挺不起腰杆来。1999财年，微软中国仅完成预算不足50%，销售额仅有几千万美元，这是一个上不了台面的数字。微软在中国的销售额和利润，比微软阿根廷还小。阿根廷当时全国PC机销量一年只有40万台，而中国有近千万台。此外，微软中国各部门之间的协作也非常不顺畅。

高群耀第一件事是做好预算，微软的财政年度是以每年的7月作为新财政年的开始。微软的预算非常严谨。他对各部门的头儿说："一是简单，二是说话算数，可靠。这是我对你们要求中的关键。"

高群耀的四点突破与微软总部的全球策略是大相径庭的。这是中国特色的突破点，是微软中国面临的最亟待解决的问题。经过解释、磋商、协调，高群耀最终得到了总部的认可。但实际上，他知道并未得到直接的上司罗麦克完全的信任和认同，在某种程度上，他对高群耀还留有一道杀手锏，而高群耀的成败就在此一举。

既然大政方针已定，就算豁出命来，高群耀也在所不惜了。

他知道还有一件事必须做，就是和"大中华区总裁"划出一道不可逾越的职权分明的界限。微软大中华区的架构决定了北京有一位大中华区总裁,除了秘书,他只有高群耀一个"兵",即中国区总裁。没有规定这位大中华区的领导应该干什么,不应该干什么,工作怎么展开和安排,长期处于模糊状态。微软数任中国区总裁(中国区总经理)有多少因素是因为这层架构的不合理设置而离职还说不清,但这个"雷"在高群耀的任上日后却终于引爆了。

正因为"大中华区总裁"和"中国区总裁"长期职权处于模糊状态,没有明确分工,所以高群耀与罗麦克推心置腹,认真讨论了谁应该做什么,不应做什么。而罗麦克也接受了。

随后,高群耀有意识强化这四大突破,也为了让涣散的人心再一点点凝聚起来,公司的墙上贴满了这四大突破,还拍了电影宣传片。意即这四大突破已变成了员工的统一行动准则。在这种刻意强化的业务氛围中,公司进入了新财年。

/ 正版化,有解还是无解?

关注正版用户和加强销售无疑是这四大突破里的重中之重。

而正版化,在微软中国就是一个不可言说的痛,微软就像端着一个火锅,既怕伤着自己,也怕伤着别人。

高群耀一到微软就发现,中国公司里几乎所有人都不想提及"正版化"三个字,一提正版化销售,别说用户,微软自己的员工就咬牙切齿。销售人员认为,到哪儿就会把哪儿的关系搞砸。找政府,政府关系搞僵;找企业,把企业吓跑了。亚都的案子,使销售更难了。大气候没有变暖的情况下，高群耀在思考如何找到一种更变通的方式，用更具中国特色的方式化解正版化销售的死结。

比尔·盖茨虽然是一位抗议盗版软件的人，但当他的视线转向国际舞台时，他预言，随着社会的进步，这些国家要想扶植本地的软件产业，就一定会通过法律手段支持正版，而且会表现得愈来愈好。

微软全球副总裁奥兰多·阿拉亚也说："从前，你派一群牛仔到世界各地威胁别人，那不是解决问题的办法。"

他们的声音都变得柔和多了，也更贴近现实，毕竟某些新生事物的诞生，时常伴随着从强迫到自觉的过程。

对于正版化，微软各部门之间也存在不可调和的矛盾。负责正版化的部门也包括法务部。法务部的考核自然是案件和诉讼，诉讼越多，它的业绩愈好。这也是为什么，法务部在亚都的案子中表现出来不惜一切代价也要诉讼到底的强硬。而销售人员一听诉讼就头痛，如果都打起了官司，还怎么能指望营业额呢？

面对相悖的考核目标，两个部门陷入了一个矛盾无法调和的怪圈。

微软中国的业绩想要飞跃，没有正版化销售又是不可能的。在其他发展中国家，前台的产品，占整个营业额的比例高达70%，100块钱里，有70%来自于Windows和Office。在中国，这个比例不到20%，而这20%几乎都是来自政府采购的大单。

所以不从根本上改变这个环境、现状，微软在中国不可能有未来。

高群耀组建了一个正版化销售小组，小组的组成有销售人员，也有法务部的参与者。最重要的一个环节，就是把大家的考核目标统一。经过无数次与法务部上上下下的周旋，终于把正版化的销售业绩作为小组所有人的考核依据。只要业绩做得好，奖励也有律师的份儿，而不单单是销售人员。

逐渐消除矛盾，寻求合作，这个过程本身就极其艰难曲折。经过两年多的努力，终于把这件事糅合起来，并有了一套规范化的运作程序。正版化销售项目，也从零起步到2002年有了几千万美元的业绩。

这些努力基于一个简单的常识，进入WTO的中国需要软件正版化进程，中国的未来更需要软件正版化进程。在未来，中国的知识产权保护将会越来越明晰。

/ 渠道下沉与清除腐败死角

微软在中国的业务有非常明显的特殊性，带有强烈的政治色彩。微软虽然有非常广大的用户群体，但在中国的生意主要来自于两大块。第一块，最重要的、真正有影响力的大客户是政府部门和国有企业，比如中国海关、中国税务、中国石化等单位，都有规模较大的订单。

说白了，微软本是一个面向PC厂商和消费者的公司，但是在中国它主要在做政府和大企业的生意，环境使它更像一个2B的公司。

另外一块，是微软的传统业务。微软的生意模式基本是一种海捕模式，铺天盖地撒网，完全靠量取胜。这就需要无处不在的渠道，把软件和服务提供给个人和中小企业用户。软件防盗版的第一步就是能让用户非常方便地买到正版软件。

微软的销售渠道构成，首先是代理商，代理商的下游是增值经销商。微软当时的增值经销商和其他公司不同，是不用授权的。人人皆可做，遍地开花。但由此带来的一个后果就是失控。微软做了一个注册的统计，出乎意料的是，有一万多个所谓的VAR增值经销商在微软注册，足以遍布全国各地。

高群耀清楚地意识到，要把中国的生意做好，至关重要的就是培养渠道。

他把渠道管理的负责人叫来，做了一个模拟。把一张中国地图挂在墙上，高群耀让他把微软生意的来源，包括合作伙伴都用小旗子插在地图上，结果就出现了一个不该出现的场景：北上广深插满了旗子，意即微软中国的生意都扎堆在北京、上海、广州、深圳。整个中国的营业额85%以上来自于这四个城市。可见渠道分布极不平衡，微软在地理区域的覆盖范围严重受阻。

针对于此，高群耀对当时的渠道总监薄晓明提了一个要求：迅速抓好每个重大城市的生意，有计划地扩展非主要城市的结构建设和渠道建设。

微软快速有效地建立起了每个主要城市的卫星城网络。比如上海，它周边有10个卫星城市，要进行具体安排。每个卫星城市至少有一个忠实的合作伙伴。以扬州为例，微软把所有精力集中在一两个合作伙伴身上，当然这些合作伙伴也必须承诺为微软带来生意。凡是在扬州发生的任何生意，不管是哪个合作伙伴带给微软的，都会在他们的业绩上添一笔。通过这些特殊安排，公司扶植了新开发地区并使它们获得良性发展。

微软用这种方式，逐渐扩大了渠道和非主要城市的覆盖面。拓宽了微软的生意范围。比如成都，原来只占微软中国生意的1%，一年多就占到了营业额的5%。

渠道以覆盖面为基础，从量上取胜，但是微软自己的销售队伍却需要把最关键的业务和大客户攥在手里。这容易混淆一个界限——自己的销售人员和渠道之间的关系。因为关系到渠道和大客户经理的业务考核，所以一个清楚的定位就显得很关键。这就牵扯到高群耀如何使管理体系更完善。

每一份订单都和钱有关，没有管理上的规范，各种各样的"猫腻"就会应运而生，腐蚀销售队伍。如果一个销售员的主要乐趣、主要收入不在公司，那整个业务的模式就会被腐蚀，会逐渐垮掉。

社会上对"海归派"职业经理人的认同，正在于他们对税务、法律、财务、规范制度的态度，敬畏制度，不触犯规则、法律。让渠道和销售操作过程的规范没有沦为一纸空文。

作为公司而言，不能完全依赖于销售，所以客户关系管理（Customer Relationship Management，CRM）体系的建立至关重要。把重要的客户关系当作重要的资产留在公司里，并不断维护和经营，而不是只在销售人员的脑子里。但销售人员都把客户资源当作自己的核心竞争力，从个人手里移交给公司谈何容易，这又经过了一番博弈。最初高群耀看到很多销售人员提供的客户名单上的手机号码都是错的，但他把建立CRM体系这件事坚持了下去。

/ 总觉得花在人身上的时间不够

高群耀很清楚，要突破销售利润的瓶颈制约，最重要的一环还是要强化自己的销售队伍。"以人为本"这样一个基本管理理念，要在一个公司里体现得更为彻底。

要做到这一点，就得对整个销售队伍进行体制改革，就得培养出一支精英梯队——足够理性、足够积极、足够勇猛、能够冲锋陷阵。就像比尔·盖茨所言："你需要强大的团队，因为平庸的团队只能产生平庸的结果，不论团队的管理多么完善。"

"关注人"是四大突破的核心问题，没有人，任何事情都办不成。杰克·韦尔奇曾说："每一天，每一年，我总觉得花在人身上的时间不够。对我来说，人就是一切。"

比尔·盖茨说过："如果把我们顶尖的20个人挖走，那么我告诉你，微软会变成一家无足轻重的公司。"留住最顶尖的人才，永远是全世界所有公司包括微软的大事。

微软除了股权、股票期权等利益驱动因素外，还为那些想自我超越、自我激励、不断创新的人，提供了一个独一无二的平台。所以它才能吸引全美乃至全球的精英。

但是，在"关注人"这方面，微软中国让高群耀感觉是加入过的公司里做得最糟糕的。因为微软太成功了，它的股票期权太赚钱了，所以它无须过多关注人。股票那么好，在一定程度上掩盖了人的问题。谁也不再关注这个本该放在头等地位的问题。

2000年，互联网泡沫破裂时的情景如此惊心动魄。3月10日，纳斯达克综合指数从5132.52点的峰值开始暴跌，IT行业市值在此后的两年时间里蒸发掉了5万亿美元。大批高科技公司裁员，微软却依然屹立不倒，不但没裁员，还在全球增招了5000名员工。但微软中国和微软全球的境况却截然相反，面临的严重问题恰恰在于怎样才能留住员工，不至于失血过多而患上贫血症。

这一点顺理成章成了高群耀上任伊始的头等大事。

要让这些员工与微软共渡难关，高群耀认为必须满足三个条件：一是要给员工以事业发展空间；二是创造一个理想的办公环境；三是要有一个对应市场、公平合理的薪酬奖励制度。

高群耀着手对内外部办公环境进行调整。

微软中国租住的北京希格玛大厦的办公环境实在不敢恭维，大楼底下的大堂不像A级办公大楼的大堂。每天上下班像战乱一样，电梯门口挤着一堆人，许久才能上下。尤其是微软的窗外竖着几个大铁塔，这里的磁场毫无疑问比其他地方大多了。高群耀考虑搬到其他地方去。

此事惊动了这栋楼的老板——希格玛集团公司，微软中国可是他们的大客户，真的撤走会让他们损失惨重。

于是在一个五一长假之后，希格玛的大堂焕然一新，大楼里的电梯拿出一半专供微软员工使用。更让人吃惊的是，楼前的高压线塔居然消失了！这么大的一个工程，势必牵涉到许许多多的部门，他们居然都搞定了。这不由得让高群耀很感动，以诚相待的人生哲学让他当时就做出决定，与希格玛续约。

高群耀加入微软的第一个季度，就向总部递交了一份报告，要求改变微软中国销售队伍的薪酬结构。过去，微软的股票涨幅实在太好了，好得甚至让人忽略了薪水的重要性。长期以来，微软从上到下没有任何一条对销售人员或者销售业绩进行奖励的制度，销售人员业绩好坏都一样。这种平均主义助长了人的惰性，抹杀了竞争意识。

微软员工的薪酬制度是比较复杂的，有一套自己的体系。在这个体系里，每个员工都有自己的级别，从五十级到六十级，如果到七十级就是"VP"副总裁级别了。

高群耀要对员工的薪酬体系动刀，就要做社会调查，有个横向比较,才能把标准重置。

那时候正是外企员工薪水变化非常剧烈的时期,特别是".com"出现后,这无疑使微软中国员工的薪酬相形见绌。

高群耀在电脑里浏览所有员工的薪水、奖励和过去的考核,想看看大家的薪水在整个收入中的占比。

看了之后大吃一惊!简直一片混乱,同工不同酬的现象很多,完全没有一套体系来协调。

因此,高群耀斩钉截铁地提出,要在两年之内,把微软中国员工的薪水提升到微软薪酬体系合理的范围。一则微软中国员工的薪水总体偏低;二则过去股票期权的收入在大家的薪金中占据绝对地位,所以薪水没人计较。就连高群耀本人,加入微软的薪水也比Autodesk低,这是微软的常规做法。随着华尔街股市的狂泻,这种薪酬制度的弊端就显示出来了。

高群耀想向总部争取微软中国的涨薪水平要达到20%的增长率,这远远高于微软总体的增长水平,美国总部薪水增长只有2%~4%,因此获得总部的同意相当困难。但高群耀坚持自己的立场,经过多方面的探讨、磋商和碰撞,最终在2001年和2002年,微软中国员工的薪水平均增长达到了22%的水平。对一些员工就意味着翻倍,对一些员工意味着30%、40%,甚至50%的增长。特别是技术人员的薪水,在这两年里的调整更是非常可观。

同时,高群耀提出一个新标准,决不一刀切、吃大锅饭。每个员工单独拿出来全面评估,这个评估包括他的业绩、岗位、能力、用户反馈等。

在短短两年的时间内,经过如此大规模的调整,微软中国员工的薪水标准开始逐渐进入良性循环的轨道。

高群耀上任伊始就对人事部提出很高的要求，他是一个对人力资源有偏爱的人，要求对员工的培训要成为制度定下来，雷打不动。

高群耀执掌公司的第一年就组织了25场培训，尤其是基础培训外的"硬培训"，包括销售培训、产品培训等，公司硬性规定从总裁到前台的接待姑娘，都必须通过产品培训。

对销售人员的培训就更严格了，比如设置这样的情景培训：你想卖产品给客户，可是找不到机会，终于在等电梯的时候碰到了他们的总裁，只有一楼到三楼这么短暂的两分钟时间，作为销售你怎么和总裁说呢？高群耀有时候就充当这个情景培训的"总裁"，要求销售对这"两分钟考核"快速反应。类似这样的培训，把员工的整个神经都绷起来了。

而针对向高群耀报告的十几位副总经理一级的人，则要求他们每个月的最后一个星期五，放下工作飞到北京，来接受特别规划的选题的培训。微软在外部聘请专业公司对公司副总经理进行评估，提出职业提升的具体建议，请全国最优秀的专家来讲课辅导。这些规划的选题包括中国政府决策的过程，中国的宏观经济，中国人的特有心理，博弈论，等等。这些培训受到大家极大的欢迎，也让他们感受到责任重大。

经过对销售渠道、骨干力量、薪酬制度、办公环境等一番大幅度的调整，微软中国的业绩可以用突飞猛进来形容。微软中国2000财年的业务增长了83%，到2001财年结束时，销售额又增长了近40%，及至以后的2002财年，这支销售队伍再次使微软中国的营业额增长了近50%。

这就像一个医生，看到一个濒危的病人，在自己的治疗下开始焕发生机，再也没有比这更让高群耀感到欣慰和体会到存在价值的了。

/ 不能忘却的纪念

高群耀在微软两年多时间里，最不幸的一件事发生在2001年7月中旬。

在高群耀从各个环节为微软中国动了一场大手术之后，微软中国显现出了欣欣向荣的气象，高群耀到微软后的第一个财年，终于有了拿得出手的出色业绩。

7月的盛夏，高群耀带着120多人浩浩荡荡去往美国的迈阿密，微软全球年会是一桩盛事，比尔·盖茨和斯蒂夫·鲍尔默都会亲临现场。2001年，许多高科技公司风声鹤唳，微软却一派蒸蒸日上的气象，这对全球乃至微软中国的士气都是一个极大的鼓舞。

这一次，微软中国的员工可是挺直了腰杆来参加年终大会的，颇有些扬眉吐气的感觉。大会结束后，有一部分中国员工要留在美国度假，难得有机会享受一下悠闲的时光和美国风情。

而高群耀匆匆赶回北京，他和太太有约，要一起观看北京申办2008年夏季奥运会的电视直播。7月13日星期五，美国人不喜欢这日子，但正是那天北京申奥成功了。高群耀在俱乐部和大家一起庆祝，然后跑到长安街上，到处都是喜形于色的人，不管认识与否相互拥抱并祝贺。

高群耀和整个北京城一样，几乎狂欢了一个通宵，到家已近清晨。刚躺在床上迷迷糊糊要入睡，突然被急促的电话铃惊醒了。电话是从美国打过来的，高群耀神经骤然紧张起来，总部很少会在清晨打越洋电话，因为那边已是下班时间。来电转告了美国警察局的一则报告：微软中国在美度假的几个员工，在从黄石公园去往洛杉矶的路上，发生了严重车祸，两人当场丧生，两人重伤昏迷未醒。

高群耀"噔"地弹了起来。他请对方等会儿，然后冲进浴室对着水龙头冲了一下脑袋，跑回卧室，请对方再清楚地重复一遍刚才所说的话。电话那头又重复了一遍，噩耗一下子变得千真万确了。

他请对方报出遭遇车祸的同事的名字，对方报了4个人，高群耀直觉五雷轰顶，无法接受这么残酷的事实。一天前，这几个年轻人还在美国总部大会上意气风发。

高群耀迅速冷静下来，立即向总部人事部门负责人提出几个要求：不惜任何代价抢救活着的同事，请最好的医生，用最好的设备，由此产生的一切费用微软为其担保；对已经去世的两位同事，按美国的规矩，尸体要马上解剖、验身，出死亡报告。但高群耀要求按中国人的习惯，在亲人没有允许的情况下，任何人不能碰他们的遗体。

这一天是周六，太太和女儿已经整装待发，另外三家的朋友也等在门口，大家兴高采烈地等他一起去度假。高群耀神色凝重地告诉太太，今天不能和大家一起去度假了……

他赶到公司，办公室里空荡荡的，他挂在电话线上足足两个多小时，把美国的事情暂时安排妥当后。他一遍又一遍地在屋子里踱着步。下一步该怎么办？打一个电话，或者发一封无关痛痒的邮件通知家属表示哀悼吗？在父母妻女的心中他们是不容失去、无可替代的亲人啊!

他决定亲自去死者的家里通报。他放下手头的所有事情,带上秘书余云亚和人事部总监张铭,飞往广州,并通知华南区总经理赵方马上由美返穗。

在失事的车辆上,有三位是广州分公司的员工,都是公司的骨干,赵方的左右手。两位去世的员工,一位家住乌鲁木齐,还是单身,才20多岁。另一位家住顺德,有妻子和年幼的女儿。

高群耀刚下飞机,就遇上了刚从香港回来的赵方,她的双眼哭得又红又肿。一行人马不停蹄地赶往顺德,家住顺德的去世员工是华南区的骨干,也是高群耀多年的挚友。高群耀多么难受,此去是要传达死神的信息。

这是高群耀一生中最难忘的一个场景。

那天,高群耀的秘书余云亚事先通知了去世员工的太太,说高总要去看望他们。她觉得奇怪,但没多想。高群耀一行到达时,她正在陪女儿跳舞。

那是一幅多么恬静的画面,她正领着八岁的女儿翩翩起舞,天真的女孩跟着母亲的节拍,舒展着柔软的双臂,尽情地旋转着,脸上荡漾着俏皮、沉醉的笑容。高群耀觉得自己的腿就像灌了铅一样沉重。

这时,她仿佛感觉到什么事发生了,一辆奔驰大轿车上出来一大帮人,个个神情肃穆。四周一片肃静,空气都仿佛凝固了!

她深陷的眼睛渐渐从温和转成疑惑,继而充满了恐惧,她盯着高群耀问道:"高总,你们来这么多人干吗?出了什么事?我先生呢?他怎么了?"

高群耀眼里噙着泪,说不出口。母女俩已紧紧搂在一起。

张铭低声告诉了她真相。突然，一声凄厉的尖叫，像导火索一样把整个房子引爆了！闻声而来的父母颤抖着攥着高群耀的衣服，在他怀里号啕大哭。死亡如此冷酷，撕开人们平日里那层坚硬的外壳，让人无法自持。这名员工不仅是高群耀的爱将，还曾是他Autodesk的一位同仁。他有双倍的理由为之痛惜和悲伤。

中国人一直有一种情结——"叶落归根"。家属们要见亲人的遗体才肯下葬。如何将遗体从遥远的地球另一端运回中国，便成了一个难题。把遗体从一个国家运到另一个国家，按国际惯例是不允许的。这样的事对任何国家来说也是不容易办到的，更不要说一个公司了。运尸体是一个什么概念？它牵扯到很多复杂的法律程序，在中国甚至越过省界都是违法的，更别说从美国越洋把尸体运回来。

高群耀冷静考虑了半天，还是答应了家属的要求。哪怕只有1%的希望，他也要争取。原本只有一家有此要求，既然要做，高群耀索性决定把两位遇难同事一起运回故土。

他请美国有关部门协助安排，对方的第一个反馈是：放弃吧，根本不可能！无数次电话后，最后发现通过美国的"SOS"让事情出现了一线希望。在承诺支付所有费用后，在"SOS"的鼎力相助下最终打通了一条通道。条件是：尸体必须经过处理，否则高温季节无法运送。

按美国的法律，即便尸体从警察局挪到停尸房都要经过一系列极其烦琐复杂的法律程序。高群耀至今已经不记得那时怎么会有如此充沛的精力，又怎么变得如此冷静。整夜挂在电话机上，跨过一个又一个障碍，一件又一件事地安排，最后在一份份文书上签字。

协议终于达成了。高群耀委托张铭和赵方陪同家属前往美国，按中国人的习惯，在尸体未经处理前举行了一个简短的烧香仪式。随后，尸体经过解剖和内脏的冷冻处理后，用特殊的药品进行彻底的处置，然后被放入一种既可以调节温度、又方便运送的特制的棺材里。在家属和赵方的护送下从美国运至中国香港，从香港经罗湖口岸陆路进入广州。

那一夜，赵方坐在驾驶室陌生的卡车司机旁边，背后的车厢里躺着她昔日的战友，她心里五味杂陈，欲哭无泪。回家了！

高群耀作为公司代表为两位罹难者各自举行了隆重的葬礼，亲自为两位同仁写了悼词。葬礼上，播放了他们在微软工作时的电影片段，这是广州的同事连夜赶制出来的。

追悼会结束后，让高群耀始料不及的是，罹难者家属排着队几乎要跪下来向他道谢，表达对他以及微软的感激和理解。

随后，一连串的问题随着事故的处理开始出现了。焦点是在开会后借机度假，算不算公事？微软该不该按因公死亡来处理？日子一天天过去，正常的业务要做，后事的处理却变得愈来愈复杂、激烈。他一面与国外保险公司商谈索赔问题，一面亲自向总部申请抚恤金。对微软公司来说，这也是首例。因为公司为每位员工都买了相当数额的保险，在合同里不存在这一条。但高群耀下决心没有先例也要争取。

经过与总部的各方协商，终于给每位罹难者争取到了最高限额的抚恤金。并且这些钱很快被安排到位，一些尖锐的矛盾很快得到了缓解。

在车祸中幸存下来的夫妻，经过医院的精心治疗，终于脱离了危险。车祸发生时，开车的员工和他的太太坐在前排，都系上了安全带，可能由于国内没有这样的习惯，后排的两位疏忽大意没有系，结果车辆在高速路上失控后，翻了几个滚，酿成了悲剧。一个常识性的疏忽没能让两位年轻人逃过一场劫难。

直到今天，高群耀仍然为两位年轻同仁的早逝深深惋惜！

/ 寻找拨动中美关系的琴弦

让高群耀始终颇费心思的一件事是公共关系和政府关系。公众形象对任何一个公司都是至关重要的。而他上任后却发现微软中国的公共关系和政府关系非常糟糕。

高群耀入职不久就赶上了员工的半年总结会,他坐在台上,两耳一直在发烫,台下的员工问了10个问题,9个几乎在质疑为什么微软的公共关系和政府关系到了今天这个地步。很明显,对微软销售和市场人员来说,这个因素已经成了业务拓展的极大阻碍。

如果想改善和政府的关系,迅速扭转微软在政府和公众中的负面形象,这个突破口在哪里呢?在敏感的中美贸易关系下,高群耀要做的,是在微软的公司法则和中国的国情之间争取更灵活的决策空间和解决方案,寻求一个与中国政府的最佳合作点。

一旦决定要改善公众和政府对微软中国的印象,就必须要做几件有分量的实事。高群耀确信,微软中国完全有可能在中美关系上发挥积极的作用,而不是一个消极的旁观者。

2001年初,在美国国会一年一度对中国的最惠国待遇的马拉松争论中,微软中国与总部一起行动,组织一些人前往华盛顿,对摇摆不定的国会议员进行游说。微软在美国最主要的媒体上,组织了八个版的评论,倡导美国政界支持中国的最惠国待遇。

5月份,国会对中国最惠国待遇投票那一天,微软打出最后一张王牌,在《华盛顿邮报》上刊登了比尔·盖茨的一篇《清华大学联想》,是他在清华大学演讲时的一些感受。

当美国国会最后终于通过了给予中国最惠国待遇后,时任外经贸部副部长的龙永图特地到微软中国总部表示感谢。

投我以桃，报之以李。这种中国文化中礼尚往来的微妙情感，在微软表现出积极的姿态和行动之后，终于得到了中国政府的赞赏和积极回应。

在处理政府关系上，高群耀有特殊的优势。在美国大学里代表2500名外国学生当"参议员"的那段经历，和多年来一直保持着与美国政府和行业协会的友好关系，使得他对美国的政府和政治相当熟悉。

他要寻找一位微软中国的顾问，这个顾问，要么不请，要请就请一位举足轻重的人物。这时候，亨利·阿尔弗雷德·基辛格（Henry Alfred Kissinger）成为他锁定的首要人选。

基辛格堪称中美关系史上的权威，他如果成为微软中国的顾问无疑会成为一种象征，使中国政府能清晰地意识到，微软中国的风向标已经重新定位。

基辛格博士是20世纪少数几个影响世界的关键人物之一。冷战时期，他起到了非常关键的作用，他为打破两霸对峙，使世界各方力量保持均衡从而避免战争做出了很大贡献。他还是20世纪改变历史、改变世界的伟人中唯一还幸存的历史见证者。

可以毫不夸张地说，基辛格博士在中美关系中占有特殊的地位，与中国历届领导人都保持着良好的特殊关系。高群耀策划请基辛格博士出任微软中国顾问，无疑是个极其大胆、富有创意的举措。

基辛格博士在美国有一家影响力很大的咨询公司，这当然得益于他本人在国际关系中举足轻重的地位，以及他丰富的国际关系经验。

基辛格咨询公司的首席执行官叫耐白克·劳锐，对中国非常熟悉，中文也相当好。他负责安排基辛格博士的所有活动，所以高群耀和耐白克·

劳锐一起策划了基辛格2001年3月份的访华活动。

这次活动有两大内容：首先，基辛格当时是奥林匹克委员会的顾问，对北京申奥会有帮助；其次是因为奥林匹克的委员们在北京考察时，提到了对知识产权的认可，所以高群耀希望基辛格的访问对北京市政府机关带头使用正版软件有所推动，从而造成一个较好的政治效果，这样对各方都有利。当时，微软中国和北京市政府正在进行这方面的合作磋商。高群耀希望北京在"正版化"上能带个头，这对全国的正版化都会产生比较深远的影响。

基辛格博士来华的那几天，高群耀为他做了各种精心的安排，并特意把一次午餐安排在他当年和中国国家领导人会谈的北京饭店贵宾楼顶层餐厅。

故地重游，基辛格博士提出要仔细看看那些记录过历史的地方，他在北京饭店的贵宾楼上深情遥望不远处的天安门和紫禁城。

用餐的时候，高群耀问了他一些问题，这位历史老人更加触景生情，他无限感慨，30年前那些领导人现在都不在了。他说，当年那段历史可谓惊心动魄，他跟尼克松总统策划时有多么保密，美国政府的其他人一概不知。尼克松和他如此投入，冒着巨大的政治风险，因为深知这将是一次改变历史的重大政治谋略。他感叹，现在他成了见证这段历史唯一的还活着的人了！

基辛格与中国几代领导人都保持着持久、良好的关系，经常在危难时刻，使中美关系柳暗花明。他对微软中国的点拨，可谓是如烹小鲜。基辛格的存在不但成为日后微软中国与中国国家领导人接触、沟通的桥梁，也对改善微软与中国政府的关系起到了十分有效的作用。

自杀式辞职换来体制革新

2000年9月,北京迎来了最好的季节,老舍赞美过北京的秋天:"没有冬季从蒙古吹来的黄风,也没有伏天里挟着冰雹的暴雨。天是那么高,那么蓝,那么亮。在这些天里,大自然是不会给你们什么威胁与损害的。"

高群耀对此刻有更深的感受,经过了狂风暴雨般的剧变之后公司终于有了一个"软着陆"。

此时,正当高群耀为新财年的第一个季度努力时,有两个互不关联却颇为微妙的情况出现了。一个是高群耀的上司即大中华区总裁罗麦克的任期将满。按惯例,总部的外派人员在海外工作年限为两到三年,如果到时还得不到升迁,其前途就有待商榷了。碰巧的是,他的上司——亚太区总裁彼得·克努克也将完成任期,调回总部。这样一来,罗麦克能否坐上亚太区总裁的宝座,就成了微软中国乃至大中华区的头等大事。另一件事,是鲍尔默定于2000年9月要来中国。

这两件原本互不相关的事,却让有心人敏感地发现了内在的联系。

在这关键时刻如何表现,向鲍尔默"献礼",成了中国区的当务之急。

向鲍尔默"献礼"

鲍尔默是个永不停歇的实干家。9月份,他刚下飞机,就只有10分钟的换鞋时间,然后立即开始了业务评估,之后几乎马不停蹄地展开旋风般的访问。中国区给他准备的活动日程安排有厚厚的一大本,包括会见者的名单,所在公司的背景,微软要达到的目的,等等。他的行程被安排得满满当当,几乎不留一丝空隙。高群耀也忙得和他一起住进了酒店。

鲍尔默和高群耀一样有早起跑步的习惯,也在跑步过程中思考问题。这让高群耀和鲍尔默颇有默契。

一天,在北京跑步时,鲍尔默撞到了电线杆子,他抱怨道"怎么搞的"。那天是罗麦克陪他跑的步,他回来对高群耀说是罗麦克推他的。十分有趣。

鲍尔默还受到了当时国务院总理的接见。唯有这件事让他颇费心思,甚至忐忑不安。轿车一进中南海,他的神色就开始变得凝重,在等候被接见的屋子里,他背起手,在屋子里不停地踱来踱去,嘴里却一个劲地吹着口哨,魁伟的身材让他看起来就像一头被困在狭小的屋子里焦躁乱转的北极熊。室内开着空调,他的额上却冒出硕大的汗珠,不时地用手帕擦着。这是高群耀第一次见到鲍尔默心神不宁的样子,有点好笑,这和他豪放不羁的个性极不相称。

鲍尔默不是一个容易怯场的人物,在世界各地见过多少国家首脑,但这次如此紧张，可见对此次会见的重视。但总理接见和满满的行程都让鲍尔默的北京之行意义非凡。

尤其经过了高群耀一段时间的整顿，微软中国的面貌焕然一新，这似乎给了鲍尔默一个歌舞升平的感觉。但对微软中国区来说这还不够，献给鲍尔默最好的礼物，莫过于突出的业绩。为此中国区将全部的精力都放在了业绩上。

微软中国有意识地在这段关键时期凑了四个大单，即在鲍尔默到北京的第二天所签的四个大单，有数百万美元之多，大都是服务器的单和企业的单。

这给鲍尔默留下了深刻的印象，并为罗麦克日后的升迁起到了关键的作用。

而张罗这一切的时候，高群耀应该还没有意识到，他所做的却给自己造成了一个不可避免的后果。

微软于1992年在中国设立了办事处，接下来的10年，是非常不顺的10年。

历任中国区负责人有杨绍刚、田本和、杜家滨、吴士宏、罗麦克（兼任），高群耀则是第六任中国区总经理（兼总裁）。7年时间跑龙套似的换了6位领军人物。这无疑是公司管理的大忌，使得公司在当地的战略缺乏连续性。

能担任微软中国区总经理都非等闲之辈，这样的现象不能不让人联想到微软管理体系本身存在着致命问题。

在离开微软多年后，高群耀仍然确信这样一个事实，如果微软在中国没有一个与其长期战略计划相配合的实施团队的沟通渠道，层层的中间环节堵塞上下层沟通，而且只将眼光放在其短期业绩上，微软在中国的成长还会历尽千难万险。

1999年—2002年这两年半的时间，应该说是微软中国历史上较为辉煌的一段时期。用微软人事总监戴恩·勃劳克的话讲："Jack把这条大船终于掉过头来，放在航道上了。"这是一个比较客观且形象的评价。

但高群耀认为，微软中国本应以更高的速度增长，而目前只维持了50%的增长速度。令人担忧的是，许多对未来产生影响的隐患，在增长的过程中被掩盖了。

中国有如此多的世界级IT公司，如IBM、HP等，都有超过十亿美元的营业额和三四千人的公司规模，为什么微软在中国的运作会如此艰难？

单是大中华区和中国区这样的组织结构，任何一个稍有管理经验的企业经营者都不难体会到，当多个管理者的责、权、利处于一个重叠过多的区域里时，财力资源的损耗暂且不论，人力资源的浪费、上下级的协调和由它导致的员工之间的钩心斗角都将是企业发展的致命障碍。

这种人力资源的重叠，不仅使得内部的沟通变得更加烦琐，而且也使得公司的正常运作脱离了轨道。人们开始变得争权夺利、相互排挤、划分派别，而一旦有事发生，人们又开始推卸责任，相互埋怨。高群耀的担心被后来的北京市政府采购案所证实。

而这种不合理的中国区和大中华区的公司结构，可以说是那10年来微软中国的症结所在。它不但阻碍了公司业务的正常发展，也使得微软多年来一直处于公关危机的状态中。自高群耀上任以来，从"高层大逃亡"、税务事件到后来的"北京市政府采购案"的失利等，无一不是这种公司结构的产物。

/ "有毒"的大中华区设置

命运往往会这样捉弄人：在你的工作最有成绩，最掉以轻心时，危机已经悄悄地向你走近了。

在人生的每一个十字路口，危机和挑战都是并存的。

微软中国2001财年上半年的业绩达到上亿美元，给罗麦克通往亚太区总裁的道路铺满了鲜花。为了使晋升的基石更加牢靠，微软中国又接受了下半年的销售目标重定，即绝不能低于上半年的销售额。

可是高群耀心里最清楚，为了夯实那块晋升的基石，微软中国已经把能抓的几个大单都在上半年完成了，透支了。做了多年的管理经营者同时也身为公司员工，高群耀才体会到那种被利用的无奈。

上半年几个肩负"特殊使命"的大单，远远超出市场销售的速度，致使下半年的60%的任务完成得相当艰辛。但在新团队齐心协力下，高群耀带着队伍几乎是跟跟跄跄凑够了这个数字。

一个财年结束，微软中国不仅大幅度超过了最初的年度预算，也同时创造了微软中国历史上一个从未有过的辉煌。

这种辉煌让罗麦克终于在这个财年结束的几个月前，如愿以偿地登上了微软亚太区总裁的宝座。

而此时，或许正是改变微软多年来不合理的中国区管理架构的机会。

随着罗麦克的即将晋升，高群耀毫不掩饰地向他提出了多年来由大中华区的设置所带来的种种问题。希望随着他的晋升以及在中国的经验，认真考虑撤销大中华区，让微软中国能有更畅通和更有效的渠道和上面沟通。

微软大中华区和中国区的关系，始终是微软中国运作的障碍之一。在高群耀加入微软之前，曾任Autodesk远东区的总裁，而Autodesk的公司结构或者说诸多公司的结构与微软设置完全不同。

Autodesk的远东区全面负责中国内地（大陆）、香港和台湾的业务，包括销售、市场、合作伙伴、代理商、培训乃至战略合作。远东区总裁身兼中国区总裁，负责三个地区的损益表和公司业务。正是这种充分的授权，才使得高群耀发挥了最大的能量。

而微软则不同，中国内地（大陆）、香港、台湾一直是三个独立的子公司。大中华区的设置，从体制上讲，可以说是为了减少亚太区的负担而设，并不真正参与某一地区的运作，也不负责任何一个地区的损益表，它更像是一个监督和传达的机构。

罗麦克是1998年被美国总部派到大中华区的，常驻北京。对他来讲，要管理三个独立作战的微软子公司，数千名员工组成的大中华区，可以说是赶鸭子上架。他对这片陌生国度的政治、文化了解无几。

高群耀提出进一步的建议。如果仅仅是因为亚太区的负担太重而设立大中华区的话，可以考虑由三方——即中国内地（大陆）、香港、台湾轮流"执政"，像一个工作小组一样，定期将微软总部的指示传达下来或者将区域问题汇报上去。

高群耀始终相信，公司会慎重考虑他的观点，因为中国对微软来说，是一个重要的战略性市场，它决不应放弃它，也决不会放弃它。

鲍尔默的到访，给高群耀带来了一线希望，在鲍尔默离开北京的那天早上，他们进行了一个多小时一对一的交流。态度是诚恳的。

鲍尔默先给他讲了一个段子："你知道吗？你加入微软之后，我在美国开一个IT界很重要的会议。突然蹿出来一位女士，劈头盖脸地质问我,为什么把Jack高从她那儿抢走?我一瞧,这不是Autodesk的董事长卡萝•巴茨女士嘛!"

鲍尔默说:"卡萝•巴茨来跟我'吵',这么大的一个公司的最高领导来和我争一个人,说明你至少在高层心目中的地位,你在业界的口碑。"

他继续说道:"微软在中国的发展历经坎坷,跟这个总经理太有关系了。我们磕磕碰碰终于找到一位好的总经理,无论从经验、背景、素质还是目前你的业绩来讲都是上限的,所以你一定要走好。"

鲍尔默一贯的直率而简洁:"Jack,你是否需要我的任何帮助?"

他掏出他的掌上电脑放到桌上。

高群耀也直截了当地问道:"大中华区是否会再派人来,如果派人来将会发生什么?"

鲍尔默:"你的见解如何?"

高群耀:"我对微软设立大中华区的必要性,一直存有怀疑的态度。事实上,多年的大中华区和中国区的矛盾一直未得到妥善解决,这种与微软整个体制不符的设置,给这两个阶层的管理人员造成许多难以逾越的鸿沟。大中华区的总裁人在北京,客观上只有微软中国的总裁是他唯一的报告人,这么单薄的设置,不仅仅是组织结构上的无谓重叠和资源浪费,最重要的是它给上下的沟通设置了一层人为的障碍。如果大中华区的总裁按照他的意志行事,那么势必会干扰微软中国的事务。如果不这样的话,大中华区就成了一个空壳,它的实际价值就变得十分有限。微软中国的历史早已充分地证明了,大中华区的这个角色,永远是中国运作的矛盾焦点。"

鲍尔默用掌上电脑认真地把高群耀的意见记录了下来,他走过来拍拍高群耀的肩膀说："我会把这事处理好的，你放心吧。"

高群耀感到如释重负。

/ **管理汇报一定要"短路"**

在后来的日子里，GE的CEO杰克·韦尔奇（Jack Welch）到访上海，约见在华的两位跨国公司高管在凯悦酒店共进早餐。早餐会上，韦尔奇和高群耀交流中国区的问题。

高群耀问他："如果中国区总裁有急事向您汇报，有几个环节？"

韦尔奇说："只有一个。"

韦尔奇问高群耀："微软有几个？"

高群耀说："有十几个环节。"

韦尔奇惊讶地摇摇头。

之后韦尔奇的接班人杰夫·伊梅尔特（Jeff Immelt）也到访中国，再次邀请了高群耀共进早餐，巧合的是仍然问了同样的问题。

他们一致认为，中国和日本同等重要，甚至会超过日本成为今后一个重要的战略发展地区。那在组织机制上，一定要"短路"，公司应设置直接向总部报告的主管，以减少一切不必要的中间环节。并且GE也是这么做的。

高群耀大为羡慕GE的组织架构和市场判断。而微软的组织机制是，中国公司首先要报告给位于北京的大中华区，接着是设在日本的亚太区，然后是美国销售部，再往上是微软总裁、CEO，最后是比尔·盖茨。这怎么能体现中国如此重要的战略地位？这种体系的每一层、每个人来自不同的背景，对中国都有不同的理解，他们对中国的热情有着不同程度的差异，加之内部的政治因素和个人因素，中国所特有的任何一件事，要通过这重重渠道到达最高层，它能跑多远呢？

高群耀有意把韦尔奇和伊梅尔特的看法转告给了鲍尔默，暗示他认真考虑一下大中华区存在的必要性，甚至希望总部能给予中国更长远的战略支持和运作空间。

而随着鲍尔默的离去，高群耀的诉求和鲍尔默的承诺一起杳无音讯了。高群耀至今确信，有些事情鲍尔默是永远不会有精力介入的。微软太庞大了，事情也太多了，对于一个营业额小到可以忽略的中国市场来说，问题即便尖锐，鲍尔默也无法顾及。

然后，罗麦克走了，然后，黄存义来了……

/ 两个和尚争水吃

日后，高群耀终于明白，他带领整个微软中国跌跌跄跄为罗麦克的升职所做的业绩努力带给自己的后果，竟然是新的大中华区总裁的上任，最终成了他离职的诱因。

2001年3月黄存义正式来到北京，出任大中华区的总裁。

高群耀已不记得是在东京还是香港，只记得那个晚上他曾经如此诚恳地和黄存义聊了近一夜。黄存义在台湾供职多年，但接触的范围只限于台湾地区，无论从人事还是业务范围都相对简单。为了让他更好地融入微软中国这个大环境中，高群耀和他坦陈自己对微软中国的粗浅看法。

高群耀相信，如果管理层的目的都是为了把微软中国做好做大，就必须把微软和中国的软件事业联系在一起，而且微软中国在内部要力争合作，做到专业处理。否则，又会重蹈前人的覆辙，成为牺牲品。

那一晚，高群耀非常坦诚，谈到两人之间是一个共同体，必须相互支持，相互信任。如果两人之间产生任何罅隙，这罅隙会立刻沾满污垢和泥土，如同鸡蛋有缝必臭一样。而这对双方都是挑战，微软大中华区和微软中国区历史上从来没有过合作成功的典范。只有通过两个人自身的努力，才能逾越这种组织机构天生的缺陷。

那天晚上，黄存义表现得非常真挚，言语之间，似乎预示着两个人的合作将是良性的。

然而，随着时间的流逝，工作中的碰撞却越来越多。大中华区和中国区设置上的先天不足，使得区域的团队之间，领导层之间的合作变得越来越艰难。而管理理念的差异，领导层对公司机制的不同理解，变成了不可逾越的障碍，本该顺理成章的事情开始横生枝节。

原本微软大中华区的设置非常单薄，随着大中华区的一支梯队被逐渐组建起来，和原微软中国区市场、销售、政府关系部门之间的摩擦开始演变成矛盾。

甚至，微软培训中心的工作以往大都是由大陆的本土公司承担的。随着台湾的代理商、经销商和培训中心的公司进军大陆，一些台湾公司费尽心思欲得到微软培训中心的授权。几个月内，连续换掉了两个微软培训中心的经理，原本经营着中国微软培训中心业务的公司叫苦连天。而一家因财务事件被媒体曝光的台湾公司，却挤进了微软培训中心的行列。

高群耀知道他们受到的不公平待遇，也了解他们的苦衷，但他的声音在经过多层过滤后，在微软这个大音箱里显得那么微弱。

随着大中华区总裁的上任，一支冠以"大中华区"字样的战略项目团队，于2001年下半年在北京诞生了。就像高群耀无法苟同大中华区的设置但必须接受它一样，他也只能接受。

让高群耀担心的是，大中华区人员的组成，一支实施公司战略计划的团队，在中国这样一个具有特殊战略地位的国家，如果对当地政治、文化的了解还处于一个启蒙阶段的话，能够有效地将总部的意图运用到这个环境中吗，还是只能"画蛇添足"？

高群耀的担心不是多余的，它让微软中国失去了众所周知的"北京市政府采购案"，而影响却远不止于此。

北京市政府项目失利之前，是上海市政府项目的旗开得胜。由此造成的心理落差和震惊程度更大。

/ 收之桑榆，却失之东隅

2001年10月，APEC会议的召开是个契机。比尔·盖茨即将来沪参加APEC会议，这对微软中国是件大事。APEC会议的主办城市上海，也成了举世瞩目的焦点。

这次会议是"9·11"事件之后最重要、规模最大的一次国际性会议，也是美国总统布什"9·11"事件后第一次离开美国本土出席国际盛会。恐怖袭击的阴影仍然笼罩着世界各地，APEC会议聚集了21位太平洋沿岸国家和地区的首脑，全球一半以上大公司的CEO，因此谁也不敢掉以轻心，会议的安保戒备森严，可谓是海陆空全方位的。

高群耀下榻的香格里拉酒店的走廊，所有的装饰都被撤走了，包括漂亮的花瓶，整个走廊空空荡荡，一览无余。

每个参加会议的人，都必须经过一个特设的安检门槛。每个人身上都有一张卡，把卡印在一个电子板上，几个大屏幕都会出现受检人的照片，安全人员无论站在哪个角度都能从屏幕上看到照片，看到其本人进来。

唯一的"意外"是马来西亚总统演讲时，提示器突然坏了。他刚要卡壳，他的秘书从台下疾速上台，把一沓文稿放到他面前，翻到的正是他演讲的那一页那一行。秘书，和这个会场的安保一样，就是从容处理各种突发事件。

布什总统演讲的时候如临大敌，全部清场再重新入场，他演讲时前面多了一块防弹玻璃。演讲时他有点不在状态。

后来，布什在他的自传《抉择时刻》（*Decision Points*）中记录了当时在上海APEC会议期间的紧张时刻。他入住丽思卡尔顿酒店第二天一早，就和科林·鲍威尔、康迪·赖斯、安迪·卡德以及中情局的简报员钻进酒店的一个蓝色帐篷，那是为了防窃听专门设计的。他们打开视频监视器，副总统迪克·切尼出现在屏幕上，他的脸色和他的领结一样惨白。

切尼语气凝重地说："总统先生，我们的生物探测器在白宫发现了肉毒杆菌素的入侵。我们可能被感染了。"

随后的24小时大家要等待小白鼠的测试结果。赖斯为了缓和大家的情绪说："好吧，这也算是为国捐躯的一种方式了。"

在这等待的24小时期间，布什出席了上海APEC亚太经合组织的会议并演讲，虽然最后证实是虚惊一场，但那时他觉得自己要完了。

对上海市政府来说，在举世瞩目的APEC会议期间带头实现政府应用软件的正版化，是显示国策并展示于世人面前的好机会。最终，在APEC会议期间微软与上海市政府达成了协议：成立一个合资企业，协助上海市政府全面实现政府应用软件的正版化，提升上海技术支持中心为微软全球服务中心。上海市政府也承诺在三年内，将购买7500万元的微软正版产品，全面实现正版化。

这几乎是微软中国的一个里程碑，是正版化的一个实施范例。在华东区总经理黄斌和上海地区的销售团队等夜以继日的努力下，将合同细节、中间环节操作方式，包括服务和培训等大量烦琐工作一一安排就绪。

协议的签署，就像美妙的前奏曲。随后两个多月的日日夜夜，第一笔付款终于在元旦的前夜，入到微软的账户上。这个捷报，很快通过大中华区被送往美国总部。

然而，在给比尔·盖茨的信息中，微软中国区员工的努力竟然被抹杀了。如此巨大的上海市政府采购项目，似乎是一个刚刚成立三四个月的微软大中华区团队一手缔造的神话式的奇迹。

从产业的角度看，层层中间环节已人为地阻止了与上面任何形式的沟通；从工作的角度看，与大中华区的业务重叠，已无法保证公平地对待员工，无法保证他们的业绩被认可，无法保证他们的应得利益，而高群耀笃信的"以人为本"的原则，必须依靠公正这样一个基本原则来维系。

一个动念开始在高群耀的脑子里闪现：我在微软工作是为了什么？是一项充满矛盾的工作和由此而来的薪水吗？

2001年12月下旬，是一年一度的圣诞假期，高群耀和家人去了福建。然后收到了那个令人震惊的消息：微软出局了！全球最大的软件公司，居然在北京，世界信息产业界关注的城市采购项目中败北，7家竞标的企业，微软是唯一一家没有入围的。

舆论一片哗然，媒体开始连篇累牍地报道。这是一个多么尴尬的时刻。

他讪讪地回到北京，一些参与竞标的人士提醒他："小高，你能不能下次换一个对你们产品了解多一点的人来做，连国标GB 18030都不知道是什么，而且提出的条件和价格也极不合理。"

他又遇到与之相关的政府官员还有业界同仁，他们见到他说的第一句话都是："你们太差劲了，也太牛了，价格没有一点商量的余地，我们都承认微软产品有优势，可你这个总裁真得好好想想了。"

高群耀理解他的好意，但对方却不知道他的苦衷。而他作为微软中国的总裁和总经理，不得不顾全大局。他召集了一个记者发布会，委婉地回答了记者们尖锐的提问。他从两个方面解释了采购案的失利：一、北京和上海能立竿见影地采用正版软件，这对整个软件产业是个福音。他因此而受鼓舞。二、微软和北京市政府的合作是多方面的。合作仍然在进行，这只是其中一个项目。

随即，媒体大肆报道《高群耀细解微软政府采购失利谜团》。而他事实上并没有解开那个谜团，没有暴露任何内部操作的种种问题，以及失利的真相。

因为一个大单的失利，一系列的连锁反应发生了，一串的单子莫名其妙地丢了，一个月之内损失数百万之巨——正在谈判的四川省的单子搁浅；国务院国管局原定的数万套办公系统软件，开始拖延下来，最后仅购买了一部分。

由于非微软产品被大量采用，就产生微软产品与这些产品的兼容问题，也势必会进一步影响其他部门的采购。

事发后不久，比尔·盖茨的技术顾问、微软公司的CTO克拉格·孟蒂正巧在北京访问。他极度气愤，一针见血地责问："为什么市场和销售部门的人，不是这个项目的主要负责人？"

高群耀和黄存义被叫到他的房间，他指着两个人的脑袋大喊大叫。他说："比尔·盖茨有个说法，不能把我们的单子丢给Linux。你们为什么会在北京出现这种状况。你们经过谁允许，谁有权力做出这样的决定？罗麦克这小子去哪儿了？他人在哪里？"

高群耀看着克拉格·孟蒂，他像一只愤怒的公鸡，高群耀没有解释，也没什么可以向他解释的。难道总部真的不知道，亚太区、大中华区种种人为的因素造成了今天的苦果吗？

黄存义嗫嚅着说他会向上提交一份报告，并解释说，北京市政府没有钱。

克拉格·孟蒂眉毛向上一挑，毫不买账："没钱的标你为什么去竞标？况且，它对外公布的数字是千余万，听起来好像很有钱哪！"

克拉格·孟蒂离开了北京。他聘请了其他部门，独立搜集市场有关信息。想必克拉格·孟蒂凭借他的敏锐，以及信息分析能得出此事的真相，但微软毕竟是一头大象，北京采购案的失利，就像一朵小小的浪花，在微软的汪洋大海里，随着种种美丽说辞，被淹没了。

当一个公司发展得很大，就像一个人把手放在炉子上，烫得冒烟，但他几乎没什么反应。因为肢体过于庞大，神经系统麻木了，很难传递到中心。

/ "你最大的失误是：不够坏。"

而高群耀的理想、他的管理理念，已无法和他的工作融合在一起。他的工作热情急骤地下降。他无法忍受自己浪费多年来积累的经营管理财富。

高群耀知道，他必须给这段微软生涯画上一个句号了。

许多人至今认为北京市政府采购案的失利是高群耀出走微软的原因。而大中华区和中国区的关系，重重的人事问题和管理体制才是促使他下定决心的一个关键所在。他屡屡提出的，对中国政府正版化的一整套解决方案等近期也看不到实施的曙光，而他也无法排除其中的阻力。

微软在中国的成功，不能只停留在短期的销售目标上，它必须与中国的软件产业联系在一起。短期的销售目标，是维系公司生存的一种必要手段，而一个长期的战略性计划，才是微软在中国成功并与中国软件产业双赢的必要条件。

同时，影响微软中国增长的原因，并不完全是中国的知识产权环境和人们的意识。微软自己对中国的战略规划，以及内部的合作和管理的连续性才是关键点。

但是他对中国市场的这些判断、他的事业、做人的准则和公司的体制已无法契合到一起。

高群耀把辞职的时间定在了2002年3月。这正是微软上半个财年结束之际，微软的年中回顾也接近尾声，团队的年终考核也已完成。

亚太区年终业绩回顾时，微软中国和微软印度是达到了预期销售指标仅有的两家公司，微软中国又是唯一的一个将原定的下半年预算上调的公司。高群耀为这支他短期内组建起来的团队自豪。他不能因为自己的离职，而影响他们的业务考核，特别是薪水调级问题。他必须公平合理地把整个微软中国的调级框架搭好。

2002年3月15日，高群耀到深圳主持了微软中国有史以来规模最大的一次活动——IT面对面讨论会，微软花了百万人民币，邀请全国90位主要部门和大企业IT系统的主管参加。他主持了会议，并致闭幕辞，那一刻他在心里默默地说，在微软的路已经走到尽头了。

晚上，他从深圳到了香港。在3月16日凌晨，把一封辞职电子邮件发给了比尔·盖茨和斯蒂夫·鲍尔默。

提出辞职的同时，他也向比较接近的有关部门和朋友，发放了商业合作伙伴和朋友两种不同形式的函件，使业界在第一时间知道他已离开，以减少他们和微软公司的不必要的损失。

然后他关掉手机，开始了两周与世隔绝般的休假。他相信这是一种极其职业和规范的离职方式，他不希望他的离职，成为媒体的一个炒作点，给微软公司带来任何不利。

对高群耀的突然离职，微软内外更多的是震惊。有些员工愤愤不平，甚至提出要上书微软总部。国内外的媒体也颇为关注，《北京晨报》的记者刘书竟然拿到了高群耀写给比尔·盖茨的辞职信并刊登了出来。

一个员工在他辞职后，曾给他发了一封电子邮件说："你今天这么成功，可是并没有得到微软对你的且是完全应该属于你的相应认可，你最大的失误是：不够坏。"

高群耀非常感激他的善意，可是人真的很难违背自己的道德原则。

之后，微软中国在北京长安俱乐部为高群耀举行了一个非常隆重的欢送会，高度评价了他的贡献。

经过十几个月的调整，微软高层决定，解除黄存义的职务。撤销微软大中华区和中国区这一架构，合并为高群耀提议的一层管理体制。高群耀"自杀式"的辞职终于促使微软总部对中国区长期的体制弊病做出了决断。

微软不得不着手聘用新的领导人，摩托罗拉（中国）公司原董事长陈永正正式出任合并之后的微软大中华区CEO。一个办公室管理两层皮的奇葩结构终成历史。

/ **微软的成功之道**

GE是工业时代的企业标杆，微软是软件时代的企业标杆。当GE陷入困境多年甚至被预言破产时，人们以为微软是另一个步入衰落轨道没法起舞的大象。

而2018年，微软市值超越神话公司苹果成为最有价值的公司，媒体仿佛才突然发现，微软其实从没下牌桌，虽然它在移动互联时代犯过很多错误，失去了很多机会，但是并没有失去精神内核和灵魂。

当当和京东的销量显示，微软CEO萨提亚·纳德拉的《刷新》（*The Refresh*）一书销量在2018年直线上升，人们想从一本书里探寻微软重回巅峰的秘密。

纳德拉说过，要重新发现微软的灵魂。

高群耀在1999年12月接过微软聘书那一刻起，曾经暗下决心，一定要真正了解微软如此成功的缘由。虽然20年前巅峰时期的微软和现在重回巅峰时期的微软，主营业务已经完全不同了，微软曾经的生命线——

操作系统，被纳德拉革了命，云成了微软现在的主营业务。但是微软成功的精神内核在20年前就已经存在了。

微软有一句名言：微软唯一不变的就是变！这是微软高瞻远瞩的发展战略的一个高度概括。

微软今天的成功，是与创新紧密相连的。比尔•盖茨视创新为公司的第一生命。这种创新体现在了产品上、技术上、商业模式上，以及管理模式等诸多方面。

微软的成功，首先是一种商业模式的成功，而且是前无古人的。个人电脑操作系统的出现，本身就带来了一场翻天覆地的革命。

随后，微软通过与英特尔、康柏、惠普、戴尔、联想这些硬件厂商紧密合作，使一个被IBM忽视的个人电脑操作系统成为一个让人不能忽视的产品，不但刺激了电脑行业的发展，也因此振兴了一个产业——软件产业。软件产业正是由于微软操作系统的增值开发商不断增加而形成的。

而其管理模式的创新，即执行的具体方式，也是微软成功的关键所在。

2001年，联想采购了微软1亿美元的正版软件，高群耀交给柳传志的仅仅是一个许可证。微软，事实上卖的是"一张纸"。

"无形资产"软件许可证制度的出现，是微软最典型的管理模式创新，它的作用就是简化其销售程序。微软对执行的理解，可以说是把它所创立的商业模式推至极限，即执行的彻底化。

微软还是一个永远处于思考的公司，微软的"变"是重重思考的结果。一旦在思考中确定了其发展的大方向，它便会竭尽全力地为自己的目标创造市场、创造需求。这种创造是它至今立于不败之地的缘由。而如何让自己的员工认同公司的新目标或新远景，如何能最大限度地激发员工的热情，充分发挥他们的想象力和创造力，使其头脑中的知识变成财富，却不是一件容易的事。

斯蒂夫·鲍尔默也曾说过，只有两件事是微软成功的秘诀，一个是热情，一个是执着。

但是，如果外界的动力没有达到一定程度，很难激发人们内在的热情并使之释放出来。在微软有成千上万的软件工程师，他们不是机械地操作，而是一种自觉性操作。这就是由于微软管理模式的创新，以股票期权作为特别的激励手段，采取低薪水、高期权的方式，将员工的收益与公司的未来紧密联系在一起。

到2001年，微软已超过可口可乐成为世界第一品牌、最有价值的品牌。

微软就是在这样一个以知识产权和无形资产为主要驱动力的增值过程中发展壮大的。这种增值过程，在某种程度上又好像一台印钞机，一旦它的收入超过成本，就自然而然变成一种近于零边际成本的产品，其可观的利润是任何产业都不能比拟的。

在美国西雅图微软总部的对面，是世界上著名的飞机制造商波音公司。相比波音宽大的厂房，停机坪上一架架价值不菲的气派的大飞机，微软那几座不高的楼房显得有点寒酸。但是，看一下华尔街股票市场微软的股值，会惊奇地发现，这两家固定资产如此悬殊的公司相比，微软的无形资产竟然是拥有如此巨大固定资产的波音公司的好几倍。

如今，微软仍然在不断地创造让人愈发不可想象的无形资产。

员工的热情是创造这种无形资产的根本因素，但微软的坚忍执着，却是它成功的基石。

高群耀时代的微软，身处其中的每一位员工都能深深体会到微软的执着，近乎痴迷的执着。这种罕见的执着，不仅体现在技术和产品上，还体现在与对手的竞争上。许多人都认为微软无情，内部那种铁篦梳头式的严苛让人没办法怠惰，但它却使得投资者的利益最大化，连续多年的盈利创造了历史奇迹。

苹果也是个奇迹，乔布斯和盖茨一样也是天才，而苹果的文化是乔布斯一个人的文化，甚至所有的新品发布都由他一个人主导。

苹果有10条训诫，写在胸牌上挂在员工的胸前，其中有一条大意是不要把自己太当回事，翻译成北京话就是"别把自己当根葱"。这类似佛教里面的小我，人不能有傲慢之心，自己再伟大，也要放下。

微软的企业文化，则是适者生存。微软内部的竞争机制十分无情。它欣赏的是几近疯狂的工作态度，微软直言不讳地声称："我要的是肯努力工作，有充沛精力的人。"

微软基本上是一个精英制公司，只适合那些有奋斗目标，立志成功，愿意加倍付出努力的人。一句话，长时间的拼命工作就是微软的公司文化。微软员工由此表现出来的状态是充满激情。

虽然苹果在过去的十几年一再碾压微软，2012年8月苹果成为全球市值最高的公司。但是很多从微软出来的人还是喜欢微软高群耀任中国区总裁时充满激情的文化氛围，以至于有些跳槽到苹果的微软中国员工离开苹果又回到了微软。

高群耀自己还有一个深刻体会，对微软的任何一名管理者来说，只有热情和执着还不够。远见、策略、耐心和真正的实施能力，是一个领导者不可或缺的素质。一个只有60分的计划，如能做到100%的实施，其结果将会是60分；一个100分的理想计划，如果只做到30%的实施，最后的结果也只有30分。

在高群耀1999年—2002年执掌微软中国近三年的时间里，微软的执行过程，永远处于一个不断思考、锁定目标、营造环境、创造需求、把握良机、激发热情、坚忍执着、严格要求、发挥优势、有备无患的循环过程。由此，微软中国变成了一个规模化、全方位的公司。

微软在从0到1成长为一个庞然大物时，当然有它的桎梏，不断扩张的组织和人员形成了一系列大大小小的官僚体系，组织末端的问题很难传达到领导核心。微软从21世纪初有过10多年的低迷。

但微软在2018年能够重新成为最有价值的公司，在于它始终有革新自己的基因。此外，在从1到10的过程中出现了一位具有革命精神的、能抓住新的产业趋势、能应对未来不确定性的新CEO纳德拉。

直到现在，微软还一直不停在变：目标在变，产品在变，策略在变，似乎一切都在变。就像纳德拉的核心理念，每一个人、每一个组织乃至每一个社会，在到达某一个点时，都应该点击刷新，重新激发生命力。

[巨头肖像]
比尔·盖茨：洞见未来

在2000年微软极具煽动性的全体销售员工大会上，激情四射的鲍尔默几乎全程是在声嘶力竭地"喊话"，以至于最后他用力地张着嘴，已经发不出声音了。

比尔·盖茨上台后，用他那特别的童男子一样的声线，语气平缓地说着未来10年后才能让人懂的理念，很多员工都睡着了，即便是在精英云集的微软，他的观点也很难让人理解。大家仿佛和盖茨是两个世界的人。

盖茨的发言总是超脱于现在，这一点高群耀印象深刻。2000年4月，微软亚太区CEO峰会在韩国汉城召开，高群耀带领中国大陆7个主要部门负责人参会，与会的还有国家经贸委、电信部门的负责人。时隔近20年，高群耀对沟通会上比尔·盖茨敏锐的思维、超前的意识仍然记忆犹新。盖茨说今天的信息化在发展，电信产业也一定会发展，未来对电话会有一个完全不同的定义，可能有其他之用，也许将来语音不要钱。

在座的人觉得比尔·盖茨谈到的愿景就像天书，觉得是瞎扯。那时中国还在用大哥大,有钱人在用一块"砖头"来彰显身份。

当时也是.com疯狂的年代,在座的人里有人问比尔•盖茨:".com在今天如火如荼,中国能借鉴什么,今后会发生什么事情?"

比尔•盖茨回答,.com将来所带动的产业中,能够扮演重要角色的90%以上应该是传统产业。

现在看来,这是富有远见、非常精准的见解。

比尔•盖茨曾自诩:"胆大妄为是我的本性。"

在比尔•盖茨著作的《未来之路》里,他写道,人们经常让他解释成功之道。他说不会有一个简单的答案,运气是一个因素,但最重要的因素是最初的远见。

正是对未来的判断,以及创新能力和绝顶聪明让他成为富可敌国的全球首富。

2018年10月,微软的另一位创始人保罗•艾伦去世了,比尔•盖茨回忆和保罗最初的创业:1974年12月,保罗来找盖茨,坚持带他去一个报摊,他指给盖茨看1月份的《大众电子》(*Popular Electronics*),封面上是一台名为Altair 8800的新电脑,由一个强大的芯片驱动。保罗盯着盖茨说:"这居然在没有我们的情况下发生了。"那一刻,标志着盖茨大学生涯的结束。

1975年,19岁的比尔•盖茨从哈佛退学创立了微软,这世界除了空气和水,没有任何东西能像微软的产品那样,看不见摸不着,却对人们的生活产生了如此大的作用。

微软操作系统的出现,给个人电脑业带来了一场翻天覆地的革命。当世界上还只有硬件,大型计算机为主流的时候,盖茨就敏锐地觉察出其中的"天机"——把操作计算机所用的语言,变成一个独立的产品,最终卖给用户。不但给微软带来巨大的成功和丰厚的利润，也创造了产业和股票市场前所未有的奇迹。

每当人们打开电脑，微软那扇色彩斑斓的视窗，就像一面飘扬着的胜利旗帜。

高群耀和比尔·盖茨接触较多的是2001年10月在上海举行的APEC会议上。

比尔·盖茨到达那天，高群耀一行赶往机场迎候。停机坪上，整齐地排列着各国首脑和大公司CEO们形色各异又精致的专机。最气派的是美国总统布什的"空军一号"，不仅大而且威武，在一排飞机里就像一个庞然大物。相比之下，比尔·盖茨那架12个窗口、银光闪闪的专机像个小兄弟。

比尔·盖茨看着"空军一号""哇噢"一声，做了一个很夸张的表情："这可都是国家的钱。国家怎样，飞机的气派就怎样！"

在车里，高群耀向他做了整个行程的介绍。比如安排他第一个会见的是中国电信的老总。他立即从半睡半醒的状态中突然精神起来，极其敏锐地问："我为什么要见他？跟他会见对我们有什么意义？要达到什么目的？"几乎对每一次活动，他都毫不含糊地问："我为什么要花这时间？做这件事我们的目的是什么？对我们有什么必要？有什么好处？"他很在意他的时间是否被无谓地浪费。

在困倦疲乏或者不经意时，他看似拒人千里之外，木讷、冷淡，但一旦提到他感兴趣的问题，马上判若两人，十分敏捷和尖锐地提出一系列的问题。尤其一旦谈起技术问题，他会眼睛倏忽一亮，充满激情又滔滔不绝地说起来。

在整个APEC会议期间，比尔·盖茨下榻的酒店挤满了记者，每次都要花很大的力气帮他冲出重围。有媒体报道比尔·盖茨上厕所都是前呼后拥的。他在APEC会议上进进出出的路线确实早就被预定好,当然包括上厕所。他就像一个稀有动物,所有的时间都被安排得满满的。

有一次时间实在太过紧张,只能买几个麦当劳的汉堡充饥,大家把酒店的桌子推到一边,围坐在地毯上吃汉堡。比尔·盖茨盘腿坐在地上,啃着汉堡吃得津津有味,他高兴地说,这是几天来他吃得最好的一顿饭了!

或许因为"9·11"的阴影仍然笼罩,那些与会的国家首脑和大公司的CEO个个都有保镖簇拥。APEC会议上保镖林立,而且个个长得英俊魁梧,以至于那些女孩子并不要求和比尔·盖茨等名人合影留念,反而去找那些人高马大的保镖合影。

比尔·盖茨对高群耀说:"这可真像是国际保镖大聚会。那些保镖可千万不要相互开枪啊!"一副童心未泯的样子。

通过几天与比尔·盖茨近距离接触,一个天才的、敏锐的、具有远见卓识的、情绪色彩浓厚的比尔·盖茨让高群耀感觉更加真切与鲜活。许多报道说比尔·盖茨是个极其内向的人,但高群耀却感觉他是个溢于言表的人。他不善于掩饰自己,完全按自己的本色生活。

微软早期员工、国际部前任总裁斯各特·尾木对比尔·盖茨特性的评价非常精辟、典型。他说:"比尔从来没有改变本色,他提的问题很尖锐,他总是能触到问题的最敏感处。如果你的准备工作没有做好,他会把你批得体无完肤,很快你就要学会多手准备来应付他,你对某个提议一定要全面分析,否则他会把你驳得哑口无言,甚至弄得你宁愿把自己的脑袋砍下来放在盘子上被别人端走。"

微软首席数学家鲍勃·欧瑞尔见过微软创立之初的比尔·盖茨。1977年,比尔·盖茨才21岁,微软公司仅成立两年。盖茨要招聘第7名员工,来面试的外号"数学家"的鲍勃·欧瑞尔年龄足足比他大10岁。鲍勃形容，比尔看起来像个三岁的小孩，他对招聘面试一点也不老练，相互之间没说一句天气之类的客套话，他开门见山就问："你了解8080处理机吗？"他的随意性也让鲍勃大为吃惊。他和保罗·艾伦是在披萨店一边嚼着披萨一边面试的，这些既尖锐又深刻的问题从他们塞满披萨的油腻腻的嘴里冒出来。

他成了全球首富，因此生活在全球媒体的追踪下，他的成功让他成为世人顶礼膜拜的神，他的弱点也被无限放大。但没有被创业的艰苦异化，也没有被世界首富的名号异化，比尔·盖茨始终保持了本色和人格的完整。

比尔·盖茨始终保持激情。他嗜好运动，是技巧娴熟的滑水和溜冰爱好者，扑克牌高手，而且热爱跳舞和音乐。比尔·盖茨有一个小秘密：爱开快车。曾经在返回家乡西雅图的途中开得飞快，一路上被开了三张超速罚单。

比尔·盖茨自称："我是个彻底的科技人。"

微软的技术人员像崇拜教父一样崇拜他。有一次，比尔·盖茨在公司碰到一群技术人员在讨论，他上前询问大家在讨论什么。那群人兴奋地向他汇报一个好消息，经过3到6个月的攻关，他们终于把第一个技术难题攻克了，准备再经过3个月，把第二个难题、第三个难题攻克。比尔·盖茨看了看他们的技术难题说："你们等会儿。"大约10分钟后他回来了，开始解答第二个、第三个难题该怎么解决。技术人员们目瞪口呆。

毫无疑问，比尔·盖茨是个天才，他是微软的神、太阳王、灵魂人物。所以他也不能容忍愚蠢。崇尚聪明也是微软的文化。

比尔·盖茨创造的微软神话，是当代知识与经济、科技与资本的完美组合，他使知识、科技和创新在创业者的心目中上升到了一个崭新的历史高度。

虽然微软的肢体无限膨胀，以至于官僚作风蔓延。即便比尔·盖茨和斯蒂夫·鲍尔默一再强调中国市场的战略地位，但是他对中国市场知之甚少，这意味着有些事根本还无法"上达天听"。

但比尔·盖茨敢于启用改革派萨提亚·纳德拉作为微软新CEO，从而让微软重回巅峰，微软的革新能力事实上也是比尔·盖茨自我革新的动力。比尔·盖茨说，在萨提亚的领导下，微软已经改变了之前完全以"视窗"为中心的策略，萨提亚赋予公司大胆的新使命。人工智能和云计算将会打造一个全新的微软。

早在微软被分拆之前，奥美广告公司的阿伦·凯尔说："每个人都等着这个家伙摔跟头，但是他没有，以后似乎也不会有，他所把握的一切都将正常运行，他将取得全胜。"到2018年底，低迷多年的微软终于超越苹果、亚马逊再次成为全球市值最高的上市公司。阿伦·凯尔对比尔·盖茨的判断到今天仍然适用。

Autodesk重现辉煌

2002年的夏天,高群耀从微软辞职的消息刚刚公布,卡萝·巴茨第一个打来了电话:"Jack,你离开Autodesk之前去伯克利读了两个月EMBA,你去微软就当读了近3年的MBA,现在,你该回来在Autodesk发挥作用了。"

在高群耀离开Autodesk大中华区的这三年半时间里,Autodesk备受困扰,已经换了三任总经理,公司业绩却没有明显增长。他当初组建起来的"铁军"因为失望有些已经另寻他处。刘伟反复来找高群耀说服他回去,他们就在公司附近的广场上走了一圈又一圈。

卡萝·巴茨的召唤对他的一个诱惑力是,他在微软悟到了那么多东西,还有没有机会再做尝试?作为一个中国市场的拓荒者,以及拥有在微软的经历,高群耀当然知道外企在中国管理的症结所在,正如微软在这三年犯下的错误。许多外企进入中国,一是期待值巨高;二是满心觉得明天就可以摘果子,觉得树很低,唾手可得;三是耐心非常有限,事实上外企因为缺乏对中国政治、国情、文化、市场的了解,许多时候根本搞不定,因此遇到挫折极其沮丧。但是又不能离开,这个市场实在太有诱惑力了。

/ (企业在中国的资源×当地决策权力)^政府关系=成功

高群耀离开Autodesk时与卡萝·巴茨有过一次长谈，这一次，他再次与卡萝·巴茨进行了一次长谈。如果不能在回归前解决这些问题，他觉得就没必要再重回Autodesk了。这些恰恰是他在"微软MBA"里得到的教训，他不能重蹈覆辙。

曾有一个公式：

(企业在中国的资源×当地决策权力)^政府关系=成功

在"中国的资源"这一项里，有一个前提，就是企业最高决策层、董事会、CEO对中国市场的承诺有多大？没有高度的承诺，那就谈不上在中国拥有资源，更谈不上成功；在"当地决策权力"这一项里，关键是谁来制定企业在中国的发展战略，不能想象一家成功的国际企业在中国的战略是由一位埃及同事来制定的。此外，还要看由谁来执行？是一个界面面向中国市场，还是150个界面？谁来负责损益表？谁负责把这个市场从一个成本中心，变为综合的中心，再变为一个利润中心？

他势必要和卡萝·巴茨达成共识：首先就是理清总部CEO和地方CEO的关系。

在微软时，中国区要想和总部说一件事，要通过十几个环节。他无法想象，当一件事经过多层理解传达给决策者时还能否保持最初的原意。在GE，早在韦尔奇时期，就实行总部CEO和中国CEO之间的直通车了。

其次，是理清授权与风控的关系。《华尔街日报》原北京记者站站长、道琼斯指数中国CEO麦健陆（James MacGregor）在《10亿消费者》一书中写道："如果你不能像相信你妈那样相信他，那你就雇你妈吧。"没有信任，何谈授权；没有授权，何谈本地创新？地方CEO需要特别的授权，总部要做的就是授权和风控的平衡，设立一个机制让本地CEO挣来授权。比如高群耀分段设计了一个个里程碑，每拿下一座里程碑，就得到更多的授权，用里程碑挣取信任和授权。

巴茨毕竟是巴茨，这位销售出身，直截了当，和男人们讲话偶尔也会爆粗话的铁娘子，在公司里一言九鼎。她有一句名言："Autodesk要想继续成为一个在全球成功的公司，在中国成功是一个必要条件。"从这一点看，她的前瞻性和战略眼光是很多男CEO所不及的。经过近一年的准备，她答应了高群耀的条件。

/ 如果某件事重要，那就刻意放大它

2003年6月1日，高群耀又回到了Autodesk，任全球副总裁兼大中华区总裁。1999年离开Autodesk前他把公司迁址到了北京CBD核心区的国贸二期，在那里上班的白领下领的仰角仿佛都要比别人高30度，但他当年还没来得及享用气派的办公室就离开了。那天，他的助理余云亚把他径直领进一间办公室，正是原定给他的那间，这三年多一直空着。再次回来，仿佛什么都不曾失去。

听说高群耀又回Autodesk了，新老同事们一片欢呼，原来的团队又重新聚拢了起来。不久，微软的HR（人力资源）、CFO（首席财务官）等主管也随高群耀入职Autodesk。而Autodesk这些年却有太多

的变化，激情似乎不见了，刘伟、倪晓明在开会时都很沉默，过了大约半年的时间，大家才找回了当年那种"吵架"的感觉。

高群耀订了个计划，在4年之内超过日本市场，让中国成为Autodesk在全球仅次于美国的第二大业务国，就像1995年定下目标要成为亚太区第二大业务国时那样。

他上班第一天，"中国特别事务委员会"就成立了，这个委员会正是他和巴茨的协议之一。特别委员会由卡萝·巴茨任主席，高群耀任副主席，由公司一、二、三把手（CEO、COO、全球销售副总裁）、高群耀和一个负责亚太市场的副总裁5个人组成，这是Autodesk唯一的专注地区业务的委员会。职责是每季度开一次中国业务研讨会，有关中国业务的任何特别措施和决策，由委员会当场拍板定下来。这使中国市场更像Autodesk全球的一个特区。

卡萝·巴茨和高群耀建立了充分的默契。她会有意做一些事情，让大家感觉到她极为重视中国。在Autodesk全球员工大会上，她要求放Autodesk中国的宣传片，让高群耀在董事会上介绍中国。她会在距离高群耀十几米远时就大声地和他打招呼，还会给他一个热情的拥抱，其他地区总裁则无法享受到这种礼遇，这让他们有点羡慕、嫉妒。巴茨为了扶植一个新的有机生长的地区，刻意地夸大它的重要性，这些做派都是史无前例的。

"中国特别事务委员会"成立不久，紧接着卡萝·巴茨和高群耀策划了一场在加州总部的"中国特别日"。在这一天，总部数千名员工们一进门，就蓦然看见总部大厅里挂起了一个三层楼高的佛像，一见之下有一种朝拜的冲动。高群耀和大中华区的管理层都穿着唐装，总部全部办公大楼的餐厅中午供应中国菜，高群耀请来了麦肯锡合伙人给公司员工讲解、展示中国的文化。卡萝·巴茨要求公司前80名高级经理都得在公司待一整天，了解什么是中国。同时高群耀来讲中国的发展战略，这一动作是他和巴茨要达成的一个使命，以示中国是公司今后几年的增长引擎。

这未必不会引起有些部门的嫉妒，全球CEO的注意力是稀缺资源，中国区分配得多就意味着某些地区"资源"会减少。但对高群耀来说，所有这些铺垫的潜台词也等于告诉公司的高管们，不要质疑，只要支持Jack高就好了。今天董事长不但这么说了，还以实际行动这么做了。在企业里唱得多凶并不管用，员工不会做你期待他做的事，只会做你一定要检查的事。

所有这些，都意味着在高群耀重回Autodesk之前已铺垫好了公司总部给予中国市场一定程度的体制保证。他拿到了尚方宝剑。

/ 点头不算，摇头算

他时常在思考，外企是在一个什么环境下做生意？以往，他清楚地记得：只要把中国事情拿出来给总部律师看，律师一定回答说No。原因是，中国的法规往往滞后于经济发展。改革出现很多缝隙，才会出现从石头缝里长出的草，大家倒下去是自然的，成功是偶然的。

于是，海外的人常常发牢骚，中国政策多变，不清楚。但本地人知道，它本来就不清楚，不知道下一步往哪儿跳，就是要摸着石头过河，关键在于本地运营。柳传志当时有一个形象的比喻：联想肯定能打得过IBM，本土企业和外企竞争就像"龟兔赛跑"，本土企业好比乌龟，外企好比兔子。但碰到沼泽地时就不一样了，当外企等待总部了解、讨论、回复和批示时，联想已经过去了。

政企关系对外企在中国非常重要，但是美国人往往听不懂，成功的微软不太理会华盛顿在想什么。在中国，最大客户都是国企。所以需要思考政府到底要发挥什么作用？到底应该怎样维护政府关系？

高群耀的经验是，政府的特点是"点头不算，摇头算"。它是一个门，能不能进场它说了算，你成不成功它不管。如果它摇头，说明这事真不行。

所以要"亲近官员，拥抱客户"。在中国这样一个特定的环境下做生意，和总部差距那么大，如果没有和总部CEO达成某种共识，这事从第一天起就已经失败了。所以，很多外企的本地CEO脑袋里的专有知识没法传递给总部，累死在说服总部一群外国人的路上。

美国人做事是以自由为基础的，没有人说不能做的事你都可以做，但大多数中国人不同，我们只能做被告知可以做的事。在西方，如果你被抓到警察局，警察必须拿出证据说明你做错了什么，但在中国，你必须拿出证据证明你没有做错什么。这有质的差别。

明白了这些，本地CEO就不会坐下来怨天尤人，不是总对总部抱怨"这是中国"，而是想办法找出解决之道。

所以对跨国公司来说，关键是找到了解中国国情的本土一把手，让他们得到足够的信任和赏识，并赋予他们充分的权力来完成这项事业。

高群耀想明白了这些，重回Autodesk，使得公司发生了翻天覆地的变化。

/ 成了"华尔街第一股"

在接下来的一年里,Autodesk中国的组织结构、商业模式、代理商的管理、绩效考核标准等整个系统都开始了全面彻底的重塑。

高群耀提出,要在大集团里制造一种创业的精神。除了员工要有创业精神,体制也要有,还要有额外的投资,并起了一个名字叫"完美风暴"。"完美风暴"对高群耀来说就是创新的资源,否则有创新之心,却没有创新的支持。这逐渐使得Autodesk在所有外企中有一种创新创业的感觉。

"完美风暴"的钱是一笔预算之外的"灵活资金",主要花在了团队和渠道建设上,给予其激励和认可。这会天然地带来一种自下而上的势能。在季度会上,他承诺:这个季度如果完成销售指标,由销售人员来决定每个季度的销售报告会在哪儿开,总裁悉听尊便。于是每个季度都是销售团队选择属意的地点:井冈山、韶山、延安、呼和浩特、南京和台北,甚至在中国掀起了一股"红色旅游"热。每次开会的早晨大家都一起踢足球,然后在一种亢奋的状态下开销售大会。

而在一个上市公司里如何营造出创业精神呢?原则上,员工业绩好会有相当明显的回报。高群耀创造了一个特别奖励制度,对最核心的关键员工做了一个"影子股票",把整个地区超出营业额的2%放到另外一个筐里,作为有重要贡献员工的奖励。它不是薪酬,而是创业带来的激励，这不是给所有人的。

在外企里几乎没有这样的先例。没有充分的激励，怎么能激发创业热情呢？员工是高群耀花精力最多的部分，员工是内核，没有员工的积极性和热情，他觉得也没有中国区跟总部谈判的资本。

渠道管理是个大学问。但渠道的问题往往是内部竞价，导致最后所有销售都没有利润。高群耀规定不能随意进行无序的价格竞争，没有节制的打折让大家的利润都被渠道榨干了。

一次销售报告会期间，高群耀和吴旻晖、倪晓明三个人坐在井冈山的一个山坡上，想出了一个"模糊返点方案"。概括地说，就是每年的年度销售额分配给各个销售团队的时候，每个销售团队并不知道自己在整个盘子里的比例，也不知道自己能拿到多少返点。而且所有团队都完成任务单个团队才能拿到足额的返点，那就把各个团队的竞争关系变成了利益相关方，所以最后会出现完成任务的团队帮助未完成任务的团队。而且因为渠道并不知道每个季度自己挣到多少返点奖励，就无法以降低市场价格的方式竞争。

当然奖励是及时和强刺激型的，销售报告会上会现场奖励一辆车，或用麻袋装着现金当场倒在桌子上，20世纪90年代，这种超前的奖励方式简单直接又充满仪式感。

这是一种销售管理，解决了渠道里的无序竞争问题、效益问题。从此每个季度开销售会、做预算时，可喜的景象是，不再是从上往下压数字，而是自下往上主动抬高目标，出现了"抢单"的现象。

中国业务潜力巨大，但不好预计，需要特别的激励机制和管理。这些给员工的激励也是帮员工自我发现，员工自我觉知所导正的行为模式无疑比外在的管理更有效。公司成长到一定阶段靠机制，规模再大靠企业文化，创建企业文化实现对人的管理，本质是对心的管理。正是在这样一种氛围下，Autodesk的员工抱成一团，中国区的业务红红火火地飞速发展起来了。

Autodesk在华业务迅速崛起，本地客户需求和产品研发的工作量急剧上升，在华成立大规模研发中心已经势在必行。当时国外大软件商的海外研发中心多设在印度而非中国，原因是对"知识产权保护"、软件研发管理人员、语言障碍等方面存在担忧。高群耀带着总部主管多次走访印度、中国进行评估，也请教英特尔、微软等公司，最后决定将中国应用研发中心（CADC）落地上海，但分成两步走，一是建立小规模的自有团队，高群耀和HR主管亲自到美国硅谷求才，与硅谷工程师举行座谈，300多人出席，高群耀现场纳贤，开始时让其尝试在中国工作6个月，之后按双方意愿签订长期合同，高群耀的UCLA加州大学洛杉矶分校校友伍小强博士在此时加盟。二是支持第三方合作伙伴成立Autodesk外包公司，提供项目和多年合同，建立运营-收购模式，降低风险提高效率。

2003年欧特克CADC在上海成立，截至2007年底，CADC的规模达到了2000多人。这是Autodesk全球规模最大、产品线最长、技术最核心的研发中心之一，甚至在很多方面已超过了Autodesk设在美国本土的研发中心。一定程度上，这也像是对中国政府的承诺，表明一家外企扎根中国市场的决心。

同时，2003年一家和CADC存在"共生关系"的软件外包公司——汉略信息技术有限公司（Hanna Strategies）也成立了，其项目由Autodesk外包，风险和人力由汉略负责，它就像CADC的外围部队。从而使得CADC有更多的回旋余地。2006年，Autodesk全面收购了汉略，CADC和汉略变成了真正意义上的一家人。

高群耀主导了一系列变革之后，2004财年，Autodesk中国大陆地区的销售业绩的年增长率达到近50%。受中国区业绩的影响，2004这一年，Autodesk的股票受到华尔街的空前追捧，其股价全年上涨超过200%，成了当年"华尔街第一股"。2004年的最后一个月，Autodesk被正式列入纳斯达克100指数，其股票也同时入选纳斯达克100指数跟踪股。Autodesk正式步入纳斯达克股票市值的第一方阵，被认为是全球居于领导地位的技术公司之一。

卡萝·巴茨给高群耀这一年的表现打了100分。

因为中国区业绩的突出，Autodesk总部做出决定，把发展中地区，主要是金砖四国（中国、印度、巴西、俄罗斯）市场全都交给高群耀负责，特别是印度。高群耀名片上的title从"大中华地区总裁"变成了"欧特克(Autodesk)亚洲最大发展中地区总裁"。

高群耀重回Autodesk时，中国公司只有20多名员工，每年1000多万美元营业额，到2006年他离开时，中国内地已发展到2000多名员工，年营业额暴涨，大中华区首次达到上亿美元的数量级。中国出现了一家如此典型的外企样板，甚至远远超过Autodesk在其他国家的影响力。卡萝·巴茨由此被聘请为美国总统的特别顾问，斯坦福也把Autodesk在中国的运营作为成功案例来探讨。

到2006年，高群耀就兑现了他的承诺，让中国成为Autodesk在全球仅次于美国的第二大业务国。而这一年卡萝·巴茨从Autodesk光荣退休了。确切地讲，这不是高群耀随后离开Autodesk的主要原因。Autodesk进入了平稳发展期，他不喜欢守业更喜欢创业，他渴望新挑战的心又蠢蠢欲动。而此时全球的产业环境发生了巨大变化，谁也没想到，全球传媒巨头鲁珀特·默多克（Rupert Murdoch），即将作为高群耀下一段职业生涯里的重要主角出场了。

和默多克中国冒险

默多克需要的中国统帅,不再是一位传媒娱乐精英,他需要的是能把握四大产业融合的IT人,这样才能更好地理解和把握新的战略和趋势,高群耀正是他要找的那个人。而打动高群耀的,恰恰正是默多克向他展示的这幅未来的大图景。

默多克要找一位IT人

高群耀遇到鲁珀特·默多克的时候，正是默多克在中国最一筹莫展的时刻。

默多克何许人也？

1931年出生在澳大利亚墨尔本富庶家庭的默多克，在21岁时父亲早逝，还在牛津大学读书的默多克继承了《阿德莱德新闻》，在其后几十年里以全球的战略眼光和高超的资本技巧将新闻集团（News Corporation）发展成全球规模最大的传媒集团。1983年，默多克买下伦敦一家卫星电视公司69%的股权，在美国收购20世纪福克斯公司的一半股权。1985年收购美国多家地方电视台，默多克掌握着全美40%的电视台。他还拥有美国《华尔街日报》、英国《泰晤士报》等久负盛名的老牌报纸，在英国，40%的报纸都由新闻集团控股。

新闻集团有6个细分行业：有线网络、电影娱乐、电视、直播卫星电视、出版，以及其他投资领域。到2011年，新闻集团的市值约620亿美元至790亿美元。直到2017年12月份，默多克作价524亿美元把20世纪福克斯的母公司——21世纪福克斯旗下的部分资产出售给迪士尼,其中包括20世纪福克斯影业,这一交易在2019年3月完成。好莱坞的"六大"格局,自此变成了"五大"(迪士尼、华纳、环球、派拉蒙和索尼)。默多克认为娱乐资产已经不再重要,今后福克斯将专注于利润更高的新闻、体育业务,旗下包括福克斯广播网、福克斯体育、福克斯新闻、福克斯商业等品牌和资产。

过去60多年中,默多克所获得的瞩目成就为他赢得了包括英国前首相布莱尔等人的友谊,也带来了种种非议。他的名字总与"小报"(tabloid)一词紧密关联。在一次宴会上,CNN创始人泰德·特纳曾不无讽刺地表示:"小布什把萨达姆比喻成撒旦是错误的。我还没把默多克说成是撒旦呢!"

面对尚未涉足的中国市场,这位传媒巨头迫切希望能够踏上红地毯。

/ 当场划出一笔"握手费"

默多克在中国始终没有打开局面。

2005年新闻集团旗下的星空传媒与青海卫视合作,通过青海卫视让星空曲线落地全国,这是星空传媒在中国业务最高峰的时候。可惜好景不长,这个全国落地的时间只保持了3个月,就被主管部门紧急叫停了。

这次触碰"红线"的事件显示出了新闻集团在中国尴尬的境地,以及急迫的心态。如果不甘心在广东地区有限落地,如果想在中国也复制新闻集团福克斯新闻台、欧洲天空电视台、印度星空电视台的辉煌，到底有没有可能？这是一个难解的方程式，还是根本不可能完成的任务？

默多克想再试一把。毕竟从1990年进入中国市场，默多克在中国已经布局了15年。

2006年3月的一天，高群耀接到了默多克办公室从美国打来的电话，邀请他去一趟默多克在比华利山庄的家里。默多克在许多西方国家几乎家喻户晓，与邓文迪结婚后，在中国也名声大震。高群耀内心充满了疑惑，他是IT人，与福克斯新闻台、天空电视台、20世纪福克斯电影公司、《泰晤士报》等都没有交集，默多克何以会关注到他了呢？

默多克的家在比华利山顶，高群耀花了好长时间才找到他家隐蔽的大门，默多克回来的时候，家门口总是停着一辆警车。默多克在欧美是神一般的存在，高群耀想象着这位大佬的样子。不一会儿默多克迎了出来，和他打着招呼，有如父亲般亲和，脸上刀削斧刻一般的皱纹让他又慈祥又沧桑。他们坐在后院的游泳池旁边，俯瞰着洛杉矶的全景，有种把万里浮云一眼看开的辽阔。默多克谈到，目前有4个万亿美元的产业，即IT、电信、互联网、传媒正融合在一起，它们之间的边界正在被拆除，未来会有新的产业形态出现。高群耀颇受触动。

不知不觉到了中午，默多克留高群耀和家人一起吃午饭，地点选在了山脚下的比华利酒店，默多克让邓文迪和两个年幼的女儿乘坐家里的车过去，为了继续交流自己执意搭乘高群耀的车，那是高群耀从机场租的一辆普通款的TOYOTA。

他们到比华利酒店的时候，遇到《侏罗纪公园》的主创们在那儿聚餐，看到默多克，他们都站了起来，向他致意。

那一顿午餐，高群耀和默多克、邓文迪夫妇闲聊着，饭后直接去了机场，就像经历了一次家庭聚会那么简单。

两个月后，高群耀到伦敦出差，默多克派了一辆车去接他到新闻集团伦敦的办公室。高群耀的同事从窗子往外瞄了一眼，只见一辆加长豪华的宾利停在门外，一位穿制服的司机在车门外候命，同事吃了一惊，疑惑地问高群耀，什么时候Autodesk的待遇高端到这种档次了？

这一次，默多克和新闻集团的CFO一起与高群耀见了面，默多克说他最近很忙，有意收购意大利电信。这意味着默多克已经把他的产业趋势判断付诸实施了。

默多克明确邀请高群耀加入新闻集团，他甚至当场掏出一张纸讨论起高群耀的薪酬来，他把一笔数额不菲的"握手费"都准备好了。

高群耀有点犹豫，他从来没想过自己的职业生涯会和媒体、娱乐有关联，但他敏感地预感到这又是一个产业变迁的时期，又一波Wave要来了。

/ 默多克的顶级朋友圈

2006年9月，默多克再次给他打电话，说："如果你不介意，来列席一下我们公司的CEO峰会吧！"

新闻集团的CEO峰会在美国加州黄金海岸的卵石滩（Pebble Beach）举行，那里有世界顶级的高尔夫球场。高群耀带上太太和女儿到达卵石滩的时候，发现到处布满了警察、警车，空中还有直升机在轰鸣，一副如临大敌的样子。高群耀不解，一个CEO峰会，有必要这么戒备森严吗？

在一个漂亮的大草坪上正在举行酒会，他走近一看吃了一惊。英国首相托尼•布莱尔（Tony Blair），美国前总统威廉•克林顿（William Clinton）和夫人希拉里（Hillary），前副总统艾伯特•戈尔（Albert Gore），以色列总统西蒙•佩雷斯（Shimon Peres），美国共和党重量级人物约翰•麦凯恩（John McCain），以及美国在伊拉克战场的四位将军等都在。

此外，默多克不但召集了旗下全球各个系统的近百名CEO、各大报纸的总编辑、电视台台长、电影集团董事长等，还邀请了当时宝洁（P&G）的董事长、雅虎的董事长等诸多产业界人士，以及妮可•基德曼（Nicole Kidman）等演艺界人士。很明显，这个峰会是各行各业最有影响力的权威人物的一次大聚会。

这个聚会很鲜明地传达出了默多克在行业的号召力，他的朋友圈，以及新闻集团在全球的影响力。而这些，或许都是他想让高群耀意会到的。

人的层次不一样，格局自然不同。高群耀认真听了几位重量级人物的演讲，布莱尔讲的是这个世界现在最核心的能力是领导力，世界每天都在变，领导力就是应变的能力。克林顿讲的是全世界已经互联了，相互依存，没有完全独立的个体，这个世界已经不是任由你怎么样，而是你的事也是大家的事。戈尔演讲时，背后大屏放了一场微电影似的纪录片，演示地球变暖、气候变化对人类意味着什么，他特有的沙哑嗓音配上这种情境非常震撼。

峰会还设置了一个有意思的小型论坛，台上坐着一群大学生，台下是新闻集团各个业务板块的CEO，由电视台的著名主持人主持，讨论的话题之一是媒体消费方式的变迁。台上的年轻人对着台下上百位50多岁的主编和CEO们直言不讳地说，媒体消费就是麦当劳快餐式的，报纸看完就可以随手扔了。

那时候，新闻集团的《泰晤士报》《太阳报》《纽约邮报》《澳大利亚人》等还如日中天，办报模式还是精英式的。当台上台下同时回答主持人的提问时，有两块屏幕就会显示出结果，并生成曲线，这时候就发现两条曲线完全没有交集。很明显，台上台下是两类人，双方的"对冲"已经不是因为明显的代沟，而是有一股势力正在把一个数字化的世界和物理世界劈成两半。

最后，台下的一位头发斑白的CEO向台上年少轻狂的人提了一个问题："我是一个报纸的总编，你觉得我把报纸做成什么样，你才会读？"台上一位小女生毫不客气地说："你做成什么样我都不会读。"会场变得死一般沉寂。

在此后多年与默多克相处的生涯里，高群耀更深刻地感受到默多克的公司治理风格。就像这次CEO峰会，并没有涉及公司的业绩，年度的销售目标，股东的要求等等，完全着眼于战略层面。他其实想让公司的CEO们了解到，这些大人物眼里的世界格局、产业格局。美国总统、英国首相们都在想什么，大公司的董事长们在想什么，以及下一代在想什么。他没有要求，亦没有结论，只是希望作为一个CEO需要有格局，有眼界，对外部世界的变化有敏锐的感知或者反应。

这个会给高群耀的震动很大，也让他对默多克的认识大幅度提升，他能看到政商界、军事界、科技界对默多克的尊重，能感觉到默多克的分量，以及新闻集团正在关注的世界趋势和集团未来的全球战略选择。

默多克无疑是个战略家，他看到了产业融合的趋势一定会带来传媒资源和财富的重新分配，所以他抓紧在全球范围内重新配置资产，以使新闻集团在数字多媒体时代和互联网浪潮中仍然能处于领导地位。

仅2005年，默多克就斥资5.8亿美元，收购了在线游戏和娱乐网站，尤其是红极一时的MySpace，它比Facebook更早介入社交，其后MySpace进入中国，成为高群耀的主要工作内容之一。在web2.0时代，默多克的动作一点都不因为高龄而迟缓。

而默多克需要的中国统帅，不再仅仅是一位传媒人，他需要的是能把握四大产业融合、传媒圈之外的IT界人士，这样才能更好地理解并把握新的战略和趋势。而高群耀正是他要找的那个人。打动高群耀的，恰恰是默多克向他展示的这幅未来的大图景。

高群耀善于捕捉趋势，喜欢追逐浪潮，IT、电信、互联网、传媒4个万亿美元产业正在融合、各个产业在巨变，多么激动人心的一次变革！

当那些大人物离开后，CEO峰会曲终人散，默多克把高群耀单独留下来，他期待地问他："是否乐意加入我们？"这一次，高群耀答应他会加盟新闻集团。

高群耀的再度离开在Autodesk引起的震动非常大，卡萝•巴茨在此前宣布即将退休，将要接替巴茨的CEO卡尔•贝斯对高群耀的离职表现得相当难过和失望。2006年10月，Autodesk为他在北京嘉里酒店举行了一个盛大的欢送仪式，朝夕相处的员工们为其制作了一个VCR在会上播放，都是这三年共同奋斗的点点滴滴。各个部门的同事都依依不舍，当然还有不解。高群耀在Autodesk正如日中天，何苦要去传媒行业呢？无论如何，IT业看起来都比传媒业更像朝阳产业。

巴茨特意提前从美国赶过来给高群耀送行，在内部员工聚会上她真情流露，毫不掩饰对他的欣赏。这三年，他们就像一对搭档，她支持他实现了中国区的辉煌。不久，巴茨被雅虎请去接替杨致远担任CEO，她和高群耀的分别有点金庸武侠片的意味"一别两宽，各生欢喜"，而没过多久却又"他日江湖再见"了。

／ 获得默多克的"直通车"

2006年11月15日，高群耀头上顶着几个头衔空降到新闻集团中国公司——新闻集团副总裁、新闻集团中国首席代表、星空传媒（中国）有限公司首席执行官，这是新闻集团第一次在华设置默多克"特使"，全面负责新闻集团各个方面的业务，直接向总部负责。可见默多克对中国业务的期望并没有因为遇挫而降低。高群耀的工作重点是要运营星空传媒、政府关系、业务拓展，以及MySpace、凤凰卫视等这一类公司的战略拓展。在对外发布的新闻稿中，星空传媒集团首席执行官高美娴如此评论："高博士对中国市场拥有深刻的洞悉，再加上其丰富的人脉关系和商业经验，以及过去的辉煌成绩，使他成为领导我们中国业务和发展策略的不二人选。"

新闻集团在地区架构和业务板块设置上非常复杂。高群耀一到新闻集团就向相关部门要组织架构图，不知道自己在集团的位置，何以对上对下沟通呢？然而，新闻集团却没有向默多克直接汇报的集团组织架构图，只有"Top 50"，重大决策中心化，默多克说了算。

默多克对高群耀最大的支持，是给予他"直通车"的待遇，高群耀可以和默多克一对一地对话，向默多克汇报。这大大增加了高群耀的信心，他在微软得到的最大教训不就是中间环节太多造成了地方CEO管理的掣肘和困境吗？

高群耀有了绿色通道，不代表他就能超越新闻集团复杂的行政架构。

有一次，高群耀到香港去和业务部门开会，一张圆桌，亚太区的高管占据了几个座位，高群耀和内地的高管占据了几个座位，中间还剩两个空位。会议开始不久，两位高管姗姗来迟，他们落座后听了约10分钟，难堪地站了起来："抱歉，我们走错房间了。"待两人离开后，屋子里的人爆笑起来。

事实上，如若两人坚持到最后，亚太区和中国区的高管都不会有所察觉。这说明即便同在新闻集团，彼此都很陌生。架构之间缺少深度沟通，意味着有些事情的解决并没有那么高效。

但毫无疑问，默多克的姿态已经让中国在新闻集团的全球战略规划中走到了一个前所未有的新高度。而高群耀就在这样一个被高度授权，又全新的公司体系中开始了一段新的征程。

而在新闻集团内部长期存在着两股势力，激进的"鹰派"和温和的"鸽派"，福克斯新闻台、《泰晤士报》等强势媒体连默多克也礼让三分，针对中国市场是"坚守"还是"撤离"，"鹰派"和"鸽派"始终处于争论和博弈中。邓文迪的存在所起到的微妙作用，让默多克对中国始终怀有一份超越市场的情怀。

默多克为高群耀提供了"豪华培训"，这可能是十几万人的新闻集团王国中唯一的一次"小灶"待遇，他想只有让高群耀充分了解集团，才知道怎么在中国施展拳脚。默多克的王国太庞大了，在全球超过50个国家拥有800多家公司。高群耀加入新闻集团的第一个季度，几乎是马不停蹄地全球奔波熟悉新闻集团的业务。高群耀每到一个地方，都是当地CEO出面接待，然后面授机宜。高群耀首先到伦敦会见了天空电视台的CEO詹姆斯·默多克，这位生于1972年三十出头的年轻CEO，是老默多克最器重的儿子，他的相貌甚至表情也很像老默多克，媒体形容他是"一位充满好奇心，像老默多克一样喜欢冒险的人"。1999年，老默多克把他派往香港担任亚洲星空卫视主席一职，并成功把亚洲星空扭亏为盈。老默多克让詹姆斯给高群耀上"第一节培训课"也是用心良苦。

詹姆斯认真地履行老默多克的委托，详细地介绍了新闻集团在英国是怎么做的，碰到哪些问题，如何解决。然后詹姆斯·默多克的主要属下再一个个和高群耀座谈。

其后高群耀到达印度。正是在詹姆斯·默多克主政亚洲市场时，印度市场的价值被发掘了出来。而印度几乎被当作亚洲市场的试金石，中国市场的期望值由此被抬得更高。

印度星空电视台是印度最大的电视台，有一部电影《贫民窟的百万富翁》几乎成了印度星空的故事片，这部影片获得了5项奥斯卡大奖。故事背景里的益智答题类电视节目《谁想成为百万富翁》正是印度星空的一档节目，当年节目策划人在向总部申请节目的奖金额度时，默多克顺手就把额度改成了100万美元，这是一个天文数字，观众疯狂了。这档节目曾是世界电视史上收视率最高、最成功的电视节目之一。

高群耀参加了印度星空电视台的一台晚会，有几千人，星光熠熠、盛况空前，印度星空电视台的CEO很骄傲地向高群耀介绍星空在印度是怎么发展起来的，高群耀特别羡慕。在中国，星空可以复制这种辉煌吗？

站到全球传媒娱乐业的制高点

高群耀的办公室在临近长安街的东方广场,他从窗子望出去,有一种威压感。

东方广场庞大的建筑群在高度上胜出,阻断了他的视野,每天夕阳丝丝缕缕的余光都是从楼盘夹缝递送过来的,山在更远处。这仿佛像新闻集团目前在中国的境况,而他想做的是一个破局人。

1993年和1995年,默多克两次从李泽楷手里收购了星空卫视股权,但是只能坐镇香港遥望内地,直到2001年星空终于可以落地中国内地,但只能局限在广东的部分地区。作为对换条件,新闻集团也要帮助中央电视台在美国落地,在英国落地。

星空在中国内地有两大平台,一个是以娱乐为主的星空电视台,一个是音乐电视台Channel V。这两个娱乐节目把海外、中国港台地区新鲜的格调和文化带到中国内地(大陆)来,对内地(大陆)的冲击力非常大,星空卫视的收视率一直居高不下,甚至还不时地需要接受一点"收视调控"。

高群耀进入新闻集团更像是进入了娱乐圈。

2007年1月4日，高群耀出席"全球华语音乐榜中榜"，当年这几乎就是亚洲的格莱美。他出场的时候，被安排一左一右挽着两位女明星，他有点不适应这种"出场方式"。为了看起来不像被绑架，面对着无数镜头他始终保持风度和微笑。颁奖的时候，他念出一位对他来说陌生的名字，蓦然间，台下的女孩子们一阵尖叫和沸腾，随后他才知道那个叫潘玮柏的小伙子是一位当红的年轻歌手。这个行业对他来说还是个陌生的领域。

高群耀在快速适应他的新角色，还要适应新的工作方式，业务层面涉及主管部门、制作节目、广告销售、电影版权等等，很多对他而言是全新的领域。

/ 以娱乐为业务中心

他也尝试通过创新，扩大两个娱乐平台在中国内地的影响力。

"全球华语音乐榜中榜"大典此前都是在香港红磡体育馆等地举行，高群耀上任后，把这一盛事搬到了内地，2007年在上海大剧院举行，星空卫视直播，中央电视台和东方卫视转播，明显比在香港举办掀起的舆论反响要大。为了使这一节目在中国有更大的声势，更接地气，高群耀又做了惊人的动作，把节目搬到了成都。

这一举动比较大胆和冒险。成都从来没有组织这种国际化大型音乐盛事的经验，成都电视台相比香港的电视台甚至上海的电视台还差一个量级，空中设备等必要设施不完善甚至还是空白。

但是，有一个原因却是其他城市无法匹敌的。成都是中国移动的无线音乐基地,其无线音乐业务对正在走下坡路的唱片业举足轻重。音乐在中国内地因为盗版始终难以找到好的应对之策和商业模式,知识产权得不到保障,没有付费模式,中国移动的彩铃业务是最早能给音乐带来商业价值的。所以,中国移动一度成了音乐界最大的救世主,以至于四大唱片公司华纳、环球、索尼EMG、百代全球高层每次来华几乎都要拜会中国移动音乐基地的高层。而且中国移动还是"全球华语音乐榜中榜"最大的赞助商。这些都是高群耀执意要把"全球华语音乐榜中榜"大典放到成都的原因。

另一个契机是起于湖南卫视兴于四川的"超级女声"。有一次,高群耀和太太去成都,在一家号称"致力于高端餐饮"的酒楼"银杏"吃饭,落座后却看不到服务员。他很纳闷,举目四望发现一群服务员都挤在一个角落紧盯着电视,电视里正在播放"超女"的淘汰赛。自从就读于四川音乐学院的李宇春在2005年夺得"超女"总决赛冠军后,"超女"在成都的影响力堪比格莱美。以至于后来成都要打造"音乐之都",论证追溯到了汉代司马相如追求卓文君的古琴曲《凤求凰》,意即成都早就具备音乐之都的底蕴了。

高群耀意会到一档音乐大典在音乐文化已经像麻将文化一样渗透到广大群众的成都举办是多么恰逢其时。

如其所料,"全球华语音乐榜中榜"在成都造成的轰动效应前所未见,从来没有见过内地(大陆)、港台数百名之多的大明星莅临成都,那段时间成都的报纸、电视都被"成龙成都吃火锅"等新闻占据着。"全球华语音乐榜中榜"的剧组在一家火锅店吃饭,听闻是"榜中榜"的剧组光临,火锅店老板兴奋地跑出来给剧组免了单。颁奖现场选在了成都郊区的一处所在,同时在市内广场的大屏幕上现场直播,数千名警察出动来维持秩序，盛况空前。

娱乐更像新闻集团的保护色，这是一块相对安全的领域，不像新闻那么敏感。

高群耀愈发觉得，这是一个与IT业完全不同的行业。无论微软，还是Autodesk，都代表着高新技术产业，中国政府都是抱着欢迎的姿态，张开双臂吸引它们到中国投资和竞争。而中国境内的传媒业务，对于外资来说却是前景不明。高群耀在IT业的工作模式——确定业绩目标，制定市场策略，组建雷厉风行的团队向市场要效益——却无法完全在传媒业复制，这是一个不能纯粹用商业化数字体系来考核的行业。

挑战大多数来自产业政策，来自政府关系。所以高群耀一项重要的使命，是要协调政府关系和与本地重要合作对象建立合作共赢的关系，为新闻集团在中国的拓展寻找机会。

布局了十几年，默多克对中国市场有了足够的耐心和认识，他说："这是一个巨大的市场，也是一个非常非常敏感的市场……它对于缺乏经验的局外人来说，是一个非常艰难的市场。"

默多克多次在与中国政府相关领导见面时表达："新闻集团非常希望挖掘在中国的合作机会，这是基于对中国独特文化和社会价值的尊重和理解。"

对中国市场特殊性的认识上，高群耀和默多克是一致的。

早在1996年，新闻集团通过收购香港卫星电视有限公司，与刘长乐等在香港组建了凤凰卫视有限公司。多年来，凤凰卫视一直是个特别的存在——能在内地落地而不需要观众"翻墙"看到的新闻台，一定程度上，它更像"香港的CCTV"，背靠内地，立足香港，面向世界，目标是海外华人的电视台。高群耀入职新闻集团后,成为凤凰卫视董事会的董事之一。

2006年6月,拥有上市后的凤凰卫视38.8%股份的星空传媒,将19.9%的股份售予中国移动(香港)集团,中国移动出资12亿港元,成为凤凰卫视的第二大股东。对凤凰卫视来说,有了央企的加持;对新闻集团来说,是一次与中国国企合作共赢的经历。

因为高群耀善于在中美两种不同文化中寻找共识,2010年,美中商业协会设立了"美中杰出贡献奖",对促进中美两国政治、经济、文化、科技、金融、创意设计有特殊贡献的人士给予表彰,第一届有6位人士获奖,其中高群耀获得了"商务交流杰出贡献奖",基辛格获得"美中外交关系杰出贡献奖",黄永玉获得"艺术类杰出贡献奖"等。寻找中美共识这一点,使高群耀在建设政府关系,在新闻集团乃至后来的万达的公司治理方面都发挥了关键作用。

/ **MySpace和更大的局**

而新闻集团在中国最尴尬的问题始终难以解决,就是其电视频道在全国落地的问题。这就等于制作了一档希望全国人民看的节目,但只能在广东落地。这也意味着星空卫视的收入是有限的。所以高群耀一直在想怎么改变这个局面。

2007年元旦,高群耀到美国出差,惊讶地发现,《时代》周刊的2006年"年度人物"竟然是"YOU"。封面上,是一个电脑屏幕,每个人拿到杂志,都可以从其表面的反光贴膜上看到自己——着迷于MySpace、Facebook、Youtube,创造了Web2.0时代的每一个人。

"是的，你是今年的年度人物。你控制着信息时代，欢迎来到你的世界。"《时代》周刊写道。

MySpace的崛起代表着一个网络社交时代的来临，如日中天的MySpace在美国处于社交媒体的领导地位。那时Facebook才刚刚崭露头角，21岁的创始人扎克伯格曾面见过默多克，安静而羞怯。到2007年6月为止MySpace共有1.14亿用户，Facebook的用户数量才约5000万。

想在互联网领域布局的默多克自然看中了MySpace这个明星独角兽。默多克意图收购MySpace的时候，另一个巨头时代华纳已经抢先一步在和MySpace谈判。据说，默多克和MySpace谈判的时候，直接带了主管收购的律师等一众人员，把门一关当场把MySpace拿下，速度之快，态度之决绝令人瞠目结舌。

新闻集团于2005年以5.8亿美元的价格收购了MySpace。连谷歌的前CEO施密特也说："默多克收购MySpace等于又赢得了一场重要的赌局，这或许是他自己出手最好的一次投资。"虽然后来故事的发展令人始料不及。

而MySpace也将作为一个改变中国局面的筹码被寄予厚望。

但高群耀却很警醒，他首先想的是如何才能不让MySpace重蹈eBay、雅虎在中国市场水土不服的覆辙。

他每天早晨跑步的时候都在苦思冥想，该以何种方式把MySpace引入中国而不是简单粗暴地把跨国公司海外模式克隆到中国。他构思了一个特别的设计，宛如"嫁女模式"，而非单纯在中国设置一个新闻集团的子公司。

这么做的原因是基于eBay、雅虎在中国的接连失利，这些"巨头"进入中国却变成了"矮子"，始终无法成长。早在微软和Autodesk时代，高群耀就已经意识到了纯粹的美国思维强加到中国市场的弊端。总

《时代》周刊2006年"年度人物"封面

部授权和本地决策权的种种掣肘，团队缺乏创业精神，是eBay等在中国互联网市场的致命缺陷。高群耀要做的就是如何让MySpace逃出同样的厄运。

高群耀希望把MySpace变成一家中国公司，一家本土的创业公司。新闻集团是母公司，与中国公司有天然的血缘关系，对中国公司控股，但不对中国公司的运营指手画脚，也不对损益表负责，甚至不需要投资，而由中国公司自行在当地融资。这就像把女儿嫁出去，有天然的血缘关系纽带，给予一切必要的支持，但不能干预女儿的家庭。

于是，MySpace.cn（聚友网）在中国上线之际它的模式就变得和谷歌中国、雅虎中国等等完全不一样了。它是美国MySpace嫁到中国的女儿，是一家中国的创业公司。MySpace中国CEO罗川的创业团队占公司13%股份，有权力决定MySpace中国的产品、运营、技术路线。罗川在微软工作时即被高群耀用心培养，曾被送到美国微软总部工作半年，之后被任命为微软全资公司MSN的中国区总经理。罗川具有技术背景，同时也具有人文思维，他喜欢看雨果的小说，雨果对人性的复杂透视到极致。

新闻集团找来了自己的老朋友作为MySpace中国的投资方，一个是中国政商两界人脉丰厚的田溯宁的中国宽带基金(CBC)，另一个是"中国风投第一人"熊晓鸽的IDG媒体投资基金，曾在若干年前与新闻集团共同投资过中国的IT门户网站ChinaByte。

而且MySpace.cn背后的公司实体，是北京麦斯贝信息技术有限公司，其法定代表人为中国自然人，她并非MySpace的员工。由投资方，而非创业团队成员担任公司法人，可见这次并非一次被动的投资。

同时，在中国公司设立一个董事会，这个董事会既是防火墙——防止总部不了解中国国情对MySpace中国业务指手画脚，又是总部和中国公司的连接者。执行董事长是高群耀，董事会其他成员还包括邓文迪、罗川、田溯宁、熊晓鸽，以及MySpace的两位创始人克里斯·德沃菲（Chris De Wolfe）和汤姆·安德森（Tom Anderson）。这也是邓文迪在新闻集团唯一有头衔、介入集团业务的一次。或许是默多克考虑到他的年轻太太对中国的感情和了解，而邓文迪的因素或许也让默多克始终有着一种"浓重的中国情结"。

虽然MySpace.cn依然需要总部在品牌、后台技术、运营经验等方面的支持，与总部因天然的关系而需要磨合，但高群耀煞费苦心塑造的这种独特设置已经算得上是对MySpace.cn最大程度的"松绑"了。

一群年轻人也成为聚友网的玩家，比如王兴、高晓松、雷振剑等。当年，这些人就像微博里的大V。

聚友网起初定位为白领社区，通过与MSN合作导入用户，在白领阶层中拥有很高的影响力，后来转型音乐社区。高晓松给高群耀出了个主意，就是MySpace已经足够大，技术也足够支撑一定的视频内容，可以给乐队"直播"的机会，比如在夜晚年轻人聚集的北京夜店，放一个录像机，乐队晚上演唱的时候，就在MySpace上直播，这几乎是中国最早的直播平台了。而直到2016年才被称为中国直播元年，斗鱼、花椒、熊猫等直播平台纷纷面世，比MySpace晚了10年。

聚友网也对直播的商业模式做了初步探索，它的目标客户是中国移动，给MySpace付广告费。MySpace当时的技术力量、资源、品牌，也使得它成为投资者眼里的宠儿。

默多克还有更大的局。

美国财经电视曾报道，新闻集团的伟大设想是把MySpace做大，加上集团的数字化业务，然后和雅虎合并。新闻集团拥有全球最大的电视网络，全球最大的报纸网络，但是与新兴的互联网新闻平台无缘，而雅虎则是新兴的互联网经济的代表，如果拥有了雅虎，就拥有了传统新闻和互联网新闻的双重界面，将成为仅次于Google的全球第二大互联网平台。所以新闻集团意图控股雅虎，这是默多克一个非常清晰的战略，也是一个秘而不宣的战略。

而MySpace的战略意义在于，新闻集团花费了价格不菲的5.8亿美元，MySpace的估值达到了60亿美元。它使新闻集团的规模达到了一定的高度，控股雅虎就水到渠成了。

/ 雅虎：谁的猎物？

此时，高群耀的老搭档卡萝·巴茨接替杨致远成了雅虎的CEO。

巴茨上班的第二周就给高群耀打电话想约见聊聊。高群耀正在拉斯维加斯开会，于是驱车赶往硅谷，在开了漫长的7个小时车后，他们再次相遇了，在不同的职业平台，这次谈的还是中国，还有马云。

高群耀明显感觉到了雅虎和Autodesk文化的不同。Autodesk公司宽敞明亮，人人衣着光鲜，上下级阶层分明。雅虎的办公环境则朴素随意，前台的黑人女孩漫不经心。据说巴茨发给员工的邮件里有大写字母，中规中矩，雅虎的员工很不习惯。这让他情不自禁地想起雅虎的由来——"雅虎"的发明者是欧洲启蒙运动时期的作家乔纳森·斯威夫特（Jonathan Swift，1667—1745），他的讽刺小说《格列佛游记》里描写了智马国里两个截然不同的民族，尽善尽美的智马族和野蛮、凶残、贪婪的雅虎一族。雅虎公司的两位创始人杨致远和大卫·费罗（David Filo）坚持用雅虎，因为他们认为自己就是"雅虎"。高群耀不确定，巴茨能在Autodesk创造辉煌，能在一个从诞生起就充满叛逆精神的互联网门户延续这种传奇吗？

巴茨遇到了棘手的问题，被众人称为外星人的马云不那么驯服。2005年8月，雅虎入股阿里巴巴，以10亿美元收购阿里巴巴35%的股份，成为阿里巴巴的大股东。雅虎中国的资产则注入阿里巴巴。由此，阿里巴巴集团的股权结构变为：雅虎持股40%，马云及管理层持股30%，软银持股29.3%。

那时候，阿里巴巴虽然已经拥有一定规模，但还远远没有获得今天这样举足轻重的影响力，巴茨或许因此并没有看到阿里巴巴的潜在价值，而且和马云的关系颇为紧张。乃至后来，巴茨多次与阿里巴巴就支付宝转移问题发生冲突，雅虎和阿里巴巴之间的矛盾彻底公开化了。

马云无疑是一位个性鲜明的强硬人物。从他对阿里巴巴控制权的表态能看出马云的决心："虽然外资是阿里巴巴的控资大股东，但是外资不会控制阿里巴巴，我们会掌控阿里巴巴的未来。"

巴茨向来有"铁娘子"的称号，高群耀和她打了多年交道，当然了解她的泼辣强硬，也知道和她的相处之道，巴茨毕竟有她睿智的地方。

但当巴茨遇到马云，就像火星撞地球，遗憾的是不但没有向一个理想的方向运行，反而产生了爆炸一般的后果。

高群耀给巴茨提了一堆建议，甚至还和几位投行人士做了一个报告，建议巴茨怎么和阿里巴巴相处。他认为巴茨一定要意识到雅虎已经不是巅峰时期的雅虎了，雅虎里的重要资产应该是阿里巴巴，如果没有意识到这个重要性，对于雅虎进一步的生存将是极大挑战。马云则是阿里巴巴的灵魂人物，雅虎和阿里巴巴的关系取决于雅虎和马云的关系是否融洽。

高群耀甚至建议巴茨应该像在Autodesk时那样，与董事会沟通，在中国设立"中国特别委员会"。那样，阿里巴巴在雅虎里的战略地位就凸显了出来。

高群耀忌惮自己已是新闻集团的高管，而且新闻集团本身也正惦记着收购雅虎，所以给巴茨的建议终归有所顾虑。

即便高群耀和卡萝·巴茨颇有渊源，让他们因为雅虎再次交集，但历史的发展并没有垂青新闻集团，变故总是出乎美好设计之外。

此时，巨无霸微软出现了，富可敌国的微软，2008年拥有216亿美元的现金储备，超过一些国家的国库，微软出手收购雅虎，几乎没有企业可以和它抗衡。默多克的如意算盘遭遇了一个最强的克星。

杨致远在这场角力中获得了议价的筹码和周旋的余地。

2008年2月，微软正式向雅虎董事会提交收购报价单，希望以每股31美元的价格、总价约446亿美元收购雅虎。杨致远说："这一报价极大地低估了雅虎的价值。"

新闻集团随后被传有意参加到这场竞购中来。媒体对爆炸性新闻就如嗜血一般狂热。新闻集团无疑会制造戏剧化的效果。市值已经在下挫的雅虎就像被重新发现还有巨大的价值，杨致远拿捏了起来，迟迟不肯卖。

即便微软随后把每股的价格提高到33美元，总价约500亿美元，仍然没有达到杨致远的期望值。鲍尔默一怒放弃了收购。

/ **MySpace没落：昂贵的教训**

而默多克等来的却不是机会。

历史的演变总是出乎意料。新闻集团最终没有收购雅虎，而已在囊中的MySpace却出现了衰落迹象，与此同时，Facebook却在迅速崛起。MySpace找到了新闻集团这棵大树，进入了不同的生态系统，不但没能得到"赋能"，反而迅速地枯萎了。

很难说，是新闻集团毁了MySpace还是MySpace拖累了新闻集团。到2010年的时候，MySpace已经给新闻集团造成了6亿美元亏损。

如果说MySpace和Facebook有什么不同，一个最大的差异就是，MySpace用虚拟的名字，Facebook是实名制。"生人社交"是帮助人们去寻找他们不认识的人，并与之在共同兴趣爱好的基础上建立联系。"熟人社交"则是围绕熟人建立紧密的联系。后来的事实证明，社交网络的发展趋势是围绕着熟人社交的方向发展的，黏性更强。

另一个值得深思的现象是，创业文化和创新精神在一个传统的大公司里如何不被熄灭？

MySpace被新闻集团收购后，办公地从洛杉矶的圣莫尼卡海岸附近搬到了富人区比华利山庄，这里有显赫的影视明星和贵胄，但是没有硅谷创业的气息，缺乏工程师文化。MySpace从自己生存的土壤里被移植了。MySpace变成了新闻集团庞大的机器里的一个小组件。两位创始人的薪水要远高于他们的顶头上司，但是很多事情却说了不算，数字新媒体部门的主管说了算，通常两位创始人需要说服领导和各部门配合。很多时候，两位创始人和新闻集团的主管还是两套思维和语言，相互之间产生的摩擦、牵制不可避免地遏制了创业者创新的激情和能力。

被新闻集团收购后，MySpace的两位创始人干了4年，终因业绩不佳离职了。

这也是高群耀一直坚持并实践在大公司里制造创业氛围，鼓励创业精神的原因。就像他在Autodesk不惜动用一笔基金"完美风暴"来推动内部创业。

在中国，高群耀努力推动聚友网的转型，希望它能向以音乐为核心、泛媒体泛娱乐化的交流平台方向发展。但是皮之不存毛将焉附呢？聚友网在发展前期，借助了MySpace的发展势头，而当MySpace在美国陷入困境后，远在中国的聚友网也受到了波及。2011年6月，默多克将MySpace以3500万美元卖给了广告公司Specific Media。聚友网则在2011年11月以后就无法正式访问，此后再也未曾恢复。

/ 2008：伤逝与重建

2008年，仿佛注定了是一个时空交汇、波澜壮阔又激烈动荡的一年。

2008年5月12日下午，中国的四川省汶川发生了大地震。

那是一场伤逝，8级强震让8万多人失去了生命，包括很多尚在上课的孩子。高群耀第一时间要求星空卫视停掉所有的娱乐节目，把信号转为与中央电视台同步，同时把支持灾区的援助信息播出来。当时灾区最需要的是帐篷，高群耀马上组织联络中国香港、中国台湾，以及美国搜集帐篷，高群耀以新闻集团的名义包了一架专机，把帐篷送到了灾区绵竹。

没有亲临过现场，不足以对灵魂造成震撼。高群耀赶赴绵竹，看到很多学校受灾严重。

高群耀找到有关部门，希望以新闻集团的名义捐建一所小学，新闻集团给高群耀批了100多万美元修建学校的预算，得到批复后，高群耀按照他在Autodesk工作时，在贵州省三都水族自治县捐建学校的模式，用最高效和安全可控的模式在绵竹修建了一所学校，命名为星空富新小学。那所学校，唯一还能寻到过去痕迹的是，校园中间一棵在灾难中幸免的老槐树。

高群耀带头捐了10万元，员工们也纷纷解囊。新闻集团总部捐赠了一个集装箱的学习用具，辗转运到星空富新小学。高群耀特意带上女儿杰西卡，在那儿待了两个星期。他想让她看看和她生活迥异的环境和那些孩子，以及生命的变故和沉重。

2018年6月25日，已是移动电影院创始合伙人、CEO的高群耀又回到星空富新小学。在学校四周，当年因地震山体滑坡被撕裂的地皮已经被郁郁葱葱的草木覆盖，废墟里重新站起的校舍以及操场上雀跃的孩子们仿佛让人已难追寻当年惨烈的痕迹。

在一间教室的墙上，他看到自己当年捐赠时被一群孩子簇拥在其中的照片，照片已发黄褪色。10年了，时间真是一个魔法师，它可以抚平断壁残垣，虽然伤痛都沉淀在人心里。

"世间事除了生死，哪一件事不是闲事。"仓央嘉措的诗或许能代表高群耀在那个时段的心境，悟到人生的意义以及如何把控生意场上的未来。

/ 卖掉星空卫视

从那以后，高群耀愈发感觉到，在中国做一个外资100%拥有的全国落地的电视台，是一件不太可能发生的事情。而他对默多克说明这件事要花很长的时间，新闻集团在美国、英国、意大利甚至印度等所有它之前进入的国家都是领导者，唯独在中国，默多克拿出了最大的耐心，超长时间的等待，你却要告诉他这是一件不可能完成的任务，让他接受这个现实是一件多么痛苦的事情！

这就像在中国养了一个孩子，长到成年后，却要把他交给他人了。高群耀仍然希望"孩子"的未来能有更好的发展。所以在放手的那一刻他要尽力规划好"孩子"的未来轨道。他不倾向于把星空传媒等业务卖给地方电视台，他更希望"孩子"能在体制外发展，才可能在更广阔的空间延续它的生命力。

进入中国需要设计，退出同样需要设计。他希望找一家基金公司，由这家基金来收购星空传媒的业务。

此时，中国提出文化产业大繁荣、大发展的口号，这意味着文化变成了一个产业，在此之前，文化还不曾被认可为一个产业。

在此大背景下，原SMG总裁黎瑞刚担纲的上海华人文化产业投资基金（China Media Capital，CMC）应运而生了。2009年4月，CMC成为第一个在国家发改委获得备案的文化产业私募股权基金，基金规模50亿元人民币，基金的主要发起方及出资方，有中国宽带基金、上海东方传媒集团有限公司（SMG）、文汇新民联合报业集团、国开金融有限责任公司、上海大众集团资本股权投资有限公司、深圳天正投资有限公司等机构。黎瑞刚任CMC的董事长。

接下来，就是如何把星空传媒等业务卖给CMC，高群耀开始一遍又一遍奔波在京沪线上，每一次都住在上海广电集团对面的四季酒店。那段时间，作为VVIP，四季酒店不停地给他颁发"反复居住奖"，仿佛在鼓励他多多莅临上海,他一年多的时间里在四季酒店住了100多天。

一切都该到尘埃落定的时刻了。

2010年8月9号,那是一个周一,60多名分散在上海、北京、广州、重庆等地的星空传媒员工突然被通知参加一个视频会议,大家尚不知这将是一个宣布公司重大决策的会议。会议只举行了20多分钟,高群耀宣布了让员工们吃惊的消息:今后,CMC将控股星空卫视普通话频道、星空国际频道、Channel V音乐频道,以及星空华语电影片库业务。他强调了两点——现有的管理层不变,保证不裁员。然后宣布散会。

仿佛公司内部什么都不曾改变,但是老板换了。这是一个决绝的决定。

随后,CMC和星空传媒合资成立了星空华文传媒公司,华人文化产业投资基金占股53%,星空卫视占股47%。随后几年,正如高群耀所预期的那样,星空华文传媒公司下辖的上海灿星文化传播有限公司开始焕发出无限的生机,灿星引进和制作的《中国达人秀》《中国好声音》《舞林大会》等节目爆红大江南北。有一段时间,有没有在周末看"现象级"电视节目《中国好声音》几乎成了朋友圈的割裂线。

灿星的成功,有诸般因素,比如团队的因素,星空华文CEO兼灿星总裁田明和黎瑞刚是复旦大学同学,灿星的团队多是原SMG的骨干;以及灿星和《中国好声音》落地方浙江卫视实行了新的商业模式——"投资分成"。但是,不可忽视的一个重要因素,就是"亚洲格莱美"Channel V早年的资源和操作经验,已经为灿星的华语音乐节目奠定了深厚的基础。

灿星在影业的成就,也受益于新闻集团在华最有价值的一块资产

"星空华语电影片库"，该片库拥有700多部电影的版权，包括成龙、李连杰、周润发等明星的经典电影。以至于2017年阿里巴巴注资2亿元给灿星的时候，灿星的估值已达到了210亿元。

转型—默多克婚变—撤退

高群耀仍然留任新闻集团，只是新闻集团在华做了一个重大的转型，从原来的一个有实际业务的运营公司，变成了一个战略投资公司。

高群耀意识到，在中国传媒和内容这一领域，只有电影这个行当是相对市场化和国际化的。

这时候，博纳进入了新闻集团的视线，一个重要原因是博纳影业2010年底在美国纳斯达克上市，已拥有电影产业链的制片、发行、放映系统。对博纳来说，如果有了新闻集团的背书，就意味着美国投资者对博纳的信心度会有大幅度的提高。

/ 注资博纳：既是朋友，也是对弈者

新闻集团旗下的20世纪福克斯公司作为好莱坞六大影业公司之一，出品了诸多全球轰动的电影，包括大导演李安、卡梅隆的影片，著名的

有《少年派的奇幻漂流》《泰坦尼克号》《阿凡达》，以及《星球大战》《X战警》等等，亦在全球范围内拥有强大的发行网络，对于博纳影业日后在海外发展的助推作用可想而知。

但是与基金持股者的谈判却异常艰苦。新闻集团对博纳的财务体系存在疑虑，在香港四季酒店的线上谈判旷日持久地持续了几个昼夜。新闻集团美国总部配备了一个庞大的律师团，律师又分为集团内部律师、外部聘请律师；博纳影业集团总裁于冬也带了博纳的律师，还有个人律师，以及新闻集团中国区代表高群耀、投资部副总裁万民等人。双方持续连线，也会因一个小小的纠葛随时断线，待一方内部磋商对策之后再继续连线作战，这就像一场随时可以叫停的对抗赛，不知道何时结束，也不知道有无结果。

一天近凌晨3点，高群耀在酒店房间刚要睡着，就听到有人急促地敲门，他一开门于冬就冲了进来，说其中一个持股者推翻了"牌桌"，他无法接受新闻集团的一个财务条件，谈判几近崩盘。高群耀穿着睡衣坐在沙发上默想了一会儿："这样，我来和美国总部沟通。"最后，在最终的协议里增加了一个可控的条款，就是由新闻集团委派一位CFO和合拍影片副总裁到博纳。

2012年5月14日，新闻集团正式宣布投资博纳影业，从老股东的手中购买了19.9%的股权（受限于政策不能超过20%），于冬持股比例则降至公司流通股总数的27%。

合资成功后，于冬几乎是热泪盈眶地对高群耀说："你是我的贵人。"从那时候起，他们的感情紧密了许多。而日后的共事，他们既是朋友，也是对弈者。

对于这场中外"婚姻"，于冬有他的担心。像某些中外合资一样，这就像一只蚂蚁和一头大象合伙做生意，大象一不小心，脚指头都可能踩死蚂蚁。而往往这种担心最后会化成提防，这对生意场上的合作是致命的。因为每每遇到事情，弱势方都会往悲观、消极的方面去揣测，这显然不利于双方的合作。

而新闻集团和博纳的合作成功与否，取决于高群耀和于冬的磨合。往往是为了共同的目的，达成的过程却要经过一番博弈。

新闻集团一入股，就想把博纳规模化，把它做大，更要把博纳管理规范化。要知道这公司以前可是"创始人"的公司，这就像要给战马套上一个缰绳，要祛除"一言堂"，博弈是不可避免的。

许多中国电影制作公司长期以来在财务、税务和"绿灯审批"等各方面存在着不完善的管理问题。当高群耀有机会直接参与经营中国的电影项目时，吃惊地发现，有些电影制作项目是除了投资者不赚钱之外，其他各个环节都能捞到好处。

高群耀曾去探班《林海雪原》，在黑龙江寒冷的雪乡。《林海雪原》剧组一进山，光卡车就百余辆，其中装载着好几车枪，那可是从八一制片厂借来的真枪，只是子弹都没有弹头。开拍的时候，漫山遍野的群众演员好几百人。大部分的费用都是现金交易。如果没有规范化的管理，群众演员每天的开销、租设备和道具的价格等等都可能虚报。电影这个行当向来是"节约不是美德"，开销是疯狂的，也是不透明的。

所以合作一开始高群耀首先就派了一位CFO到博纳，徐晓雯从微软时期就已经和高群耀一起共事了。这一举动虽然不能说是彻底改变了博纳的运营方式，但是对于博纳的规范程度、透明度、合规性等方面都有一个质的影响。空降的徐晓雯，或许一开始被质疑为一个监察的角色，最终，她融入了博纳，诠释了一个CFO的专业素养，扮演了一个让双方都比较满意的角色，也成为于冬的朋友和助手。

中国发生过太多投资人和创始人之争，每一次争执都轰动一时，如著名的雷士照明控制权之争，上海家化股权之争，乃至宝万之争。新闻集团入股博纳，是投资人VS创始人、外资VS中资双重不同身份的磨合，所有的投资项目要通过项目审批委员会，由于冬和高群耀共同签署。习惯了一个人做主的于冬能最终接纳并信任高群耀，高群耀的情商和人格魅力在此间也发挥到了极致。

高群耀在博纳董事会的几年里，常常和于冬一起出席中美电影节、戛纳电影节、上海电影节等活动，两人既是商业伙伴又是朋友。在此期间，博纳出品了《智取威虎山》《一代宗师》《湄公河行动》等许多卖座的电影。博纳似乎正在奔着新闻集团最初设定的"10倍回报目标"而去。

/ 入股珍爱网：20元盒饭的工作餐

早在2011年，高群耀看中了珍爱网，事实上是看中了"社交"这个概念。那时候，新闻集团收购了MySpace并落地中国，高群耀也想看看能否扩大社交领域的资产，或许可以搭建起某种形式的矩阵，相互链接。在社交领域进行一些以投资为导向的探索，是高群耀看到的一条可行之路。

红娘在中国历来就是一个生意。珍爱网创始于2005年，当时是国内第三大在线婚恋交友网站。董事长李松和总裁陈思是公司联合创始人，李松是毕业于美国哥伦比亚大学的金融学博士，曾任摩根士丹利亚洲分公司执行董事。李松对夫人总是秘而不宣，后来被发现其夫人原来就是著名投资人——今日资本创始人、总裁徐新。徐新最成功的项目是京东，有人说她仅从京东一项投资即获利百亿美元。在刘强东快破产的时候，徐新笃定刘强东是一匹千里马，并押宝京东，而她却没机会去投资自己的老公。

李松经常被问及："你老婆为什么不投你？"李松说："我太太管理的钱是别人的，她一定不能投我们企业，这有严重的利益冲突。另一方面，其他机构投资者与我太太的今日资本是竞争关系，她们投资我的话，那也很奇怪。"所以他宁愿别人不知道他太太是徐新。

高群耀第一次看到李松时觉得他仿佛在瞪着自己，因为李松眼睛很大，又戴着远视眼镜，有一种呆萌的诙谐。高群耀发现他有趣、聪明、有激情。一个已经实现财务自由的人还出来创业，那一定是想做事。而且珍爱网相当规范，这是一个长期在外企的投资人很看重的。更重要的是珍爱网还有升值的空间，能看到上市的希望，所以新闻集团投资了1100万美元。

有一次，万民陪同高群耀去往深圳珍爱网的总部，听取李松等人介绍公司的产品、市场和盈利模式等情况。李松为了创业关掉了上海公司，而把深圳作为总部，因为"深圳的空气里都飘散着急迫的气息"。会议正值中午，创业公司颇为惴惴不安，资方就是爷，至少要做出尊重的姿态。但是高群耀就要了一个20元的盒饭，招呼大家边吃边听，吃饭工作都没耽误。

这样一个小动作就树立起了双方的一种亲近感、信任感，李松打心里觉得新闻集团是懂他们的。投资人没有穿着西装、打着领带过来，没有要求去吃一顿西餐，全都没有。这成了资方和创业公司一种无缝对接的一个小小的默契。

/ 投资迅雷：再解"盗版"之结

2011年，默多克还通过家族基金 RW Investment 在中国另一个知名互联网公司——迅雷第三轮融资时进行了2940万美元的投资。

迅雷从最蛮荒的流量时代，杀将出来。高峰期有6亿～7亿黏性用户，当年唯一能和它匹敌的是QQ。迅雷公司街对面正好是腾讯，马化腾也很忌惮迅雷，至少两家公司早年有一点相像，都是凭借一个爆款产品崛起的黑马。

迅雷也遭遇到了一些知识产权的诉讼，用户会用迅雷免费下载非正版的影视作品或资料。如果把迅雷比喻成一个修高速公路者，那么它该不该为运载违禁品的"路上的车"负责？这个成了诉讼的争议点之一。2007年，美国电影协会（MPA）联合6大电影公司起诉迅雷为非法下载提供便利。在美国这样一个重视知识产权的市场，迅雷想要在美股上市，就必须解决好反盗版问题。高群耀再次充当了一个中西方文化、法律协调人的角色，为了迅雷能在美国上市，他付出了极大的努力跟MPA去谈一个解决的方案，并要求迅雷也做出相应的改变和调整。

迅雷创始人邹胜龙是一个技术型人才，自信刻苦。在2011年7月上市最后一刻，他坚持迅雷9亿美元的估值太低，放弃了上市。等到2014年，在雷军的雪中送炭后，上市的迅雷估值却没有变。在瞬息万变的市场等待一个天时地利人和的机会，反而可能错失了一些战略机遇。

耐心耗尽

但新闻集团终究没有等到博纳、珍爱网、迅雷等项目的收获期。

2013年,默多克和邓文迪的婚姻突然终止,这或许耗光了默多克对中国业务的最后一点耐心。

2013年10月,21世纪福克斯将其实际持有的6.07亿股(持股比例为12.15%)凤凰卫视股份,以每股2.73港元的价格,出售给全球最大的私募基金TPG。

2014年1月,新闻集团把持有的剩余47%星空传媒股份卖给了CMC。这曾经是默多克在华最核心的业务。这次售出成了默多克传媒帝国全面撤离中国的信号。

2014年7月,博纳影业创始人兼CEO于冬宣布出资7140万美元,回购21世纪福克斯所持有的博纳影业19.3%的股权。复星集团则从于冬手里买下了13.3%的股权,成为博纳影业的第二大股东。高群耀和于冬的共事也画上了句号。

对中国市场,默多克曾经苦苦布局了20年,不抛弃不放弃。与之形成鲜明对比的是,这场大撤退却迅速而急切,令人唏嘘。

高群耀进入新闻集团后,使其中国业务保持了近10年的稳定发展,有方向,有成果。但是,一个外国媒体大亨想在一个非市场化的市场里建立起自己的媒体王国,注定是一次不可能完成的任务,是一场悲情的尝试。

2016年9月,已是万达国际事业部CEO的高群耀和老搭档万民在纽约进行一场收购谈判。他们路过第五大道新闻集团的总部大楼,这座蕴含着自由主义气息的大楼高群耀进出过无数次,以前从不曾想过要拍照留念。

他叫住万民,说他想在这里拍张照片。他伸开双臂,是一个拥抱的姿势……

[巨头肖像]
默多克：我比他们更知道我是谁

高群耀2006年第一次见到默多克的时候，默多克75岁了，眉毛都白了，脸上充满了刀削斧刻一般的皱纹，这使他即便在笑的时候，深深的法令纹让他的嘴角也稍稍向下。这种沧桑感掩盖了他眼睛里仿佛能穿透身体般的犀利。

然而在他身边工作的人，都能感受到他的强大能量，这种能量不仅影响着新闻集团，甚至是政界。这是媒体属性带来的天然的话语权，他的媒体影响力越大，越容易让他参与到政治的博弈中去，也影响着权力的倾斜。默多克掌控着澳大利亚70%的报刊，全美40%的电视台，英国40%的报纸以及天空电视台等……他有无尽的媒体资源，如果他愿意，运用报纸、电视的影响力来左右政治的走向是轻而易举的事。

很多时候新闻集团被认为是全球化的产物，默多克以金融为手段，以媒体和娱乐为载体，在全球范围内建立起了财富王国。与中国企业家"亲近政府 远离政治"的信条不同，默多克热衷于政治。在西方社会，媒体被看作是立法、行政、司法之外的"第四权力部门"——监督政府和政客、影响受众、引导舆论，时时发挥着在政治生活中的影响力。默多克则把财富和媒体权力完美地结合在了一起。

或许这能解释，为什么新闻集团的内部会议都有政客参加。就像高群耀参加2006年7月在加州卵石滩举行的新闻集团CEO峰会，惊讶地看到布莱尔、克林顿都来捧场。

早在1988年，新闻集团举办第一届全球编辑峰会之际，美国政坛上的重要政客还会亲赴科罗拉多的阿斯本致演讲词。

这种充满政治色彩的聚会，在默多克的出行中总能让人感觉到。而默多克更像处于优势地位的主人，虽然他主观上并没有这样的倨傲，看起来是个和善的没有架子的老头。

2006年11月，刚刚上任的高群耀陪同默多克到日本，日本记者俱乐部请默多克做一个演讲，这几乎是日本媒体界最高级别的礼遇了。联合国秘书长、美国总统均到日本记者俱乐部做过演讲，日本天皇也曾在此会见记者。那天，默多克讲了很吸引眼球的话题，关于中美日的关系。当他回到下榻的酒店时，时任日本首相的安倍晋三因为默多克行程安排太满主动到酒店来和他见面。默多克的影响力在澳大利亚、英国、美国较为强大，在日本仍然能受到这样的尊重令高群耀颇为惊讶。

说默多克是一个商业奇才，不如说他是最具全球视野的战略家。

默多克21岁时父亲早逝，他还在牛津大学读书，然后回来接手澳大利亚的一个地方小报《阿德莱德新闻》，却用几十年时间把一份小报发展成为一家全球媒体集团。新闻集团仅电视网络就横跨南北美洲、大洋洲、欧洲和亚洲，在西方国家，触及每一个老百姓的生活。相比维亚康姆、时代华纳，甚至迪士尼，新闻集团实现了真正意义上的全球化。

相比维亚康姆集团创始人雷石东等人，默多克更具全球视野。默多克的一个战略举措就是2004年把总部从澳大利亚搬到了美国，他也加入了美国国籍。在澳大利亚办一份最好的报纸是大洋洲最好的报纸，而在美国办一份最好的报纸，就是全球最好的报纸。从战略上，默多克总是领先于他人。

高群耀初次和默多克见面，默多克就在谈论全球的产业融合，这种敏锐的嗅觉或者天分，让他将公司的交易紧跟产业变化。

《揭秘默多克》的美国作者保罗•拉莫尼卡说："新闻集团很少有完全停止交易的时候，它不是在买什么就是在卖什么。""他总是在适当的时间买下适当的资产，并在适当的时间售出，并在此过程获取最大的利益。这反映了默多克冲动、极富进攻性的赌徒性格。"

乔布斯的"活着就是为了改变世界"，在默多克身上是以另一种形态表现出来的。乔布斯的工具是以手机为载体的科技，默多克的载体是报纸、电视等媒介，与其说他热衷政治，不如说他喜欢影响决策者，最终改变世界。

由此体现出来的另一种人格特征是他极强的控制欲。

《曙光》杂志在1996年的评论里写道："当你为鲁珀特•默多克工作时，你不是为一个公司董事长或首席执行官工作，你是在为一个太阳王工作……除了他之外，其他任何权威都无关紧要，他是这个帝国的唯一的标杆，各个岗位上的重要人物，都要向他直接报告。"

作为公司的"太阳王"，新闻集团的重大事件的决策权都在默多克的手里。这一点，高群耀觉得新闻集团倒是和万达有一点相似，它是一个"圆心型组织"，跟组织架构图无关，默多克可以抄起电话打给任何一个管理者，完全不理会这个管理者首先要向他的上一级主管汇报。所以在新闻集团最有效的方式就是与最高决策者的沟通机会，决策的有效性完全取决于你和圆心的半径。当高群耀日后到了万达发现，这个理论在万达和在新闻集团是同样适用的。

从根本上，股权结构决定公司治理。默多克对新闻集团的控制力首先来自于家族企业对集团股权的掌握。默多克家族持有家族信托基金近40%的B类股票（具有投票权的股票），不会因离婚等变故损失家族财产和控制权。虽然默多克离过三次婚，但到2017年，其个人净资产仍有112亿美元。

在公司治理的架构上，新闻集团有一个特别的设置，就是重要的岗位几乎都是"联席制"，比如1996年—2002年，切斯·凯里和彼得·谢尔尼就共同担任新闻集团的联席首席CEO，20世纪福克斯影业也一直实行的是联席CEO制。

这种联席CEO制历来都有争议。对大多数公司来说，如果两位CEO能同心协力，就能把公司带入新境界；但双头管理衍生的权力制约，不可避免也带来低效和内耗，导致最终联席CEO制被首席CEO制所取代，或许对默多克来说，这种联席制更加可控，而他才是那位真正意义上的"首席CEO"。

只有中国区是个例外。高群耀独自掌管着中国区市场，直接向新闻集团总部和默多克汇报。

默多克始终保持对产业变化的敏感，源于他对新生事物的好奇。他的好奇心不亚于一个孩童。

每年1月份，他都会去拉斯维加斯参加CES（International Consumer Electronics Show）——全球最大的消费类电子产品展览会，那像一个最前沿科技的大party，有接近20万人参加，许多领先公司和新锐公司的领袖们现身让CES星光闪耀。

这是默多克每年固定的一项行程安排。在此期间他几乎只做一件事——见人。在入住酒店的总统套房里，他偕同公司十几位幕僚会见各种人，每人平均座谈45分钟，有微软的CEO、Netflix的CEO、谷歌的CEO、三星的董事长，或者来自以色列的一位正在移动互联网领域创业的17岁少年，形形色色的人。领域囊括了软件、硬件、智能电视等等。默多克努力发掘现在在发生什么，世界的前沿在哪儿。

默多克宛如一位中学生在参加一堂强化培训课，每天从早到晚，持续一个礼拜，年年如此。到最后，身边的人都感到人困马乏，70多岁的默多克却不知疲倦。

他有充沛的精力，仿佛永不疲倦。他曾说："我希望永远活着。"那是深深投入工作、忘我的状态。

高群耀自认为出身IT业，学的是工程力学和复合材料力学，但对CES展示的有些最前沿的技术还颇难理解，但是默多克却非常投入，是那种由衷的好奇。

默多克说过："有太多我需要知道的事情了。只要我的大脑还能保持清醒，充满好奇心，渴望探究，我就要坚持下去。"

好奇心催生学习力，再没有比好奇心能成为一个人成长的原动力了，哪怕你已经70多岁。

当高群耀走进默多克家庭的时候，能看到默多克更生活化的一面。每一次默多克和邓文迪来北京，都会邀请高群耀去他在北京的家——紫禁城东面北池子大街上的四合院。房间的白墙壁上，挂着多幅默多克和两个小女儿的照片，有出海的，骑摩托的，和party上的。默多克的家庭观接近东方人，与家人相处时，默多克是个慈祥的父亲、温和的丈夫，或者，乖巧的儿子。

2009年10月10日，在北京世界媒体峰会结束后，高群耀陪默多克回到钓鱼台国宾馆，忙碌了一天的身体和紧绷的神经突然松懈下来才感到疲倦。

默多克对高群耀说："你也累了，你歇一会儿，不用离开，就躺在沙发上好了。"

高群耀躺下，身体在宽大的沙发上舒展开来。

默多克拿出手机，拨号后耐心地等待接通，过了许久，他开始和他102岁的妈妈聊天。他说："妈咪，我在北京挺好的，放心吧，我这没事。我现在喝咖啡呢，喝的是热咖啡，我要兑点牛奶，不然不好喝，牛奶也是热的……"

高群耀静静地听着，内心有点感动。他自己也是无论在哪里，每周都给父亲打电话，每个季度回去看他。

默多克和邓文迪的女儿尚小，他曾把小女儿带到办公室让孩子看看他是如何工作的。他曾在2008年9月接受《时尚先生》在线杂志专访时说过："和孩子们一起工作，是我一生中最大的乐趣。这太美妙了，假如他们偶尔还会听你的话。"

有一次带着两个儿子在阿斯彭山区做了三四天的徒步旅行，他说："我记得当时的每分每秒，他们也是如此。"

关于默多克的争议从来没有间断过，但他其实并不介意别人的看法。高群耀有一次和默多克开玩笑，说："市场上又出了一本您的书，您要看看吗？"默多克摇摇头说："我不看，我比他们更知道我是谁。"

内心强大的默多克自认为"一生中最谦卑的一天"是为了陪儿子一

起度过，原本律师代替他出席那个尴尬的场合就可以了。

2011年7月19日，默多克和他的小儿子詹姆斯·默多克出席英国议会听证会，就新闻集团的《世界新闻报》窃听丑闻接受议员质询。

那天，高群耀在手机上看直播，那是一个难堪的场面，当画面定格在默多克父子身上时，他心里很不是滋味。

听证会的主角最后却变成了邓文迪，当一个端着一盘剃须膏的男人猝不及防地袭击默多克时，邓文迪用"排球扣杀"的动作阻挡了袭击者，也多少转移了媒体的讨论焦点。

他觉得邓文迪的那个排球扣杀的动作或许出自她的本能、她性格中的强悍，默多克看似一个被保护的老人，然而，难道不是默多克性格中的强大已经影响到了身边的每一个人吗？

高群耀有一次在和属下安排一个颇具挑战的项目后，用拳头用力砸向桌面"Let's do it"。他突然发现这是默多克惯常的一个动作。

万达：好莱坞里的大怪兽

高群耀和王健林拜会时代华纳CEO杰夫·比克斯，刚象征性地交谈了几分钟，王健林就表示出："我有兴趣投资你们。"杰夫·比克斯有点愕然，面无表情地回应："咱俩有一个共同的特点，就是都不需要钱。"这个不太婉转的拒绝终结了深谈下去的可能。

赌局：你在万达活不过一个季度

　　凌晨4点的北京温榆河，影影绰绰腾起一层薄雾，树上也裹着薄雾，就像晨起前没揭开的被子。星星尚未隐去，一切声音还在酝酿中，只有律动的脚步分外清晰，高群耀的大脑在律动中如齿轮般开始加速运转。

　　多年来，每天6点去晨跑已成为根深蒂固的习惯，开始为了尊严而跑，后来为了思考而跑，最终无意识地跑，跑步已成为一种需要，没有终点，不能停息，无论面临什么……在出行全世界的工作中，在纽约的中心公园跑，在伦敦的海德公园跑，在香港的维多利亚湾跑，在青岛的海边栈道跑，在哈尔滨松花江边跑，在一家人欲出游赶飞机的早晨去跑，太太急得翻了脸。

　　到万达后，他把这个时间提前到了4点。太太疑惑：怎么换了一家新公司还半夜鸡叫了？他觉得对一个新公司适应的难易程度要看你能否做出改变。他必须做出改变，他也希望能给万达带来改变，甚至能让王健林做出改变。

　　两个小时后，从天际喷薄而出的朝阳驱散了晨雾，12公里！他的身体挺过了一次疲竭周期。迅速回家，沐浴更衣后，候命多时的司机在北京早高峰最拥堵之前把他送到了北京建国路万达广场的总部。

为的是能赶上7点20分和王健林的早餐。每个早晨，在万达一个可容纳十几个人的特别餐厅，王健林会和核心层一起吃早餐，非强制，全看意愿。这个核心层人数屈指可数，包括集团总裁丁本锡、集团高级副总裁尹海、文化产业集团总裁张霖、国际事业部CEO高群耀等几位。

在Autodesk、微软、新闻集团的经历，让高群耀深刻意识到，信息只有传递到"圆心"，才能变成决策。做成事情最有效的方式就是把握跟最高决策者的沟通机会，而沟通机会则取决于你距离"圆心"的半径有多长，决策的有效性与半径成反比，决策过程短是因为决策半径短。特别是在"一言堂"的企业。

在高度集权的万达，更是如此。他要做的事是在中外两种文化、两种商业思路、两种行事习惯中贯通，有时候，甚至摸不到墙在哪里。而打通那堵墙最有效的方式，无疑是王健林的支持，别无捷径。

在王健林意图建立文化集团国际事业部时，高群耀进入万达的视野，最后成了那个最合适的人选。已是万达影视传媒有限公司总经理的赵方给过他心理预警——这里和以前共同经历的所有公司都不一样。新闻集团的一位同事还和他打赌："你在万达活不过一个季度。如果你每在万达超长待机一个季度，我都会请你吃饭，庆祝。"

算一算，这位同事一共该请高群耀吃10顿饭。

高群耀心里不是没有担忧，一个跨国公司土壤里生长出来的职业经理人，在一个中国民企里能活多久呢？高群耀和万达的合同期是若干年，两年半后终止于不可抗力。在2016年6月，好莱坞最负盛名的杂志《好莱坞报道》（*The Hollywood Reporter*）刊登了"好莱坞最有权力的100人",高群耀位于权力榜的第38位,这是首位登上这份权力榜代表亚洲公司的华人。刊物选了一张高群耀神情冷峻的照片,这个表情在亲和放松的高群耀脸上并不多见,这似乎是万达在好莱坞眼里的一种象征,一种隐喻——忌惮、戒备又无法忽视。在高群耀的操盘下,短短两年,万达从好莱坞权力层眼里的笑话极速成长为一个大怪兽,成为北美第一大院线、欧洲第一大院线、全球最大院线,并且收购了传奇影业,权力榜上的权重在逐日增加。

如果情势允许并假以时日,王健林的雄心是成为好莱坞"六大"之外的第七大国际制作、发行影业公司。如今只剩"如果……"。2017年10月13日,星期五+13,是西方迷信中双重的"倒霉日"。那个早晨,高群耀坐了十几个小时的飞机从美国风尘仆仆赶回北京,从机场直接就去了公司面见王健林,风头正劲的万达国际化的步伐在那一天戛然而止,突兀中带着无奈和遗憾……

/ 万达生存指南

2015年六一儿童节,高群耀正式入职万达。第一天,他就深刻体味到了新闻集团那位同事预言的合理性,一切都是和在新闻集团、微软等外企不一样的体验。

多年前他初次亮相微软时,微软在北京香格里拉酒店举行了一场重要媒体的见面会,从而使他处于媒体的准星内;就职新闻集团,公司也举行了一场新闻发布会,让媒体知晓默多克的"特使"来了。

6月1日这一天,万达人力资源中心总经理张春远带高群耀首先认识了一下食堂。万达在北京延庆有一块6000多亩的农场，北京公司一日三餐全部是自留地的绿色食品"特供"。食堂有好几个，分别对应不同的级别，持普通员工卡去总经理餐厅那是行不通的。王健林和高群耀等总裁以上级别高管的餐厅在四层的一个雅间，有人煲汤弄菜专门服侍。那一天用膳，王健林和丁本锡都不在，他们的椅子不能随便坐，这是规矩。

万达的规矩还有很多。

张春远特意把高群耀领到会议室，说专门给他做了一个PPT——万达生存指南，攻略全是细节。

对王健林要称董事长，副总裁以上级别的都称某某总裁，别称兄道弟的；

"领导未进，已先进；领导未出，已先出。"这是电梯不合规做派；

有幸与董事长同乘电梯，不能背对着他，一定要面朝他；

在电梯处遇到董事长，或者比你头衔高的领导，要屈身跑过去先按电梯，董事长是不能按电梯的；

……

高群耀心里暗暗算了一下，那当然不能按，成本太高了。他曾经算过比尔·盖茨的"弯腰指数"——地上多大一张钞票值得比尔·盖茨弯腰捡起来。以微软7000多亿的市值计算，这个成本约65万美元，64万都不值得捡。

张春远足足花了一个多小时讲完了PPT，高群耀庆幸仔细看了，没有这个指南，连开会什么叫迟到都不知道。

一场8点半的例会，8点31分到不是通常意义上的迟到，比老板晚就叫迟到。每个召集会议的老板到场习惯还不同，有提前5分钟的，有提前10分钟的。为了不出错，开会最好提前15分钟到确保万无一失。最悲惨的事就是你自认为准时到场，但是老板比你早到了。

每月的第一个星期一，就是当天，丁本锡会召集公司核心层一起开总裁办公会。

一个公司怎么管理，从开会能看出来；一个公司怎么运营，从如何做预算能看出来，如果预算不认真，这个公司运营也不会太认真。高群耀确信这一点。

这一场会，把高群耀惊得目瞪口呆。

在微软的时候，高群耀不大敢轻易开会，因为时间就是金钱，开会是有成本的，所以每一次开会很介意能否解决问题。一般来说，公司的会通常要解决三个问题：信息交流，有事商量，要做决策。

万达的会，相对简单，却是标志着这个公司半军事化运营的最好的一个例证。

当天二十几位总裁级别的高管都提前15分钟、西装革履、整齐有序地在座位上候场。丁本锡召集的会没人敢迟到，平时丁本锡要召见谁，据说对方还要哆嗦一阵子。丁本锡熟稔业务，性格严厉，做事雷厉风行，没有丁本锡的执行力或许就没有万达今天这种运营模式。

会场的座次是精心安排的，不同的官阶座位不同，谁比谁早进公司一天都会反映在座次上。天长日久，这也像一种刻意的鞭策，如果在公司的进阶是一种个人追求，这就是一种心理上的暗示和激励。

高群耀的桌子上放了一块名牌，仅有这块牌子昭示着"你来万达了"。即便这个会场在座的都是万达的核心层，在某一块业务上要发挥举足轻重的作用，但也没有"来来来，新来一位总裁，大家认识认识"

这一项议程。

时间久了，高群耀发现，哪怕是高管，来不欢迎走不送，来来往往没啥动静也是万达的传统。以至于有位集团高级副总裁走了半年后，仍然还有客户来拜访他。想到当年微软市场部总监李浩离职，高群耀专程驱车跑到李浩天津的家里，还见了他的太太和孩子。虽说辞职的理由就像情人分手的理由，冠冕堂皇的话都不是真正的原因，李浩那一晚却是敞开心扉。当李浩去意已决，高群耀专门在三亚给他举行了一场和市场部全体员工的告别会，烛光晚餐、离别的惆怅，李浩泪洒现场。这样的事情在万达并不曾发生。

过了一会儿，丁本锡准点到场，他罩在深色的西服里，不苟言笑，比掌握着集团巨大权力和财富的王健林更加深沉和严肃，高群耀感觉到会场的气氛有点微妙的紧张。丁本锡没有"你们好"，没有寒暄，没有序，会议马上就进入主题了。

这场会和高群耀在外企开会的风格完全不同，外企的会议开始是畅所欲言，甚至争执过激的员工还会脸红脖子粗地吵起来，最终由高群耀拍板。

万达的总裁会，没有集思广益，没有头脑风暴，没有广泛征求意见，在一个"yes sir"半军事化风格的会上，这些环节统统不存在。

很清楚，每一位高管都被提前告知了发言的顺序，以及规定的内容。通常都是说预算，例如一个100亿的年度项目，以200多个工作日计算，平均每天就是约5000万的KPI，如果当月任务完成的进度和预算没有出入，那就无须多说。如果没有达标，就会遭遇一连串难以招架的追问，那情景非常难堪。

"你需要什么支持？你需要我给你什么支持？需要如何立项……"

丁本锡面无表情。坐在旁边的高群耀乃至每一位事业部总裁感受着汇报人的煎熬，那如同放在火炭上炙烤一样。这哪里是开会，这简直像过堂。会场后面还有两位记录员，每一位总裁的"呈堂证供"都记录在案。这些"拷问"现场无法给出答案会后要和董事长或者丁本锡"单练"，没人愿意独自面对王健林和丁本锡，通常都会做出保证，下一次总裁会上问题通常会解决。

丁本锡的总结发言与预定时间的出入大致不会超过5分钟，一场1小时15分钟的总裁会，基本都会准点开始，准点结束。

这一场"过堂"让高群耀颇感震撼。这和他印象中固化的民企模式太不一样了，第一天进场仿佛遇上"下马威"，他开始重新审视这个新东家。

/ 最高上限的礼遇

高群耀见识到了王健林和集团给核心高管的压力，但是万达也给了核心层足够的优待，严格说是特权。

万达有10多万名员工，20多位副总裁以上级别的高管，其下有60多位总裁助理，总裁助理之下是800多位总经理。这就像阶层。

王健林是万达王国的最高领导人，他的活动范围基本就在25层的办公室或者会议室，以及万达索菲特酒店的会客厅，在别的楼层很难看到他。一位新来万达不久的员工第一次有幸看到王健林，却是被他的安保人员请出了电梯。即便万达规定在电梯里遇到董事长务必要面对他，事实上他几乎连给王健林一个背影的机会都很少。

万达总部给这位新员工的印象就像一个森严的军事堡垒，一部精密高效运转的机器，总部高度集权，底层个人作用弱化，因此越底层越有被零件化的感觉。他首要的能力是执行而不是创新，甚至着装的严格性一定意义上也体现了这种协同。公司规定每年五一之前穿西装可以不打领带，五一之后可以不穿西装穿衬衫，十一以后，就要穿西装、打领带。着装规定非常严格统一。每年累计迟到若干次取消年终奖，迟到更多次公司有权与其解除劳动合同。万达的年终奖相当于一个季度或更高的工资，这样的惩罚可以说非常严厉了。

位于金字塔塔尖的总裁们（包括事业部总裁、副总裁）享受到了最高礼遇。出差几乎是最高上限的待遇：住最好的酒店，飞机坐头等舱，落地必有人接送，哪怕到了非洲。高群耀回到洛杉矶，公司每天还派一辆车在他周围随时待命，这个城市他生活了10多年，无比熟悉。"不用这么做，我，到家了！"但这还真需要花费一番口舌，就像他劝阻机场送他出行的员工一样，对方仍然兢兢业业拿着一个装着海外移动Wi-Fi的包包在检票口等他，没人敢忘掉自己的职责。

平时，只有总裁级别的胸卡可以刷开总部连接万达索菲特酒店的那扇便门。而且在万达酒店里的消费无须付账，签了单就可以走人。出差和平时运营的费用，副总裁和总裁不用审批。出于习惯，初来乍到的高群耀请合作伙伴吃饭时都会列一个详细的费用清单交给公司，却一再被告知：不需要。

总裁办公会上的每一个人都很贵，压力固然存在，但王健林也做到了在待遇上让总裁们无牢骚可发。

总裁们的压力来自于严格的预算和节点规划。

万达的预算做得非常精细、清晰。从每年的10月份就开始制订计划，12月5日之前由王健林正式签发。11月份，各个系统的总经理就知道了自己来年需要干多少事，该挣多少钱，该花多少钱。

万达每年在全国各地有50个万达广场开业，假定7月1号开业，绝不会拖到7月2号。商业地产项目，有无穷多的理由和突发事件没法让项目按时开业，但是万达绝不允许延迟。高群耀觉得这个执行力无与伦比。

万达有个法宝——计划模块软件。王健林对这个发明想必非常得意，还把这一点写进了《万达哲学》一书："一个万达广场建设周期是两年左右的话，从开工到开业的全部周期会分成400个计划节点。所有计划节点编入信息系统，如果工作按计划节点正常进行，系统亮绿灯。某项工作没有按节点完成，系统就开始亮黄灯，黄灯持续一周工作进程还没有跟上，黄灯就会变成红灯，相关负责人就要受处罚了。一年出现多次延误，有人就要被换掉了。"

对总裁、副总裁、各级总经理来说，预算就是命根子，直接关系到你的绩效、你的收入，牵涉到几乎所有相关的东西。因此每月的月度经营会，基本就成了KPI完成比例的说明会，内部戏称"月经会"，这是一个黑色幽默，背后是每个人都要努力地"跳高"，当然也取决于"尺子"有多高！

力所不逮，没法越过"尺子"的结果是被系统淘汰。

/ 疯狂的HR：换血、输血和铁血

万达有一个强大的人力资源体系永远在为换血和输血做准备。

在高群耀看来，人力资本和财务资本就像管理者的两只手，永远最重要，左边是财务，右边是人事。财务资本代表钱，是生意成功与否的主要标志；人力资本代表团队，是企业赚钱的必要保障。

人力资源在万达这种高淘汰率的效率型公司十分重要。但王健林的"左手"——人力资源部更像人事行政部门，缺少"资源"的概念。人力资源强调求才、育才、用才和留才，人事行政部门的概念仅仅是hire（聘人）、fire（开人）和发饷。这也反映出万达的建设重心在体制上，铁打的运营体制，认体制不认人。

高群耀体味到万达的流动率之大是在一年后的一次会上，他自谦道："我刚来万达一年，作为一个新人……"万达文化产业集团总裁张霖笑了，打断他："在我们这儿，一年已经是老人了！"

万达是真正意义上铁打的营盘流水的兵。万达人力资源部做得最多的工作就是开人、聘人。万达有10多万名员工，每天的人员流动以百计，甚至千计。

高群耀惊叹万达的人力资源在hire和fire之间如此娴熟的切换，这在外企是不可能实现的。在外企，hire一个人要几经考察和斟酌；想fire一个人也是小心翼翼、颇费周折。高群耀入职微软、新闻集团，厚厚的合同请律师看了好久，逐条审议。当拿到万达的合同时呆住了，单薄到一张纸还没写满，补充协议是一个标准的常规合同，中国式的一个字都不用改的那种模板。

可以看出，万达在尽可能让各种事情简单化，简单化的前提是公式化、程序化，不要特例。

一些应聘过万达的人感觉人力资源很大程度上在和应聘者谈薪酬，似乎钱是一个最大的诱饵。因为能用钱解决的问题都相对简单，万达的薪水制定也超出行业平均水准，基本上是12个月的月薪+4个月的奖金，这4个月的奖金要和KPI挂钩。

网上曾经流出万达高管的薪酬表，显示万达高管的薪酬比行业平均水准高出一大截甚至翻倍。但万达的做派是高薪挖人，短时间见效，不行就换。万达的薪酬虽高，但并不好赚。

万达是在用管理销售的方式来管理人力资源。经营部门如此，高群耀不觉得意外，人力资源并非经营部门，这么做高群耀还没有见过。万达要求所有部门考核指标量化。在《万达哲学》里亦提到，具体到人力资源中心，要配合项目开发计划，列明每年需要多少高管，多少员工，储备多少干部，用人有什么要求，多长时间到位，来做到指标量化。

这样考核的结果，就是万达要招聘一个人通常动静很大，大跃进似的，撬动很多的猎头公司遍地撒网，恨不能全世界的人都知道。另一方面，如果遇到对的人，人力资源也会疯狂地展开"追求"。

高群耀的助理石航应聘万达时就见识了人力资源的生猛。他在法国生活了13年，在法国外交部和联合国做同声传译工作，当2016年想离开外交系统转向国内企业时应聘了万达，石航俊朗的外形、语言能力以及外交系统履历，在应聘万达国际事业部时的优势就显得尤为突出。面试之后，石航每天接到十几个万达人力资源的电话，这种狂轰滥炸式的路数，这种高强度的执行力他前所未见。

/ 董事长身上无小事

在高群耀的概念里，管理是一门学问，也是一门艺术，没有对错，只有适合不适合。

高群耀总结出一套"管理梯度模式"。不同的管理模式有几个典型：监狱式管理，靠的是强制；军队式管理，靠的是纪律；黑帮式管理，靠暴力或者说恐惧，不服胳膊可能就被切掉了；企业管理靠的是契约，尤其是外企，而民企通常还会用情谊、义气。

管理没有好坏，更多的是一种选择，在此梯度图上，越往上管理效率越高，但管理成本也越高。监狱式管理，人最守规矩，但成本也是最高的。

微软和新闻集团在某种程度上，是一种球队型的管理模式，讲协同，强调每个人的能力。万达是军事化的管理模式，万达的方式注定了它是一种效率型的管理，不是活力型的管理。军事化管理方式，在房地产这种大规模标准化生产行业来说效率很高，万达广场毕竟不是一个小生意，每个商业综合体接近15万平方米，一年开业50个，几乎一个礼拜一个。成功没有偶然。

有位企业家说过，"有些时候决策是错的，执行力好也成"，这句话用在万达身上比较合适。它有一位高度集权、决策果断的老板，一个军事化的执行力文化，是一个效率型管理模式的公司。

而这种效率型管理在房地产行业适用，在文化产业和国外业务是不是适用高群耀有点怀疑，创意产业要的恰恰是活力型管理。万达现有的框架是否能支撑文化产业和海外业务的愿景，而万达又能在多大程度上做出改变是个疑问。

万达效率型管理如果决策正确、高效执行，就会势不可挡。但另一方面，战术上的高效要取决于战略上的稳健。

或许对中国很多企业来说，如果董事长的一个决策在三个月后又变卦了，这种战略上的变动对效率的消减是显而易见的。最大的风险是董事长一个人的决策失误可能会扩大到整个企业的失误。

万达的会多，签字也多，某种程度上体现了对王健林的倚重。一位新来万达的员工最大的感受是几乎三分之一的时间在开会，在庞大的万达要通过开会来传达精神、发动动员、制定目标等等。这些会用在大事上，却也用在很小的事情上。

另外很多时间是在找领导签字。高层开会，会议室外有一堆人等着签字是见怪不怪的现象。有的员工甚至需要专门打车跑一趟机场，为的是能在主管领导上飞机之前及时签上字，流程不被耽误。

签字有两套程序，一套程序是电子OA（Office Automation）系统，一些小项目基本上电子签批，但是如果需要王健林签字的，那就必须要纸质呈送，内部叫会签单，也戏称为"圣旨"。一份重要的会签单上如果最终没有王健林的签字，这个事情是不能挪动分毫的。虽然这其实是会破坏万达一些职能部门的通盘考虑，一些合理的流程，但在关键的、重要的事情上要有王健林签字的一纸凭据，在万达内部基本上是一个定律。

王健林的存在感和穿透力如此之强，以至于他的一点情绪波动都能影响到高层，尤其会引发"老万达"的连锁反应。

有一次，国际事业部的一位员工拿着一份英文的文件去找王健林签字，王健林扫了一眼，看不懂，下意识地嘟囔了一句："什么东西也找我签！"当这位员工拿着王健林的签字转身离开后，在极短的时间内，王健林的这句话就通过不明所以的渠道传到了财务管理中心的集团副总裁级别的负责人处，这是一个"服役"将近20年的"老万达"，当他听到这件事时，抄起电话就打到法务部，质问这些文件他们看过没有，为什么直接就找董事长签字？

整个法务大厅，有近30个内部律师正在干活，当法务中心其中的一位负责人接到财务管理中心负责人的电话后，整个法务中心紧张地看到这位负责人情绪激动地对着大家说，董事长不高兴了，国际事业部要怎么样，他们懂不懂事……

最后，这件事大事化小，不了了之。但是，王健林的一句呓语，一个小小的情绪，一句无关痛痒的评论，就可以让万达最高级别的元老如此紧张，如坐针毡，这是难以想象的。

原则上，事业部的负责人首先要评估这件事的重要性，但事实上他们连评估的勇气或者说动力都没有，董事长身上无小事。这也是整个万达高效运转下掩藏的行事规则。

/ 媲美春晚的年会

一个季度之后，高群耀顺利享用到了新闻集团同事们的第一顿"赌资"，吃了一顿像样的晚餐。

张春远也很得意，这意味着跨国公司的顶尖经理人万达也能留住，那份"万达生存指南"PPT也算煞费苦心。如果在万达体系内，连一个出身跨国公司的CEO都没法容纳，在外界看来，万达的包容性能有多大呢？在国际化上又能走多远？

2016年7月万达一年一度的半年会上，万达有意识地对外传播："万达半年会惊现一群高人，他们是谁？"这些新面孔包括万达文化集团副总裁兼国际事业部CEO高群耀，原喜达屋大中华区总裁、万达商业地产高级副总裁兼酒店管理有限公司总裁钱进等。潜台词是万达的团队已经国际化了，并大企业化了。

随着国际化"操盘手"高群耀的入场，到了2017年1月份的万达年会，万达对外传播变成了："万达集团高层集体亮相，好多外国人！"在近两年被收购的国外企业的高管被安排在了第一排，系着王健林着装上最介意的红领带，包括铁人公司CEO安德鲁·梅西克、AMC的CEO兼总裁亚当·亚伦、传奇影业传奇东方CEO罗异、欧洲城董事长埃尔维·莫特、英国圣汐游艇CEO菲尔·波帕姆等十几张外国人面孔，一眼望去，宛若一家跨国公司的年会，万达国际化的概念或面貌更强化了。

而高群耀想他来万达绝不是要做一个花瓶的。他宁愿把每天雷打不动的早晨6点钟晨跑提前到凌晨4点，披星戴月跑完回家，再换上西装革履。万达对着装的硬性要求对高群耀来说有些拘束，在外企的日常装束基本是扎克伯格那样的配置，牛仔裤T恤衫，休闲随性，但在万达不行。

同时，他也在思考自己在公司的价值，以及作用。如果不能让万达铁板一块的管理体系有一点点变通，他该如何把海外业务做起来？他是要把万达的中国式文化和海外文化嫁接起来，还是该把万达的军事化模式和海外文化隔离开来？

电影制作是个创意产业，是个随机性很强的生意。好莱坞里面是一群"水牛"，高群耀要做的事是如何让水牛们在一个项目协作中像燕子一样飞起来。这群"水牛"平时神龙不见首尾，但是一部电影就能迅速地把他们召集起来，事实上好莱坞犹如一个巨大的协同系统。

万达是一个大脑来决策，军事化管理在地产业是个优势，但换到文化产业就成了阻碍。万达严格打卡的军事化风格无论如何也没法施加在散漫的"水牛"身上。

面对中外两套体系，高群耀的角色变得复杂起来，他一面要做破壁者，一面要做防火墙。

高群耀在某种程度上先破了一点规矩。这些改变在随后两年多与王健林的相处中是潜移默化的，是万达传统体系外的"异类"从外部带进来的，王健林除了他恒久不变吃中餐的胃，在一定程度上也接受了一些改变。

高群耀首先在万达传统的标志性年会上要破一些规矩。想象一下，一群年过半百的老外CEO在集团年会期间要随中国年轻的总经理们去寺院参加各种活动，这是多么不可思议的一件事。AMC的前CEO格里·洛佩兹（Gerry Lopez）向高群耀陈述离职的原因，参加万达年会的不适应竟然也是一个因素。

而年会却是万达的重头戏。人力资源部门把它作为年度极为重要的一个项目。需要近一年的筹备，本年度的刚刚闭幕，王健林的独唱还在网上发酵，人力资源紧接着就开始准备下一届年会了。年会最值得期待的是两件事，也是网络上传播最广的。一个是王健林的总结与展望，那像一个宣言书；另一个是万达的春晚，春晚最值得期待的是王健林的独唱。

通常的议程，是每年年会选一处旅游胜地，先参观万达城，然后近千名总经理以上的主管们穿着规定的服装、带着胸牌整整齐齐地在会场等待董事长做年度报告，下午则对报告做分组讨论。王健林和丁本锡会每个组都巡视一番，偶尔发言。

高群耀能想象出来，一群一脸懵懂的外国人跟着上千的中国经理们，在规定的时间到达规定的地点，集体落座、鼓掌，这种程序化模式，对老外来说简直无法想象。

2016年的年会，高群耀坚持，海外人员除了参加集体大会外，另行安排活动。组织者们颇为不满，所有人都要按既定程序走，凭什么你要有特例？

但高群耀的坚持还是得到了王健林的特许，这也是在万达的传统中撕开的一个口子，在一个程序化不要特例的体系内，初步做的一点改变。

在高群耀离开万达后，2018年在哈尔滨的年会，海外公司的几位同事和他抱怨："Jack，没有你就是不一样，你在的时候，一切都非常简单。"这种改变在万达海外战略收缩后，可能又回到了从前的老样子。

万达的年会是比照两会、晚会是比照央视春晚来做的。万达春晚的导演请的是央视副导演级别和地方台春晚的总导演级别的。每年晚会100分钟的22个节目的筹备，一样运用业务部门的模块化管理，全年分249个节点，对应相应的人和标准。

晚会压轴的传统、经典、保留节目是王健林的独唱。如果王健林和马云再打赌，赌的是唱功，那王健林比在《功守道》里与王菲对唱的马云胜出的概率更大。

一年到头，听老板唱歌比听老板训话无疑要愉悦很多。几乎是同步，就会有人把王健林唱歌的视频发到网上，《一无所有》的点击率居然超过10亿人次，超过了鸟叔的《江南style》。

王健林唱歌那一刻看上去很投入，2016年万达春晚，王健林唱了崔健的《一无所有》。2017年万达春晚，王健林兴致更高，连唱了三首——崔健的《假行僧》，张宇的《单恋一枝花》，德德玛的《我的根在草原》，可以说尝试了摇滚、通俗、民歌三种唱法。

2018年年会，这一保留节目——王健林独唱没有了，万达管理层集体高唱《歌唱祖国》。王健林的年会发言传播更广:"万达国内资产占比93%……"2019年万达年会,王健林仍然没有再独唱,压轴的是王健林作词的《万达之歌》:"求创新,一直突破引领;守信用,一直老实做人;重执行,一直说到做到……"

万达集团公布了2018年业绩,万达总资产6257.3亿元,因为资产转让缘故,同比下降11.5%,营收2142.8亿元。万达商管集团、万达文化集团、万达金融集团均完成了计划。对万达来说,2018年能活下来,业绩没有大幅下跌就是成绩斐然。

在经历了2017年下半年最晦暗的时刻后,万达的战略在回归主业,恢复元气中——把工作重点从文化产业、国际化转向国内的商业地产业务。到2018年底,全国累计开业的万达广场达到了285家,据说在四川宜宾新开了一个万达广场,竟然全城轰动,可见万达广场在三四线城市仍有其巨大的魅力。

虽然王健林放弃了海外业务的继续拓展,但一定意义上万达也回到了其传统优势产业中去了,也更加安全。

没有对错,这是一种战略选择。

冲刺吧，铁人！

毫无疑问，相比微软和新闻集团，高群耀在万达离"圆心"更近了，如果不出差，他可以经常和王健林共进早餐。外企的管理模式非常注重授权，发挥个人的主观能动性和独特的价值，关照人的尊严。在万达，王健林管控着他的王国，他的"机器"的运转，他对每个总裁的期许和要求，以及界限是不一样的。高群耀能获得王健林的信任和授权吗？他的发挥空间如何不被万达这种机械的体制限制住呢？

在生活中不能不知道自己要什么，在工作中不能不知道老板要什么。这是高群耀的经验。

在万达文化产业集团国际事业部，他要明白王健林想要什么。

历史上，万达经历过四次转型，每一次转型都是一次求生的过程。就像王健林所言："如果你没有在某一个关键时刻跳出原有的产业束缚不断去升级，不可能有发展。"

万达第一次转型是由偏居一隅的地方企业谋求向全国性企业发展，1992年底，万达第一次试探性地伸出脚从发家的大连到广州搞开发；第二次是从纯粹的住宅公司向商业地产公司转型，2000年仍然是房地产的春天，有人认为王健林错过了一个黄金周期，也有人认为他避开竞争和泡沫超前进入了另一个赛道；第三次是从房地产企业向文化企业转型，王健林的判断是"只有文化产业才是没有天花板的行业"；第四次转型是2012年的跨国发展。

王健林要把万达做成一个跨国公司。而什么才是真正意义上的跨国公司呢？不是简单地到国外设个办事处，不只是在国外有投资，是至少有三分之一的营业额来自于国际市场。

逻辑上，万达要想有来自国际的收入，就必须在国外有业务。另一方面，万达的文化产业大发展有一个很大的短板，就是有价值的知识产权和品牌匮乏，拥有这些IP有效的途径是海外收购版权以及版权的运营权。

万达收购知名体育品牌，以及在好莱坞收购传奇影业，谋求收购好莱坞"六大影业公司"之一，其中重要的原因之一是出于对IP的渴求。

如今，拥有用户资源就拥有明天。在中国，阿里巴巴拥有互联网世界庞大的用户界面，那时的万达则是物理世界跟用户接口最多的界面。十一黄金周，人口密集度最高的地方不只是旅游景区，还有万达广场、万达乐园。2016年十一黄金周，万达在合肥、南昌、西双版纳等地开张的文化娱乐项目客流量超过了百万人次。何况万达还有万达广场、万达酒店、万达儿童乐园、万达影城，日流量以千万计。

可是万达的物理世界界面有一个非常大的缺陷，就是万达没有优质IP，万达如果有米老鼠、唐老鸭、白雪公主，王健林所言战胜迪士尼乐园就不是神话了。但是万达太多物理界面的"墙"是空的，是闲置的，而那是最好的IP和广告的承载地。

想明白了王健林对国际化、IP、品牌的需求，高群耀给国际事业部的班子定位非常简单——买对（全球布局）、管好（全球整合）、扬名（全球品牌），三件事。

/ 王健林的足球情结

此前，王健林的海外体育投资是从足球入手的。

一个人做事的出发点多半都出于自己的爱好，王健林的许多商业行为也不例外。与王健林接触久了，高群耀能感受到王健林对足球是发自内心的热爱，也有着复杂的情感，那是一种在中国糟糕的足球体制中受过伤，以及"我爱的人伤我最深"的刻骨铭心。

足球是个"燃烧激情，燃烧荷尔蒙，燃烧人民币"的行当，王健林说过"足球是我的最爱，是我生命的一部分"。他早在1994年中国足球职业化元年就入局了。虽然大连万达足球俱乐部第一年就捧回一个甲A冠军，但是一年600万的投资额对万达却是个负担，那时候万达尚无太厚家底，"小目标"还没实现呢！

王健林可以说是不惜血本投资大连万达队。那真是激情燃烧的岁月！大连万达队6年夺得4个甲A冠军，涌现了郝海东、孙继海、徐弘、李明、张恩华等一批明星球员。

高群耀进入万达前几个月，万达的两起国际体育收购均与足球有关。

2015年1月21日，万达集团出资4500万欧元，正式收购西班牙足球甲级联赛马德里竞技足球俱乐部20%的股份，这是中国企业首次投资欧洲顶级足球俱乐部。

而早从2012年起，万达每年从全国选拔30名年纪约12周岁的中国少年送往马德里竞技俱乐部培养，万达为每位小球员每年支付数万美元的经费，不能不说王健林买马竞有为中国足球培养后备队伍的意图。

2016年4月，那是高群耀第一次和文化产业集团总裁张霖去马德里竞技看望"万达的足球小将们"。

两人受到了极其热情的款待，飞机刚一落地，两人即被带到球场，高群耀换上了中国人最喜欢的马竞7号球员格里兹曼（Griezmann）的球衣，和马竞的球队踢了一场球。第二天，是马竞和皇马的甲级赛，张霖和高群耀坐在主席台上观赛，照片上了当地的报纸。这段特别的经历显示出中国股东万达在马竞的地位。

万达委托培养的孩子们和马德里竞技的队员们同吃同住，接受文化教育和训练，说一口流利的西班牙语，就像真正意义上的马竞队员。宿舍如整洁的公寓，又有点像兵营，管理严格。高群耀进门的时候看到门上都贴着禁食规定，比如每天摄入瓜子量不能超过多少克等等。

万达的老板们来了，孩子们既兴奋又紧张，这可是赞助人啊！在球场上小将们接受检阅，为张霖和高群耀一行踢了一场表演赛，每个人都倾尽全力，仿佛一场真正的西甲比赛。高群耀很振奋，这是心血啊，有些即将年满18岁的少年不久就将出现在国际足坛上，这些国外受训说外语的球员可是打着万达的标签！而且中国青少年国家足球队的主要球员已几乎都是"万达少年"。

随后不久，马竞俱乐部CEO访华，和王健林用餐时介绍这些有无限可能的少年球员，王健林很兴奋，无以表达，于是当场又决定将拿出上千万美元给马竞的中国孩子们做生活、培训所用。

虽然早在1998年王健林就因假球事件一怒退出足坛，多年后还怒斥：中国有两个最臭的行业，一是股市，二是足球。但是直到现在，王健林仍然没法远离足球。中国竞技体育发展这么多年，只有足球产业相对市场化，能见到收益或者品牌增值效益。

关键是，足球还有其玄妙之处，它超越了运动项目，超越了经济学范畴，它还可以是营销平台，可以是社交工具，就像当年王健林顶着"中国甲A联赛冠军队老板"的头衔就像一个通行证，一张超级名片，有足球之外的价值。在中国，它还是和地方政府打交道的社交工具。足球在中国已很难是一个在商言商的行业。

直到万达海外投资遇挫，2018年2月马德里竞技官网爆出，万达已出售马德里竞技足球俱乐部17%的股份（万达所持有的股份之前经过稀释已剩17%），以色列富翁Idan Ofer旗下的量子太平洋集团是这部分股份的收购方。万达抛售了马德里竞技的股份，是否中国球员培养计划也因此终止，王健林的人才储备大计该如何持续都变得扑朔迷离。

/ 收购盈方：撬动全球体育资源的支点

万达有关足球的另一个收购对象是瑞士盈方体育传媒集团（以下简称盈方）。2015年2月10日，万达宣布斥资10.5亿欧元收购该公司，控股68.2%。

万达收购盈方意味深长。中国游客们去瑞士苏黎世，飞机一落地，广播里的城市宣传就会透露出，苏黎世有两大著名机构，一个是瑞士银行，另一个就是FIFA（国际足球联合会，简称国际足联），FIFA的大名如雷贯耳。

盈方的全球CEO正是时任国际足联主席约瑟夫·布拉特（Joseph Blatter）的侄子菲利普·布拉特（Philip Blatter），菲利普情商极高，工作积极执着，曾是麦肯锡合伙人，会英、法、德等多种语言，是个出色的社会活动家。人脉在国外仍然是一项重要资源。盈方是国际足联等多个全球重要体育组织的长期合作伙伴，拥有一些最大体育赛事的分销转播权，在国际体育产业拥有巨大的话语权。

盈方本质上是国际足联的经纪公司，世界杯的运营权在盈方公司手里，当中央电视台转播世界杯足球赛时，得从盈方手里购买转播权。

国际体育的圈子不管你是谁，而是你认识谁。万达与世界杯、与国际足联、与其他重要体育资源因盈方而产生了关联。

但高群耀接手盈方时，此收购尚未完成交割，盈方的未来前景很不明朗。约瑟夫·布拉特曾经执掌国际足联17年（1998—2015），一直争议不断。由于贪腐丑闻令国际足联的公信力降到谷底，2015年7月布拉特辞职。瑞士检方2015年9月25日正式开启了对约瑟夫·布拉特的调查。2015年10月，国际足联以滥用职权的罪名宣布布拉特"禁足"8年，2016年减至6年。

高群耀接手盈方事宜后和张霖去了趟苏黎世，和约瑟夫·布拉特见了面，那时他正在接受调查，处于风口浪尖之上。布拉特热情款待了他们，吃午饭的时候，他拿出一张美国报纸，上面有一幅漫画——有两方在踢足球，一方是美国，一方是俄罗斯，他们踢的那个球是FIFA。那时美国正反对俄罗斯争取2018年世界杯举办权。布拉特的潜台词就是，所谓的FIFA丑闻是大国之争下的一场政治游戏。

布拉特的丑闻和变动，以及国际足联新主席詹尼·因凡蒂诺

（Gianni Infantino）当选后国际足联游戏规则的变化，对盈方产生着潜在的影响。

高群耀加入了盈方董事会，任盈方的副董事长，去盈方开了员工大会以及董事会，董事会坚持接受万达的领导并拓展全球业务，继续探讨以盈方为平台进行新的收购，拓展万达在全球体育组织里的影响力。

可以说，盈方是万达进入世界体育组织的纽带，是万达融入世界体育有影响力圈子的一个载体，而且几乎是一步到位的。有了盈方，万达才有了国际篮联的关系，国际冰球的关系，国际自行车的关系，包括其后高群耀等属意收购的环法自行车赛的关系，否则，谁会理睬一个中国的地产公司呢？

/ 韩国烤肉馆里的谈判

与此同时，高群耀开始寻找新的体育IP，最显性的莫过于环法自行车赛、温布尔登网球公开赛、F1赛车等屈指可数的几个顶级IP了，对于这些"王冠上的明珠"，高群耀和张霖决定试一试。在巴黎，他们找到环法自行车赛品牌的家族拥有者。对方很认真地做了详细的PPT，最终高群耀发现那只是让关注环法的人了解这一有着115年历史的体育赛事有多伟大，与买卖无关。

环法自行车赛是法国的名片之一，对法国人来说，卖掉"环法"就像卖国一样，那根本不是钱能搞定的事。此外在万达巴黎欧洲城与法国电影院谈判合作的过程中，高群耀深刻认识到，法国人对本国文化的自负和保护在思想上根深蒂固。

假若万达成功收购温布尔登网球公开赛呢？在中国落地时，以一座城市命名的赛事要是变成"中国温布尔登网球公开赛"或者"万达温布尔登网球公开赛"，想一想，也是不现实的。

高群耀梳理了一遍，发现这世界上优质标的其实没有几个，这种顶级IP并不具有可转让性。这时候，通过盈方的推荐，美国世界铁人三项公司（World Triathlon Corp，WTC）进入了万达的视线。WTC既是铁人三项比赛Ironman的品牌拥有者，又是赛事经营者。

1974年，一群体育官员在夏威夷的一个岛上争论，什么运动是世界上最刺激、最具挑战、最考验人意志和体能的运动。最后，美国海军准将约翰·柯林斯提出，谁能在波涛汹涌的大海游泳3.8公里，再环岛骑自行车180公里，然后再跑完42.195公里的马拉松，谁就是铁人。第二天就有15人参加了比赛。由此，诞生了"铁人三项"的运动。迄今为止，世界上确实没有哪一项运动比铁人三项比赛更能考验人的体能和意志了，那不是铁人，那像超人。

铁人公司的资产实际掌握在纽约的私募股权公司Providence Equity Partners（以下简称Providence）的手里，Providence是美国知名的私募基金，总部坐落在纽约市中心中央公园旁边，气势非凡。高群耀心里有底了，基金的属性不就是找到新的买家来获得巨额回报吗？

谈判的先决条件是找到能做决策的那个人。2015年5月，高群耀找到谈判的关键人物——Providence的合伙人乔纳森·尼尔森（Jonathan Nelson）和戴维斯·诺尔(Davis Noell)："我们就跟你俩谈。"

收购铁人的谈判，一开始有点像特朗普会见金正恩，双方协商不能在Providence的办公室谈，也不能在万达的办公室谈，得找一个中间地点，最后确定在旧金山的四季酒店的一个会议室进行这场"双边谈判"。

那一天高群耀和张霖两个人赴会,桌子对面是Providence人高马大的乔纳森和戴维斯,铁人公司的CEO安德鲁·梅西克(Andrew Messick)。从身材的size看,很明显谈判桌像失衡一样。乔纳森是美国私募界知名大佬,也是Providence的创始人,他面无表情,几乎是在用下巴指着高群耀和张霖的脸。

"至少十位数。"乔纳森几乎没有多余的话。

高群耀脸色沉了下来,问了几个问题。这符合谈判的程序,也意图缓和一下这种一上来就把谈判带入僵局的节奏。

乔纳森并没有领情,尬聊的气氛仍要继续。

"那就这样,我们还有别的事,下午还要去洛杉矶。"高群耀和张霖站起来,摆在桌上的午餐也没吃,会谈短促而尴尬地结束了。

刚到门口,戴维斯快步追了出来:"别,别,还得接着谈。他今天不够清醒,那算什么态度!"

"张口就至少十位数,把中国人当傻子吗?"高群耀看着试图弥合关系的戴维斯。

"我们要去洛杉矶了。"高群耀说。

戴维斯:"那我也去。"

高群耀:"那好,我们晚上一起吃饭,再谈。不过我们可不吃西餐。"

戴维斯:"没关系。"

一场谈判还没真正开始就拍了桌子,理论上似乎已经谈崩了。但高群耀却预见到谈判的胶着状态要开始了。底气首先来自于提前对铁人的争取,铁人CEO等高管团队已站在了万达一方。高群耀等已让铁人团队明白，其之于基金没有战略价值只有财务价值，但之于万达就不一样了。

铁人在万达的手里，资产增值将是明显的。未来万达将推动铁人三项落地中国，并有意把铁人打造成中国大众参与的体育第一品牌。美国有超过48万人参与铁人三项，而中国有数以千万计的自行车、游泳和跑步爱好者，铁人三项运动的潜在群体非常庞大。这和基金拥有铁人对于铁人的发展有质的差别。

想清楚了这些策略，高群耀的心里笃定了许多。

一定程度上，谈判如戏，要拼演技。盛气凌人的乔纳森上演了狮子大开口，戴维斯的情感按摩马上补位。而接下来，就要进入实质性的过招了。

高群耀在洛杉矶生活了十几年，这里既文艺又世俗，带着烟火气。晚上，他们找了一处韩国烤肉馆子，人很多，温度和气氛都足够饱满，也很有喝酒的欲望。

几个人端起酒杯时话题经常跑偏，胡吹乱侃一阵再回到话题的正轨上。

当桌上的空酒瓶子逐渐多起来时，双方的诚意似乎到了足够的火候，然后，开始谈价格。

高群耀："乔纳森的要价不可能，我们从一半谈起！"

"No！"戴维斯摇头。

高群耀举起酒杯，觥筹交错后，再过招。几个回合。

"那这样吧，中国人喜欢8，我们就以8折作为起点谈起吧。"高群耀说。

这次戴维斯没有反对。双方都掏出手机分别给自己的老板打电话。

张霖拨通王健林的电话请示。王健林一贯的决断，说可以。"决策过程短取决于决策半径短"再次发生了效应。

戴维斯与老板的沟通也是卓有成效。虽然后边双方还会有各自的附加条件，但是至少敲定了合作，敲定了一个初步的价格区间。

高群耀、张霖和赶过来的盈方CEO菲利普·布拉特以及铁人CEO安德鲁·梅西克几个人抱在一起，红光满面，照了一张合影。

在一个韩国酒馆子，用中国人的方式，买了一份老外的资产。这事就算敲定了吗？清酒的后劲较大，高群耀有点晕头涨脑，回去就倒下了。

第二天一早，戴维斯来了电话，他要再加一个条件，否则这事悬。那是一个财务条件，涉及一些债务谁还，说到底还是钱的问题。

高群耀不爽："坚决不同意，一个逗号都不行，一点都没戏。"他要去赶飞机。关机的时候，他有点不甘心，那么多清酒都白喝了吗？

十几小时后，飞机落地了。刚打开手机，戴维斯的电话就打了进来："OK，Jack，你赢了。"

买下铁人：3个月完成复杂收购

万达国际事业部开始招兵买马，首先尽职调查是需要一批人的。高群耀希望这些人英文要足够好，有外企背景，与所收购企业有相同的文化背景。如果国际事业部的人仍然用老万达那套传统的HR系统，在规定时间内火速上岗是否能招到合适的人，高群耀有点疑问。他联系了一些国际猎头公司，开始在万达HR体系外招聘。国际事业部的队伍随着业务的扩展开始发展起来了。

随后高群耀带着负责收购的刘洪涛和国际事业部的孔潇潇等尽调人员飞往佛罗里达州的坦帕（Tampa）。万达的"全球服务体系"无比紧张，一位总裁带着一批人要进驻铁人总部所在的Tampa了，而万达服务体系还没人去过，甚至没听说过这个陌生的小城市。因为订了一个糟糕的酒店，挨了批评，万达的旅行社手忙脚乱。

经过几天的深入考察、沟通、问答，铁人公司的高管们感到非常意外，万达高管沟通无语言障碍，调研的力度、知识的深度都出乎意料，这些都无形中消解了铁人对中国买家的心理芥蒂，增加了对万达的信心。

真正了解铁人公司是在尽调后，高群耀对铁人越了解越喜欢。这是一家有无比正能量的公司。在全球近50个国家每年运营近300多项赛事。铁人公司的高管人品、做事的方式、潜力、年龄都很理想。全世界的"铁人"们事实上是一批精英阶层，平均年薪超过50万美元，基本家里4口人，2个小孩。包括澳大利亚总理、环法自行车赛的CEO、美国导演协会的CEO等等都是铁人三项参与者。这就意味着铁人运动群体的购买力和社会影响力都非常高。

多年来，高群耀对一个人的家庭背景非常介意，他总觉得一个人能经营好家庭，也能在公司内外处理好各种人际关系，乃至有积极乐观的处世态度。这和老友冯仑的观点有所不同，冯仑多年前曾说过，没离过婚的人、没蹲过监狱的人做不了企业家，拿不起放不下。虽然冯仑一定程度上是在开玩笑，但这或许也代表了中国商业社会的现实和观点。

对一件事的期望值变大了，外界的阻力就会变得更显性。

业务部门和法务部是微妙的博弈关系，博弈-平衡最终使事情的效益最大化。

高群耀要不断地和王健林保持沟通，一旦王健林态度明确要这次收购成功，集团法务部自然也会明白，行也得行，不行也得行，这件事如果搅黄了，那就是政治不正确。

因此那段时间法务部的每个人都是蓬头垢面，没白天没黑夜跟美国那边过招，各种文书一行一行逐字审阅。

最终的谈判更加艰苦，在韩国小酒馆的融洽在谈判桌上又荡然无存了。基金熟悉钱的属性，摆弄钱的技巧炉火纯青，几乎让人无法招架。高群耀带了两个同事前往纽约，对方也是两个人，又回到了最初谈判时的对弈格局。就像球赛临终的那个进球，双方倾尽全力拉锯。谈到最后，高群耀软硬兼施，迫使对方让步，反而把价格砍下来上千万美元，最终以确认价格成交了。

仅仅用了3个月，就把如此复杂的交易搞定，在行业内颇为罕见。当律师在文件上都签了字，交易最后被批准时，王健林非常高兴，拍着桌子喊了一句："老高，好使！"

2015年8月27日，戴维斯·诺尔等来到中国，王健林在北京的万达索菲特酒店举行了盛大的发布会，宣布万达集团以6.5亿美元（约合41.66亿元人民币）并购美国世界铁人公司100%股权。万达终于拥有了一项国际顶级赛事产权，万达体育自此也成为世界最大的体育产业公司。

2016年10月，"世界铁人三项赛"在美国的夏威夷举行，高群耀带着一批人去感受一下"自家的项目"。到那儿之后才发现，那不仅是一场比赛，更是一场嘉年华。整个城市都笼罩在一种狂热又励志的氛围下。

来自全世界的5000名志愿者，包括全世界370名医生为这个赛事服务，天上有直升机盘旋，地上有警车在巡逻，电视在直播，全城都沸腾着，高群耀被这种浩大的场面震撼了！

每一个参赛者都不是单独到达参赛城市的，都是一个家庭，大人小孩都穿着铁人的队服，沉浸在参赛的氛围中。

比赛几乎要持续一天一夜，有的人坚持20多个小时才能完成整个赛程，参赛者有电影演员、国会议员、残疾的特种兵，形形色色的人，到达终点时他的亲人——太太、儿女或者父母守在那里迎接他，为他欢呼，场面无比感人。美国NBC电视台对此报道了20年，每一个人都有一个励志故事。

而铁人的服务体系和商业运作体系也极为成熟。每个人都有GPS追踪系统。如果自行车轮胎被扎了，工作人员几乎能秒级修复，一整套的服务体系无比高效。

在收购世界铁人公司后，王健林向外界透露将盈方和世界铁人公司打包上市的目标，以及万达的体育产业梦——希望成为世界上第一个在体育产业突破百亿美元的企业。而万达体育能够上市，首先必须在中国有所作为，海外体育IP能在中国落地，在中国产生价值，产生营业额和利润。

当万达尝试着让铁人三项落地中国时，竞争的城市有好几个。这是借世界级体育赛事进行城市营销的最佳时机。

2016年10月16日，合肥终于拿到了世界铁人三项赛事的举办权。合肥表现出了真挚的诚意，为了使比赛的水质能达到国际标准，将整个天鹅湖注入优质水源。工程浩大！

那一场赛事共吸引了来自58个国家和地区的近1600多名选手报名参

赛。选手途经美丽的天鹅湖——穿越合肥市区到巢湖——通过万达文化旅游城，最终到达终点接受欢呼。

这成了王健林的战略——海外顶级赛事IP在中国落地的一个标志。

一条名叫Wanda的鱼变成了大怪兽

新闻集团的前同事请高群耀吃了第二个季度的"赌资"。"你在万达活了下来！"她说。

信任是由一个又一个的战役胜利逐步赢得的。仅用3个月时间，就完成了WTC复杂的国际收购，这让高群耀的能量凸显了出来。如果说高群耀赢得王健林的信任是由此次战役奠定的，那么也因为信任而被授权，从而在好莱坞掀起的一系列并购，不但使高群耀的职业生涯达到了一个新高度，也让万达的国际化冲上了一个前所未有的顶峰。

／ 管理AMC：第一次见面，CEO辞职了……

万达的名字很容易就被好莱坞记住了。因为好莱坞1988年有一部很有名的电影叫《一条名叫万达的鱼》（*A Fish Called Wanda*）*，在第

---

* 该部电影是由查尔斯·克瑞奇顿和约翰·克立斯执导的喜剧片，于1988年7月上映。讲述了一伙盗贼策划了钻石盗窃案，但钻石却阴差阳错落入律师之手，为了夺回钻石，一群人展开激烈争夺的故事。

61届奥斯卡金像奖上还获得了最佳导演和最佳原创剧本提名。所以好莱坞记住了一个中国地产公司叫Wanda，和Panda（熊猫）只差了一个字母。

毫无悬念地，好莱坞对万达最初充满了偏见。在进入万达前，高群耀听到的都是好莱坞圈子对万达的嘲讽。

"怎么，听说一个中国地产公司要进好莱坞？"

"他（王健林）说他是坐私人飞机来的是吗？我们在座的全有。"

…………

20世纪80年代，有过日本人、德国人大举投资、进军好莱坞的历史，都铩羽而归。这个由白种-犹太人-男性统治百年的好莱坞从来没有被撼动过。好莱坞就像张艺谋电影《长城》里的饕餮一样可以吞噬任何外来生物，都不会吐出骨头。

对Wanda这条鱼也一样。

万达起初找到了一个突破口是美国多厅影院公司（American Multi-Cinema, AMC），高群耀则把AMC的杠杆作用发挥到了极致，从而使万达掌控了整个美国院线乃至英语世界院线的权杖。

万达在2012年5月以26亿美元的价格收购了AMC，2011年AMC亏损已达8270万美元，这是一个烂摊子。

没想到，AMC到了万达的手里却扭亏为盈了。最大的原因是王健林肯投入，以及对管理层的奖励制度。硬件改造可是万达的长项，万达首先针对椅子发力了。大手笔投资了6亿美元把普通座椅换成真皮沙发躺椅，比之前宽大了36%，可以平伸至180度像躺在床上一样，有的AMC影院还提供点餐服务，让观众可以像在家里一样"窝在沙发上，一边吃东西一边看电影"。这种改造把椅子变成了头等舱，把银幕变成IMAX，把音响改造成12个音道的杜比声效，试听体验大幅度升级了。这一动作直接扭转了AMC的上座率，当然票价也提高了，收益提升了，AMC一年就扭亏为盈。还于2013年12月在纽交所上市了，融资近4亿美元。

美国人搞不好的公司，中国人来了却扭亏上市了，AMC的改造成了万达在好莱坞的第一张名片。王健林喜欢去哈佛大学演讲，终于有了一个可以援引的在美国的成功案例。

但是那种潜在的隔阂始终存在，AMC的CEO洛佩兹和万达总部之间的关系并不和谐。

高群耀在旧金山与私募基金Providence进行铁人谈判之际，给洛佩兹打了个电话，邀请对方从堪萨斯城飞过来见个面。AMC毕竟是万达在好莱坞最重要的资产，未来也是他的工作重点。

那天早晨，高群耀跑步后穿戴整齐，邀张霖一起和洛佩兹相见。

洛佩兹和高群耀只是象征性地握了一下手："Hello，我要辞职！"

高群耀和张霖愕然。一家上市公司的CEO辞职是一件大事，第一次见面第一句话就提辞职，如此突然让人措手不及。

高群耀："我能理解，但这对我不公平，第一次见面就提辞职，我连了解情况的机会都没有。这样，请你帮我一个忙，而且一定要帮这个忙。"

洛佩兹："当然！"

高群耀："辞职的事你还和谁讲过？"

洛佩兹："我太太。"

高群耀："咱俩达成一个协议，我们就是知道这件事的几个人。可以吗？"

洛佩兹点点头。

张霖看高群耀颇能稳得住，稍微松了一口气。

高群耀争取了一点缓冲时间，在洛佩兹正式提交辞呈前，迅速飞往AMC总部，因为上市公司CEO提交辞呈48小时之内必须公告，这难免会引发公司股价的震荡。此时，有人提出由高群耀出任AMC CEO的方案，他的经历和在万达的地位可以让投资者接受，不会让股价大幅波动，但张霖不同意，理由是高群耀还有别的项目要操持。

对整个AMC来说，高群耀还是一个长着中国面孔的总部派来的陌生人。一位强势的女高管告知高群耀，如果不给升职就将辞职。高群耀不确定：这是在试探万达国际事业部新CEO对AMC的态度吗？

他很强硬："没问题，可以走。"

高群耀开始和主要高管一个一个面谈，一直到晚上做了一个决定，现任CFO克雷格·拉姆齐（Craig Ramsey）在AMC干了一辈子，德高望重，临时担起CEO的职务，直到公司找到新的CEO。

高群耀的出现，其语言能力、管理经验让AMC的管理层颇感意外，同时也增加了AMC对万达的信心。后来AMC的执行副总裁伊丽莎白·弗兰克（Elizabeth Frank）说："万达对AMC的管理在快速升级，从不懂英文和美国，到懂英文也懂美国的提升过程仅仅用了两年时间。"

高群耀再次要求和洛佩兹做一次深谈。他感受到了洛佩兹那股怨气，他很想知道原因，或许这就是万达总部和国外公司之间的隔阂所在。

高群耀向洛佩兹提了两个问题："第一，如果我找一个新的CEO，你认为我应该考虑哪几个条件？你最有发言权。第二，如果万达在你眼里不尽如人意，请你告诉我理由。"

洛佩兹即将去一个创业公司，也曾为AMC的业绩翻身立下过汗马功劳。第一次接触Jack Gao，发现万达终于派来了一个懂得和AMC沟通的人，但自己即将离开。

他对高群耀并无讳言，他说再请CEO，不能再请这个行业的人了。这一点倒和高群耀想法一致，这个行业有100多年的历史，屈指可数的几家电影公司的CEO几乎是在轮岗，年龄大多70岁左右。高群耀决定再请新CEO，一定要有骨气，因为面对的好莱坞权力层犹如野兽，没有一股狠劲，只能被踩在脚下。

还有一点，洛佩兹耸耸肩，要能和万达总部沟通。

是的，一个半军事化风格的民企在中国国内都是特立独行的，能让西方公司顺利接受这种模式吗？能把这种效率型管理输出到西方的文娱领域吗？这正是高群耀的担心。

"参加年会的感受真是很糟。"洛佩兹说。

高群耀能理解，那是中国式的流程，董事长做报告，近千位年轻的总经理提前半个小时到场，国外的高管也概莫能外，候场，鼓掌。听完报告还要谈心得体会，翻译又不给力。这像两个世界的做派，说到底还是文化上的冲突。

让洛佩兹不舒服的还有万达派来的"首席风险官"（Chief Risk Officer），这位女士也让整个AMC反感，那是一种被监视的感觉。这位女士由万达总部委派，每年成本数十万美元，她的具体工作却说不清。

"她是在支持我的领导力还是在破坏我的领导力？"洛佩兹反问。

万达委派的上一任常驻AMC的男士，来AMC不过一段时间，就矛盾不断，成了不受欢迎的人，不久就离开了。

/ 这个行当的商业模式得改

当务之急是为AMC找到新的CEO。高群耀迅速组织了一个CEO聘任委员会,委托一家知名猎头公司物色新的CEO。美国通常的规矩是,公司付给猎头公司的报酬额度是新任CEO第一年薪水的1/3。往往造成的结果就是,猎头公司本来受雇于招聘方,却通常会站在受聘方帮忙争取薪水。因为受聘人薪水越高,猎头公司的收益越大。

高群耀不想按老规矩来,他给猎头公司开的条件是,就给猎头公司一定数额的钱,与成功受聘后的CEO薪水无关。这使得猎头公司不再站在受聘方一边和招聘方博弈。

高群耀催得很紧,到2015年10月份,就确认了三位候选人。一位是某最高端国际酒店的亚太区总裁,对如何跟亚洲人打交道颇有经验。另一位是洛杉矶体育频道的媒体人,NBA地方电视台的台长。第三位是亚当·亚伦(Adam Aron),喜达屋集团的CEO。

在此期间,高群耀有事去往AMC总部堪萨斯,正好住在喜来登酒店(隶属于喜达屋集团)。出门回来后发现房间的桌子上隆重地摆了一个盘子,盛着奶酪、水果、点心等吃食,精致的盘子边还附有一张问候卡:"欢迎Jack Gao莅临喜来登酒店……期待见面!"署名是喜达屋集团CEO Adam Aron。

喜达屋集团在美国拥有喜来登等1200家酒店,何以得知有个来自AMC的大股东、叫Jack Gao的中国人入住了堪萨斯的一个酒店呢?这一举动,让高群耀觉得亚当·亚伦做事非常有心,客户满意不就是一种体验嘛!

虽然他想找的是一位"外行人",就像食品公司的CEO郭士纳(Louis V. Gerstner)重新激活了IBM,成就了"让大象跳舞",但这个外行人一定要有把握各种公司通行的管理理念和素质。

终于和亚当·亚伦见面了,亚当身材高大,眼睛弯弯似总有笑意,谦和而又透着不容侵犯。

高群耀想知道他过去在市场营销上有哪些作为,一问才知亚当·亚伦曾经是航空业里程积分体系的创建者之一。多年前,亚当·亚伦还在美联航任职期间,与其他7位市场人员发起"里程奖励"的促销行动,这一奖励机制使得美联航在航空公司中脱颖而出,后来"积分换里程""积分换机票"等做法成了全世界航空公司效仿的激励模式。这个模式最大的好处是吸引了商务旅客,让旅客与航空公司的黏性升高。高群耀在美国软件公司MSC/PDA期间,奔波于韩国、日本、中国台湾等地,一直乘坐美联航,当时觉得这个里程积分活动太新鲜了。

高群耀与亚当·亚伦越谈越投机。亚当·亚伦是犹太人,高群耀疑惑他的姓名只有4个字母,有点不那么犹太风格,太过简洁。

亚当·亚伦和高群耀讲起家族故事,当年他的祖父从欧洲移民美国,入境时,入境官实在不耐烦他祖父太长的名字,在填表时粗鲁地把其姓氏Aron以后的字母挥手截掉了。

最后,亚当·亚伦问高群耀:"你想要我做什么?"

高群耀说:"我的要求很简单,这个行当的商业模式得改。中国人有一个说法,如果这潭水太死了,就必须有一条黑鱼在里面乱窜,搅动得所有鱼都转起来。"

此后,黑鱼就成了高群耀和亚当·亚伦的一个默契,每一年,亚当·

亚伦都给高群耀送一幅画，画上是一条黑鱼。

高群耀和聘任委员会终于找到了一位理想的CEO——具有创新的潜质，有和好莱坞最强势的"水牛"谈判的勇气。高群耀在没有任何万达集团人员参与下决定正式聘用亚当·亚伦为AMC新任CEO。时至今日，亚当·亚伦表现出来的高情商以及管理能力从没让高群耀失望，亚当·亚伦的加盟也成了AMC接下来大规模收购的一个前提条件，AMC将越来越庞大，找到一位超能力的管理者是多么的重要。

高群耀和亚当这对"铁搭档"，大大提高了主控股东与外国经理人之间的信任和行事效率，两人也成为知心朋友，即使高群耀日后离开万达，两人至今仍然定期见面。

亚当·亚伦来万达总部报到定在了2016年万达年会时段，总部认为有必要让AMC的新CEO见识一下万达规模宏大的年会和万达的文化。

高群耀则向总部提出，国际事业部的人在年会上部分日程要单独安排。

对万达大一统、讲效率的体制来说，最厌恶的就是特例。组织者自然很不高兴，有没有搞错，所有人都要统一规划，你们怎么能单练？

这件事，和"圆心"沟通很重要，跟别人说没用。最终王健林同意了高群耀的建议。

亚当·亚伦参加年会和前任CEO格里·洛佩兹参加年会再也不是一样的体验了。2016年的万达年会上，出现了英文，英文的指示牌、英文的介绍，参观万达文旅项目也有了特别的安排和全程的翻译。对国际公司的人来说，重要的是多了一份被尊重的感觉，以及对大股东的了解和亲近感。

亚当·亚伦一行到北京的当晚，高群耀为万达海外公司的几位CEO举行了一个欢迎仪式，地点选在了万达总部的一个餐厅的包间。这是国际事业部旗下的海外公司的一把手第一次汇聚一堂，AMC的CEO、传奇影业的CEO、英国圣汐游艇的CEO、铁人的CEO等约10位外国高管挤在小小包间的一角，有一种奇特的感觉，大部分人都是第一次来到仿佛地球另一端的万达，有那么一丝迷惘，无所适从。过了一会儿，高群耀到了，他热情地用熟练的英文和每一位交流，沉闷的气氛就像被注入了一种化学酶，陡然间解冻了。

这是一个具有象征意义的场景，在万达陌生的体系内，高群耀成了一个安抚大家的稳定器，一个日常交流的接口，一个万达体系内可触碰、可信赖的代表。

大家照了一张难忘的照片，对亚当·亚伦等人来说，进入一个中国公司并参加年会是人生第一次，对高群耀来说，这份经历也是第一次。

第二天，大家一起乘坐王健林的私人飞机飞往西双版纳，让很难接触到董事长的海外公司高管与其拉近了一些距离。当晚，王健林做东给国际事业部的CEO们单独举行了晚宴，万达的严格规定——会议、宴会等重要场合座次不能乱，在那一晚没有坚持。

因为高群耀的存在，那场晚宴没有成为一个中规中矩的外交场合，也预示着万达正在接纳这些海外CEO，而这些"异类"也在融入万达。

2016年年会，终于给了亚当·亚伦和海外公司的人一份全新的体验。王健林的开明和改变也让高群耀看到了希望。毕竟王健林并不是一个容易改变的人，就像他永远吃中餐的胃。

高群耀更加明确了自己的角色："在Autodesk，在微软时，作为中国区的CEO，我已经跟总部博弈了20年。我知道总部应该是什么样的，今天我坐在万达总部，当然知道怎么处理这件事。"

高群耀和万达总部约法三章，总部的人如果和AMC有任何沟通，高群耀和国际事业部是唯一的接口，不许总部无穷多的人都打电话，不许总部无穷多的人来帮忙，如果财务也来，法务也来，人事部门也来，还无法讲英文，只得安排翻译，对总部和区域双方都是资源的浪费和负重，必须降低总部和区域的沟通成本。

高群耀不在乎总部一些人的异议，他认为这是万达海外业务能顺畅发展的正确选择。他很坚持这一点，一直到离开万达的最后一天，没有他，不能碰其所管辖的公司。他也成了万达军事化体制施加到国外文娱领域的防火墙。

高群耀改变了万达的海外管理体制，关键是总部CEO与区域CEO之间的关系。他的经验告诉他，总部如果不信任区域CEO就别任用他，一旦任用就要充分信任，双方要是拧巴，或者安排所谓的"首席风险官"看着区域CEO，沟通的成本就非常高。其实只要给区域CEO设立目标，一旦实现目标就给予授权，区域CEO就有创新的空间。若要加强区域监管，可以加强董事会的建设。

随后，高群耀改组了AMC董事会，还提名骆家辉为其独立董事，骆家辉曾经是美国驻中国大使，对民主党和议会的规则无比熟悉。加州是民主党的大本营，位于加州的好莱坞几乎都是民主党的支持者。骆家辉的政治资源和经验在以后AMC院线势力愈发庞大之后能够发挥很大作用。

从中国回到美国之后，骆家辉开设了一家咨询公司，名叫Locke，这是他自己的姓氏。高群耀和骆家辉聊了好久，他对入职AMC董事会一事欣然接受了。

相应地，高群耀废掉了另一层"监管"——请万达派来的"首席风险官"从AMC总部走人。虽然这位女士有点委屈，但是这一职位的设定对AMC的负面作用远大于正面作用。得知此事，AMC一片欢呼。

在经过一系列的安排和调整之后，高群耀对整个AMC不再是一个陌生的老中。AMC的员工在办公室见到他，恭敬而友好地和他打招呼："Hello，Jack！"

亚当·亚伦表现出来的能力和潜力也让高群耀很欣喜，在新的CEO遴选前，AMC的两位高管因为没有被列入候选人名单而心存不满，过了一段时间，再没人质疑亚当·亚伦的当选了。

高群耀问亚当·亚伦在AMC做得是否开心。亚当·亚伦说他不但买了公司的股票，还在公司附近买了房子，并开车带高群耀去观赏了一下他的新房子，高群耀放心了。

/ 全球最大单一院线诞生了

这一切都让高群耀觉得时机成熟了。万达单枪匹马进入好莱坞，必须通过收购兼并扩张在海外的业务。院线本来就是万达的强项，一旦抓住美国院线并有所作为，万达在好莱坞的战略位置就不一样了。

万达收购了AMC之后，2015年6月，万达院线以22.46亿元收购了澳大利亚第二大院线公司Hoyts，高群耀并不赞同这种模式。以万达为平台收购欧美院线和以AMC为平台收购是大不一样的，从文化、心理乃至财务安排上，以AMC收购欧美院线更加理想。

亚当·亚伦和高群耀首先把目标放在了美国第四大连锁影院卡麦克公司（Carmike Cinemas Inc.）身上，如果AMC收购卡麦克成功，万达就会成为北美最大的院线。

然而这项收购一开始就遭到了抵触。卡麦克的两大股东Driehaus

Capital Management和Mittleman Brothers LLC并不满意AMC每股30美元的收购报价，认为卡麦克的价值被大大低估了。

这引发了连锁反应。2016年4月，股东John Solak和其他"类似处境"股东还对卡麦克董事会就AMC收购卡麦克发起了集体诉讼。

初定于2016年6月30日的股东投票大会因争执不定延期了。7月15日的股东投票大会又延期了。卡麦克的内部争执仿佛难以协调。

有时候达成一件事的解决方案要向外部寻找。亚当·亚伦和高群耀不再和卡麦克的股东纠缠了。他们的目标越过美国放在了位于英国的欧洲第一大影院公司Odeon & UCI（以下简称欧典）。

欧典院线的控制权在一家基金手里，高群耀只见了那家基金一次，就再也没有去第二次，因为亮出的购买意向、战略价值、交易时间满足原投资基金的要求，对方再无异议了。

2016年6月24日，即AMC董事会通过收购决议的日子，本来是平凡的一天，却变成了一个特殊的"超级星期五"，那一天英国"脱欧"公投结果揭晓。没有人认为英国会真正脱欧，就像最开始没人相信特朗普会当上美国总统一样。

当天，高群耀和王健林在北京一边吃着早餐一边看电视，吃的是王健林恒久不变的中餐，两个人瞪着电视，看着选票的变化，越看越觉得不对劲，没人相信的事要成真了。直到下午两点，公投结果揭晓，英国脱欧成了定局。高群耀目瞪口呆，收购欧典这事还得重新谈。

在之前拟定好的合同里，当时双方下意识地增加了一条，这一条只是象征性的存在，可有可无。"如果有巨大的不可抗拒的外界变化，如脱欧的话重新谈判"，现在真成了一个重新议定价格的依据。

外界对英国一片悲观，评论很极端："这个国家会不会走向灭亡？""未来还有人看电影吗？"很多年坚挺的英镑史无前例跌了13个百分点。脱欧导致的汇率变化对AMC却变得有利起来，英镑兑美元汇率达到30年最低点。

因为脱欧，使得英国经济的未来前景变得很不确定，重新谈判时，亚当·亚伦和高群耀要求欧典在原来谈判的收购价基础上打折，对方最终妥协了。

2016年7月，AMC以9.21亿英镑并购欧典院线。这在英国成了一个有象征意义的重大政治事件。因为这是英国脱欧以来，英国市场第一宗超过10亿美元的交易。英国政府以此为证，看，美国公司仍然看好英国，全世界仍然看好英国，英国的前景没有你们说的那么糟！

交割完成却要等到2016年12月，其中有一个风险就是英镑与美元的汇率或许会反弹回来，对风险的预控就是要不要锁定价格？当天高群耀正陪同王健林和张霖去青岛，三个人在私人飞机上商量此事，王健林很坚决，"不锁定"。到了12月交割期，果然，英镑没有反弹回来。这次收购，不但收获了政治效益，还收获了相当可观的经济效益——价格优惠以及英镑兑美元汇率大跌所带来的经济效益。

高群耀和亚当·亚伦到伦敦对欧典进行重组，提拔欧典的CFO作为欧洲区总裁，向AMC总部汇报。

欧典拥有伦敦最好地段的电影院，包括女王和皇室成员常去的电影院。但和众多欧典电影院一样，耄耋之年的女王也得在设施非常老旧的电影院里看电影。于是AMC投资上千万英镑改造了"女王电影院"，就像万达改造AMC一样——大屏幕、多声道、沙发座椅，欧典开始焕发出生机。

欧典的收购成功，果然刺激了卡麦克的股东。

亚当·亚伦和高群耀这时一面提高了卡麦克的收购报价，从每股30美元升至每股33.06美元，收购总价将提升至12亿美元。一面态度坚决地表示："这是AMC给出的最终的收购价格。"

亚当·亚伦对外措辞也不容置疑："There is only one thing that I am certain of in life, they are not going to get $40 a share from AMC."（如果说这辈子只有一件事是肯定的，那就是卡麦克的股东不会从AMC这里获得每股40美元的报价。）

卡麦克的大股东发生了反转。8月4日，卡麦克的大股东Driehaus Capital Management终于发表声明，将投票支持AMC以每股33.06美元的价格收购卡麦克。

万达就像一辆战车，在英语世界院线收购中攻城略地，使得AMC的体量越来越庞大。

2016年9月，万达与索尼影视娱乐旗下Motion Picture Group宣布达成战略合作；2017年1月，AMC又以9.3亿美元并购北欧院线集团(Nordic Cinema Group)。

一系列并购后，AMC在北美和欧洲15个国家拥有超过千家电影院，12000多块银幕，成为北美第一、欧洲第一和全球最大的电影院线。

/ 高光时刻

好莱坞的生态被改变了。

一部电影最重要的收入是电影院放映"窗口期"产生的票房，电影下线之后与流媒体的交易叫作版权交易。而版权交易能卖多少钱首先取决于票房高低，票房等同于已被市场证明的标志，票房就是电影的命根子。

好莱坞的核心竞争力是其高效的运作机制,而票房机制则是最终成果的检验。

卡梅隆等好莱坞大导演一直是坚定的票房商业模式的捍卫者,因为只有票房这种商业模式,在全球市场高效运作赚钱,才可能支撑好莱坞超大成本影片的制作。

典型的事件是戛纳电影节组委会在2017年戛纳电影节后定下规矩,没有在法国院线上映的电影,一律不得参加电影节。所以全球流媒体巨头Netflix的电影因无法满足戛纳电影节的新规,都不被准许参加金棕榈奖的评选,并在2017年戛纳电影节引发一场风波。但这也说明,对传统票房的保障是电影业的规则。

票房的重要性凸显了院线的地位。历史上,好莱坞院线从来没有一个霸主,院线虽然重要,但势力分散,话语权从来没有集中在一家公司手里。

万达则改变了好莱坞100年来的运营形态,万达在欧美地区短时间内制造了一个巨无霸,拥有12000块屏幕,46000多名员工,在15个国家,包括英美等英语国家和西班牙、意大利、北欧等国都成了院线老大,成了北美最大、欧洲最大、全世界最大的院线,再加上万达中国的院线,万达突然变成了一个好莱坞里面的大怪兽。这对好莱坞的震动非同小可。

这意味着在北美市场每4张票就有1张产生在万达AMC的院线。万达掐住了好莱坞最核心的东西,最致命的环节,掐住了电影公司的营业额。

万达在好莱坞的话语权一下子就变得不一样了,王健林开始变成传奇人物。

2016年的10月18日,高群耀操持了一场在美国艺术博物馆举办的"中美电影高峰论坛",由万达主办,王健林出席。那几天,王健林分别会见了好莱坞六大影业公司的董事长,"六大"的最高主管们也绝大部分莅临中美电影高峰论坛捧场,这六位大佬即便美国总统来访也没有一同现身过。

现场仅有的主题发言只有两位——王健林和高群耀。王健林的发言一贯的有气势:"世界电影的未来在中国,好莱坞需要做出改变……"

王健林发言完毕,洛杉矶现任市长和前任市长分列在王健林两旁,《华尔街日报》《纽约时报》等媒体簇拥上来,主角被淹没在闪光灯的海洋里。王健林的气势几乎要击破镜头,他从来没有在好莱坞如此扬眉吐气过。

作为万达海外业务的操盘者,由高群耀登台主要介绍万达的业务,包括青岛东方影都影视产业园,背后巨大的银幕上闪现出青岛的美景和国际影视城的恢宏。台下是好莱坞最有权势的"水牛"们坐在那里洗耳恭听,不管愿意还是不愿意。

这几乎是高群耀和万达在好莱坞最辉煌的一个时刻。这是一个标志,一个阶段性的成功,一次革命性的尝试,标志着中国公司在尝试征服好莱坞过程中进入了一个顶峰,前无古人,相信在今后相当长的时间之内,也没有后来者了。

论坛结束后,王健林意犹未尽,那一天他非常开心,他招呼着大家:"明天我请大家吃饭,一起吃饭。"当然是中餐,地点选在了眉州东坡。

第二天,高群耀和王健林一起晨跑,顺便交流一些海外公司的业务。陪同王健林的公关主管刘明胜说:"高总裁,你的出现是万达领导力的2.0。"

高群耀心里嘀咕着,这是好事还是坏事呢?叫2.0是不是就死定了?

2017年1月份,万达的年会举办地点选在了合肥。王健林在年会上罕见地点名道姓地提及了两个人——高群耀和亚当·亚伦,说:"万达这么大的公司,有几个这样的经理人我就可以退休了。"

当晚,高群耀、亚当·亚伦和张霖一起与董事长见面,王健林再次展示主人翁姿态,当场提出表扬:"再给你们一笔奖金,我个人给的奖励。"

亚当·亚伦没见过这种合同外还随机给支票的做派,有点蒙,愣在那里,迟疑地说:"奖金Jack都给过了。"

王健林大手一挥:"再给一张!"

到了2017年4月份,在拉斯维加斯每年举行的国际电影院线大会上,高群耀和亚当·亚伦几乎成了那里最重要的人物,到哪儿都有一堆人奉陪。

万达这个院线的"大怪兽",其实是通过其规模效益使院线对其关联产业有了更高的议价权。规模大就意味着万达或者AMC在和IMAX等院线技术提供方,在和可口可乐、爆米花公司等餐饮提供方的谈判中更具优势。在此后《魔兽》《长城》《金刚》的上映中,高群耀要求IMAX在排片中提供便利,IMAX不惜重新调整排期也要给传奇影业的大片让路。

因此,拉斯维加斯国际电影产业5000多人的大会上,专门给AMC辟出了一块专用区域。预约要见高群耀和亚当·亚伦的人"排着长长的队",与AMC发生交易关系的主体太多了——片商、IMAX、杜比音响、可口可乐、其他零售商等等。

在美国电影协会的一次"六大"老板的见面会上,有人开始称呼万达为Monster(大怪兽)，是历史上前所未有对好莱坞影响之大的"合作伙伴"，让全球电影行业刮目相看，还有人惊呼这就是崛起后的中国对外的"软实力"。

但美国议员们对万达的执行力和扩张速度非常震惊，然后就是一片恐慌。有16个美国国会议员写信给奥巴马政府，要求遏止、限制万达的发展。在好莱坞的落日大道上还出现过一个巨大的广告牌，红色，上面写着"中国拥有AMC"，下边列着一个网站，上书坚决不能让中国拥有好莱坞院线之类的内容。议员们的抨击理由是红色中国影响好莱坞的内容创作。美国少数党领袖查克·舒默也发表了类似观点。

高群耀通过各种渠道向美方全面地介绍万达和在美国的业务，以改变议员们用有色眼镜看待中国的公司。沟通成效在2017年1月21日美国第45任总统特朗普就职典礼那天显现了出来，高群耀和张霖受邀参加就职典礼，他们赶往华盛顿的国会山，被安排在了典礼贵宾席的最前排，是贵宾席中极少数的外国人之一。这是一个标志，预示着被美国政客忌惮的好莱坞的Monster——万达正在逐步被认可。

/ 再造一个东方Hollywood

美国洛杉矶以北的山顶上矗立着钢架结构的"Hollywood"，这9个字母就是世界电影之都的象征。青岛市黄岛区的朝阳山上，也像"Hollywood"一样矗立着"东方影都"四个大字，它诞生的目标绝不是要再造一个横店影视基地，而是梦想成为连接好莱坞、连接国际的东方影视基地。

基于此考虑，所以青岛东方影都影视产业园归国际事业部的高群耀管，而不是万达国内的影业公司管。

几年前，万达就想在中国做一个影视基地了，项目初步定在大连，还邀请了奥斯卡前主席霍克·考奇（Hawk Koch）一起来考察，但是当地对此项目表现得不够积极。王健林转而寻路青岛，结果后者表现出极大的热忱。

王健林一行驱车从青岛出发，经过了一条胶州湾海底隧道，这条隧道将青岛和黄岛连接起来。灵山湾国家森林公园、滨海公园让黄岛区显得钟灵毓秀，当满眼秀丽的景色映入眼帘，王健林看中了黄岛，和青岛市政府敲定，就在此地建一座影视基地，投资500亿元人民币，这将是全球投资规模最大的影视产业基地。

青岛沸腾了，要知道，2012年青岛的GDP是7302亿元，500亿的投资额相当于彼时青岛一年GDP将近7个百分点。

青岛则这样算了一笔账：青岛影视产业园是东方影都的标志，东方影都占地376万平方米，总建筑面积540万平方米。全面建成运营后，每年如有30部左右外国电影、100多部国产影视作品在此拍摄制作，就将吸引2000多万旅游客流，吸引近千家影视制作、演艺娱乐、影视租赁、电影院线等上下游公司常驻，那么就会拉动灵山湾、青岛城区乃至国内外千亿影视产业经济势能，打造出一张具有国际范儿的城市新名片。

可以说，以影视业为龙头向文化产业转型的万达和发展影视新兴产业进行城市转型升级的青岛，找到了对接点。

所以2013年9月22日，青岛东方影都启动仪式上，请来的都是国际巨星，否则不足以展现东方影都的国际化定位，莱昂纳多·迪卡普里奥、妮可·基德曼、凯瑟琳·泽塔·琼斯、章子怡、梁朝伟、李连杰等巨星云集，几乎让人产生参观戛纳电影节的错觉。

问题是，世界上著名的拍摄基地有好几个，比如英国伦敦的影视基地，澳大利亚的影视基地。即便在好莱坞，各种专业的摄影棚也有很多。凭什么要来青岛拍摄呢？

万达为了提高青岛东方影都的竞争力也是操碎了心，调动了一切可以调动的资源。

为了提高便利性，万达说服青岛市政府，并得到有关部门的支持，计划开通青岛到好莱坞所在地洛杉矶的直飞航班。同时还计划把新机场挪到青岛东方影都附近，并有高速公路直达。

2014年10月，王健林还在"青岛东方影都影视制作全球峰会"上说："谁来青岛拍片，我们就给谁拍片补贴！"

青岛东方影都的宏大设想像个神话，但前期需要补贴来驱动。

到东方影都拍片会给予现金返还，返还可以达到40%，行业一般都在25%，什么概念呢？就是你在青岛东方影都花100块钱，返回给你40块，这对电影制作方来说省了很多钱。

为了更高效地运作，万达跟青岛市政府还合作成立了一个影视产业发展专项基金，由万达和青岛市政府各出50%，首期基金为10亿元人民币。由基金管理委员会管理，时任青岛市文化广电新闻出版局局长李明和高群耀主要负责，常设人员万达5人，青岛市政府方5人，由基金管委会来决定这笔钱如何支配。

2017年3月，传奇影业正在拍摄《环太平洋2》，玛丽·派瑞特（Mary Parent）是制片人。虽然玛丽·派瑞特属意去澳大利亚影视基地拍摄，但是高群耀还是要求她来青岛拍摄，这可是万达自家的电影啊！那确实是一个工程，剧组有400多人入住青岛，200多个中国人，200多个外国人，厨师也是从美国来的。

张艺谋导演的《长城》剧组也进驻了青岛东方影都，马特·达蒙等中外演员都入住影都的酒店。

真正操作起项目来，高群耀才知道难度系数有多大。其中有三大难题，哪一条都可能导致项目搁浅或者夭折。

第一，因为中国严格的外汇管制，把美元打到中国账户发饷那是行不通的，从香港带入境吗？海关缉私的一项重要内容就是禁止将超额外币带进中国。第二，特殊电影道具入境难，比如拍摄007系列所用的豪车，那么昂贵的车入关是要交关税的。还有其他一些违禁品，最糟糕的道具是炸药，炸药是国际不允许转运的东西。第三，海外的演员来中国，很难获得中国的工作签证，在任何国家，出于对本国公民就业权利的保护，工作签证的发放都极为严格。

这三大问题没办法解决，青岛东方影都的项目可行性就打了折扣。

这些事解决谈何容易？但是高群耀负责的东方影视产业园与青岛市及青岛西海岸区的有关部门共同成立了一个青岛东方影都的服务公司，以万达做背书解决资金问题，和海关达成协议解决道具入关问题，和青岛市政府、美国领事馆协调解决工作签证问题。一件一件拆解，三件最头痛的事初步得到了解决。能调动如此多的资源，恐怕再也找不出第二家了。

2018年5月1日，青岛东方影都历时4年建设终于正式开业。事实上，前期已经建成的30个摄影棚早已开始了运转和使用。

然而，当王健林莅临开业典礼并发言时，东方影都的主人已不完全是万达了。2017年7月，万达商业与融创中国签订转让协议，融创中国以总额631.7亿元接手万达集团13个文旅项目以及76个酒店项目，其中也包括青岛文旅项目。

到2018年10月,青岛东方影都已全部出售给融创。万达2019年年会选在了东方影都,让人郁结的是这片"东方好莱坞"已经换了主人。

这就像一部巨制,有一个宏大的开始却出现了一个出人意料的结局。

最大的变数来自万达的国际化状态,吸引好莱坞入驻青岛拍片的一个很大因素是万达,如今万达海外投资已几近停滞。

之前,高群耀曾争取迪士尼的大片《花木兰》到青岛东方影都拍摄、制作。如果对项目操作极度严谨的迪士尼大片能入驻青岛就是一个标志性的事件,但在高群耀去职之后,《花木兰》最终选择了到新西兰拍摄。

全球化时代"好莱坞在青岛的摄制基地"这一定位在现实中已无法不发生偏移。

若能收购"六大"之一……

高群耀刚入职万达不久的一天,公司来了一批好莱坞的客人,高群耀陪同王健林到会客室一看,原来是几位熟人——传奇影业的创始人、董事长托马斯·图尔(Thomas Tull),传奇影业总裁,传奇影业首席运营官和传奇东方CEO。

托马斯·图尔,高群耀在新闻集团工作的时候就对他有所了解。他仪表堂堂,不是传统意义上的电影制作人,他是个生意人,一个银行家,投资了棒球队、足球队等五花八门的项目。2018年,托马斯·图尔从洛杉矶搬家到东部去,要把洛杉矶的房子卖掉,作价8500万美元,《洛杉矶时报》还刊登了他豪宅的照片,渲染宅子里有多少个洗手间。

到一家中国公司总部会见一位在好莱坞有诸多传说的中国老板,总是一件让好莱坞人士内心忐忑的事。双方一见曾经认识,气氛顿时松弛了下来。

当天会见的主要议题是万达要全方位收购传奇,意向已非常清楚,高群耀意会到王健林已经想好了要干这件事。

在好莱坞100%拥有一家公司,性质上它就是一家中国公司,只不过它直播好莱坞的大本营。这是一个相当大胆的想法，以往在中国从无这样的先例，一是买不起，二是没人敢。能否买得起只是问题的一方面，一家中国公司怎么去管理和运营一家好莱坞的影视公司呢？

"这件事，由老高负责。"王健林对在座的诸位说。托马斯·图尔等人会心地朝高群耀笑了。

/ 王健林的性格不会止步于一个小目标

如果说好莱坞最有势力的是六大电影公司——迪士尼、华纳兄弟、20世纪福克斯、环球影业、派拉蒙以及索尼影业，传奇就是一个后起之秀。中国电影业人士通常也说"八大"，也就是包括了崛起的新势力传奇影业和狮门影业。传奇影业2000年由托马斯·图尔创立，最初只是一家电影投资公司，2013年转型成为独立制片公司。其投资的《金刚》《哥斯拉》《侏罗纪世界》《盗梦空间》等经典影片都给公司积累了口碑。当然，品牌自然也反映到了收购价格上。

高群耀和托马斯对接后，沟通就更加顺畅了，高群耀在新闻集团的前同事万民也加入了万达，任万达文化产业集团海外事业部董事总经理，再次成为高群耀的得力帮手。两人配合默契，虽然过程非常复杂，但事情推进得相当迅速。7个月后，到2016年1月12日，万达集团并购美国传奇影业公司签约仪式就在北京隆重举行了，万达集团宣布以不超过35亿美元现金收购传奇，这也是截至当时中国企业在海外的最大一桩文化并购案。

外界一度疑惑"万达35亿美元收购传奇影业有点贵"，但围观者永远无法想象操盘者的"技术实力"。万达曾有一个设想，让传奇在中国国内上市，并卖给中国投资者一部分股份。消息一出，高群耀的手机几乎被打爆，太多人要买这部分股份。

只是后来由于诸多的原因，中国上市的设想并没有达成。直到2017年万达海外投资受限，传奇的未来变得扑朔迷离。

传奇的收购，是万达第一次在好莱坞收购一家电影制作公司，相比院线的收购，万达的"IP大计"向前迈出了关键的一步。

对急需IP的万达来说，传奇影业众多的IP知识产权，会给万达的旅游产业、儿童娱乐产业带来很大的协同效应。好莱坞的"六大"之于万达来说更是如此。

王健林的性格不会止步于一个小目标。收购传奇之后，万达在好莱坞酝酿着更惊人的举动。王健林感兴趣的是好莱坞"六大"中的所有。如果好莱坞"六大"中的任何一家愿意出售给万达，王健林都会喜不自胜。在王健林眼里，只有好莱坞"六大"才是真正全球性的电影公司，如果万达想打造一个真正的电影帝国，就必须收购"六大"中的一家。

2015年9月，高群耀和王健林拜会了时代华纳的CEO杰夫•比克斯(Jeff Bewkes)，时代华纳旗下有华纳兄弟影视公司、HBO、CNN等，是美国最大的传媒娱乐集团。因为之前从来没有接触过，彼此都很陌生。刚象征性地交谈了几分钟，王健林就表示出："我有兴趣投资你们。"

杰夫•比克斯有点愕然，有点不快，但非常平静，脸上一点表情都没有，他回应王健林："咱俩有一个共同的特点，就是都不需要钱。"这个不太婉转的拒绝也终结了深谈下去的可能。

但这次经历给了高群耀一个教训，高群耀再陪王健林会见好莱坞"六大"的高层时，都会提前给王健林做许多的铺垫，避免再出现与杰夫·比克斯会面时的情形。

接下来，万达接触了新闻集团旗下的20世纪福克斯公司。2015年9月18日，和默多克会面的机会来了。正值默多克来华访问，于是万达邀请默多克莅临公司。高群耀和默多克共事了8年，那份默契仍在，在高群耀的眼里，默多克比自己的父亲还年长一岁，他既是长辈，又是曾经的老板，有一种深刻的亲切。

王健林对默多克也非常尊重，那一晚在万达索菲特酒店，对默多克的接待一切都是最高规格的。

然而默多克并没有把20世纪福克斯卖掉的意思，他直言万达收购迪士尼也是不现实的。至于时代华纳，之前新闻集团也有意收购，无奈遭到时代华纳CEO杰夫·比克斯的坚决反对，杰夫·比克斯不惜立下"军令状"以自己的业绩向董事会承诺，以抵御新闻集团的收购，一年之后其承诺完全没达到，黯然离职了。最终时代华纳被美国电话电报公司（AT&T）收购，此交易在2019年初完成。

那一晚，默多克和高群耀、王健林交流颇多，或许因为奔波了一天太累了，默多克在椅子上竟不知不觉地睡着了。最后，两人把默多克送上车时，王健林和高群耀嘟囔了一句："我不要干那么久。"

与默多克见面后，屈指算来，高群耀的目标对象只剩两家了——索尼旗下的索尼影业和维亚康姆旗下的派拉蒙影业，环球影业几年前被美国最大的有线电视巨头康卡斯特(Comcast)收购，已不存在被万达收购的可能。索尼影业和派拉蒙与其他"四大"相比，近年业绩低迷，经营上也倍受批评。

2017年1月份，高群耀和张霖奔赴东京，去见索尼集团当时的CEO平井一夫。

从2008年至2014年的6个财年，索尼几乎持续亏损。是平井一夫临危受命，把索尼从崩溃的边缘拯救出亏损泥潭，让索尼成功转型。平井一夫成了明星CEO。

高群耀见到的平井一夫，有点艺术家的气质，他确实也吹得一手好萨克斯。他个子高而挺拔，五官标致得可以去做演员，嘴角稍稍向下，所以即便在笑的时候，也有一点不屑和冷峻。

高群耀1993年—1995年在美国MSC/PDA公司期间，有过两年多的日本工作经历，熟悉日本的风土人情，又有IT从业经历，从哪方面讲，都与讲一口流利英文的平井一夫交流上没有障碍。那时候，索尼的转型已经挺过最艰难的时刻，扭亏为盈。两个人谈起行业感觉很融洽。但平井一夫明确表示对卖掉索尼影业没有兴趣。

此后，高群耀和平井一夫又在美国电影学院（American Film Institute，AFI）的校董会上见面了。AFI是根据1965年美国总统约翰逊在白宫玫瑰园签署的一项法案和要求建立的，其目的是保护和继承美国在电影方面的优秀传统，培养新生代电影制作人，被称为电影人的摇篮。它不是一个官方机构却是一个非常强有力的机构。校董会的组成被看作是好莱坞最有话语权的人。高群耀和平井一夫都是AFI的校董，此后，两个人因为在校董会上定期见面，成为朋友。

/ 进入派拉蒙的豪门恩怨

最后的目标就只剩雷石东家族的派拉蒙（Paramount Pictures, Inc）了。派拉蒙影业公司产出过很多优质又高票房的"重磅"影片，《教父》《夺宝奇兵》《阿甘正传》《碟中谍》《拯救大兵瑞恩》和《变形金刚》等，但仍不能阻止它在"六大"中实力的衰落。

在纽约时代广场旁边最醒目的大楼就是维亚康姆的总部所在地了。这家美国第三大传媒集团旗下拥有派拉蒙影业、尼克儿童有线电视网（Nickelodeon）、MTV全球网，以及兄弟公司哥伦比亚广播公司（Columbia Broadcasting System，CBS）等家喻户晓的品牌。高群耀当然知道维亚康姆的实力，维亚康姆在中国落地的MTV音乐盛典，是新闻集团的Channel V最有力的竞争对手。一度"感谢CCTV，感谢MTV"和"感谢CCTV，感谢Channel V"这一戏谑用语的使用频率都显示双方认知度的较劲。

萨默·雷石东（Sumner Redstone）像默多克一样，活成了一个传奇，就像很多大家族一样，雷石东和儿女关系很微妙。《洛杉矶时报》《名利场》等媒体早在2005年起就开始像演肥皂剧一样报道雷石东家族的豪门恩怨了，故事精彩得堪比好莱坞大片，恩怨、爱情、阴谋。

高群耀和派拉蒙接触的那一刻，他自己也没想到，他和万达已经不知不觉进入了雷石东家族的情景剧中，还是一幕重要、精彩的剧情。维亚康姆权力的争夺，决定着万达能不能成为第一家拿到好莱坞"六大"股权的中国公司。

全美娱乐公司（National Amusements, Inc., N.A.I.）是CBS和维亚康姆的控股公司。通过这家公司，雷石东家族牢牢掌控着维亚康姆和CBS集团。雷石东是N.A.I.的董事长，拥有公司80%的股份，雷石东女儿是N.A.I.的副董事长，拥有公司20%的股份。雷石东还成立了家族信托基金来管理N.A.I.。而高群耀要接触的两位权力争夺的主角——雷石东的女儿莎莉·雷石东（Shari Redstone）和时任维亚康姆CEO的菲利普·多曼（Philippe Dauman）都是该家族信托七人董事会的成员。

高群耀对接的关键人物首先是菲利普·多曼，他61岁了，本是纽约的一名律师，从1994年就加入维亚康姆追随雷石东，由于帮助雷石东完成了多项收购，从而成为雷石东特别信任的人，就像干儿子一样。

尽管多曼当了多年CEO，但公司经营却改观不大。2010年，《财富》公布"美国薪酬最高的25位男高管"，多曼以8 446万美元位居榜首。2015年维亚康姆的股价跌了大约45%，却丝毫不影响多曼的收入，所有的股东都受损了，但多曼仍然拿着天价薪酬，这一点让股东们颇多不满，在维亚康姆董事会上莎莉指责多曼，矛盾慢慢公开化了。

高群耀和多曼是秘密见面的，多曼非常坚持两个人一对一，所以高群耀每次都是单身赴会，这和他日后与莎莉·雷石东"单线联系"的情况竟然是一样的。似乎在这场"追逐"中每个人都有所顾忌。

这也让高群耀感觉到，卖与不卖在维亚康姆内部一定是一件最敏感的事。多曼希望出售一部分派拉蒙的股份，既能提高维亚康姆股票的含金量，也能减轻派拉蒙的债务压力并开展战略性举措。而据说雷石东本人反对出售派拉蒙股份，但他93岁了，被看护在比华利庄园里，能接近这个"孤独的帝王"的人已经很有限了。

同时，万达在好莱坞的地位已经举足轻重，高群耀的一举一动都在媒体狗仔队的"监测"之内，与派拉蒙掌权者的会面，难免不引发舆论波动。所以他宁可小心行事。

在多曼的撮合下，高群耀和时任派拉蒙董事局主席兼CEO布拉德·格雷（Brad Grey）见面了，多曼坚持在场，在派拉蒙做了12年CEO的格雷表现得相当紧张。和高群耀交流时手捧胸脯说："Jack，我们业绩不太好，但是我能把它做好，如果咱们有机会合作，我向你发誓我能做好，一定能给你做好。"

高群耀觉得有必要请格雷给自己全面讲一讲派拉蒙，格雷于是带上派拉蒙董事会副主席罗伯·摩尔（Rob Moore），这位53岁的罗伯·摩尔曾经在2016年9月5日向中国电视女主播周玲安求婚而见著于中国国内报端。

在寥寥数人的屋子里，高群耀惊讶地看到格雷和罗伯·摩尔拿出了稿子，然后开始念起来。高群耀摇摇头，问既然是小范围交流能否放下稿子畅所欲言？格雷还是坚持把稿子念完了，满头是汗。很明显，关于派拉蒙，能说的都被框定了，不能有自由发挥的部分。

但可喜的是事情还是向前推进了一步，万达方可以派人进入派拉蒙做尽职调查了。而此时派拉蒙的卖与不卖在维亚康姆内部仍然是悬而未决的议题，维亚康姆内部除了几位高层没人知道尽调方是万达，一切都未公开。

而此时，维亚康姆内部却风起云涌。2016年5月，萨默·雷石东突然免除了多曼家族信托托管人的职务。多曼可是律师出身，哪肯善罢甘休，对此也提起了诉讼，称此次解职令无效。

据美国当地的报纸报道：多曼的诉讼称，萨默·雷石东长期卧病在床，失去了行为能力，因此他的免职令是在其女儿莎莉·雷石东的影响下做出的。维亚康姆甚至认为，莎莉·雷石东把萨默·雷石东软禁在比华利庄园里，而且阻止董事会成员前去探望他。当然莎莉·雷石东否认了所有指控。

矛盾升级了而且完全公开化了！

高群耀最后一次和多曼约会是在2016年6月初的一天，他悄悄落地纽约，当地的媒体仿佛知道他要准时到访一样，电话就打了过来："Jack Gao来了，要见维亚康姆的人吗？"高群耀一惊，隐隐感到他的行踪都在别人的掌握之内，感到维亚康姆内部博弈的天平在失去平衡，而自己已经成为这场公司政治博弈的一个靶子。

见还是不见？高群耀思索片刻取消了和多曼的见面约定。如若见面，恐怕又是一场舆论风波，而且可能置万达于被动的局面。

2016年6月16日，雷石东家族公司N.A.I.罢免了包括多曼在内的五位维亚康姆董事，并提请法庭确认该罢免合法有效。到7月18日，维亚康姆向美国证券交易委员会递交了一份公开文件，CEO菲利普·多曼致信维亚康姆，要求保留他以"充分理由"辞职的权利。最终，多曼获得了7000多万美元的巨额补偿后离职了。

/ 绿色遮阳伞下的秘密会面

多曼的离职，让万达失去了维亚康姆内部的"单线联系人"，一切又回到了原点。对派拉蒙的努力，高群耀不得不重新开始。而这一次，他觉得势必要直接和雷石东家族对接了。

他找到莎莉·雷石东私募基金的合伙人——乔恩·米勒（Jon Miller），他是高群耀新闻集团的老同事，也是原著名的美国在线AOL公司的董事长兼首席执行官。乔恩·米勒乐意帮高群耀牵线认识一下雷石东家族的太子女——莎莉·雷石东。

他们是在洛杉矶四季酒店相见的，在酒店后院一个角落里一把巨大的绿色遮阳伞下面，感觉服务生端来的酒杯都是从伞下面塞进来的。

莎莉给高群耀的印象和他想象得太不一样了，这位周旋于强势的老雷石东和复杂的公司政治之间的女子甚至有些娇小，她留着一头金色的短发，弯弯的发梢让她显得很活泼。她的下巴很尖，这使得她笑起来有一种和年龄不符的俏皮，1954年出生的她毕竟都62岁了。

高群耀明白，和莎莉接触不能直截了当谈收购派拉蒙事宜，维亚康姆还是一个CEO缺位的状态，内部都未理顺，连一个执行者都没有。

莎莉给人的感觉非常友善，当然也非常聪明。他发现和莎莉并不缺话题，莎莉把N.A.I.的电影院线管理得井井有条，将其业务打进了拉丁美洲和俄罗斯。她还改革了院线的经营方针，引进了高级贵宾式服务，在电影院中加入了美食吧、饮酒的地方。这和高群耀改造AMC等欧美院线的思路如出一辙，这让他们谈得非常投机。

其后，高群耀和莎莉公开见面是在AFI终身成就奖大会上。每一年，好莱坞有两大盛事，一是奥斯卡颁奖典礼，另一个是AFI终身成就奖大会。2016年，这一奖项颁给了约翰·威廉姆斯。高群耀带着女儿，莎莉和乔恩·米勒一起，那一个晚上，莎莉和高群耀25岁的女儿杰西卡兴致勃勃地谈了整个晚上。高群耀的女儿毕业于纽约大学和美国电影学院，学的是制片，已独立拍摄了两部作品。喜欢年轻人，接受新观点，这一点让高群耀感觉莎莉很像默多克。

再和莎莉单独见面仍然是在四季酒店的那把伞下，高群耀想，该不会莎莉买断了那把伞吧？这一次，却被熟人撞到了。时光网的CEO侯凯文，高群耀微软时期的老部下。因担心媒体看到自己和Jack Gao竟然在一起，自然会产生万达和派拉蒙之间正在发生着什么的联想，于是，莎莉舍弃了她的那把伞，再约见就在酒店的房间里了。

再做交流，高群耀做了很认真、很详细的准备，包括录像、PPT，尽最大可能让莎莉了解万达是一家什么样的公司，万达在行业和中国的实力如何。最后，高群耀建议莎莉："你得来一趟中国，你从来没来过中国。"莎莉兴奋地点头,她要带上女儿和女婿一起去中国。

维亚康姆的CEO多曼离职后,CFO韦德·戴维斯(Wade Davis)兼任着更多的职务,其中一个重要工作就是重整派拉蒙。高群耀开始和韦德·戴维斯探讨合作的可能性,当然莎莉给了绿灯。

高群耀和韦德·戴维斯探讨合作的着眼点是IP合作,此时维亚康姆的股票已经跌得一塌糊涂,相比迪士尼的1500亿美元市值,20世纪福克斯700多亿美元的市值,维亚康姆的市值已经跌到了100多亿美元。维亚康姆在数字化转型过程中是非常落后的,但是它还有大量的内容——Nickelodeon、MTV、派拉蒙等等,而这些内容恰恰对万达来说是有价值的,包括派拉蒙这一IP。

万达广大的物理界面正是IP和广告的承载地。如果万达和派拉蒙一旦宣布合作,投资者势必会看好,双方的股票都会涨。

高群耀和他的好莱坞"一号律师"乔什·格罗德(Joshua Grode)甚至想好了模式:第一,万达如有权投资维亚康姆,在美国不做主要股东。第二,在中国成立维亚康姆中国公司,万达控股,把维亚康姆的IP,特别是儿童的IP落地万达几百家"万达宝贝王乐园",以及万达庞大的物理界面的载体。

高群耀和维亚康姆初步达成一个共识,届时维亚康姆方成立一个班子,万达方成立一个班子,来对接IP的转换。这件事足够宏大,大到已超出高群耀所能掌控的范畴。

2016年10月,高群耀和王健林在美国出差,一同下榻在比华利山庄的半岛酒店。早晨,在健身房两台相邻的跑步机上,两人一边跑步一边交流。高群耀知道王健林的决策可以是任何地方,餐桌、酒店、私人飞机,所以高群耀和王健林说了IP的思路。

高群耀认为IP这个事，每个部门单独做不行，需要公司整体集中来管理。而这种涉及全盘的调动，只能董事长出面来协调。

王健林也认可这种想法。那天下午，王健林和高群耀要去迪士尼公司拜访，回国之后，王健林就召开了一个各个部门的专题会，宣布要成立IP协调小组，探讨IP解决方案，美国由高群耀负责，日本由万达集团CFO刘朝晖负责。这是一个长远的决策，但最终也没有成行。

这件事不但超越了电影业务，也超越了国际事业部，牵动的是万达国内外儿童乐园、商场、文化产业等各个领域。说到底，还是内部体系难以统一协调的问题。

首先万达电影国内外就有两套体系。王健林曾经试图把国内外体系相统一，原则上不可行又放弃了。曾在2015年11月，高群耀尚在美国，一天早晨醒来发现手机收到无数条微信，每一条都是"恭贺你"！他有些莫名其妙，想了想是否最近买过彩票。打开万达的网站才发现，董事长突然决定成立一个万达电影集团，把国内国外的业务、院线、发行、制作等都放在一起，而这个电影集团的负责人是高群耀。

高群耀大感意外，他身在美国，一次影视业务改组的会议也没有参加过，就"被任命"了。他自认为万达的国内业务并不是他的长项，他的兴趣点还是国外业务。带着疑问，"被任命"一个月后，这个宣布又终止了，万达影业又恢复到了从前的体系。

这次昙花一现的重组也意味着，万达国内外影业体系还是两个班子，并不容易协调。

虽然高群耀和莎莉·雷石东一直在定期见面，沟通各种各样的合作可能性。但是维亚康姆内部的不确定性，以及万达内部IP事宜的难以协调，使得合作越来越难以深入下去了。

让传奇成为"第七大"？

此时，传奇正在风风火火地做一部电影——《魔兽》。1994年美国游戏巨头暴雪娱乐公司出品了《魔兽争霸》，20多年来，《魔兽》在全球积累了超过1亿粉丝，中国就有2000多万玩家，《魔兽》是一个不折不扣的大IP。这么庞大的粉丝基础被传奇寄望于转化为可观的票房。

然而，《魔兽》正式上映之前，在美国的评估系统显示，这部电影的评分只有4.4，一片看衰！高群耀非常紧张，这虽然是传奇出品，环球影业发行，但是如今打着万达的Logo。是万达全面收购传奇之后的第一场大仗，更是一个象征，中国资本和好莱坞顶级影视公司结合后能不能带来效益最大化，似是而非的中国影响力到底能不能起作用。

甚至，《魔兽》电影的成败决定着万达在好莱坞的号召力！

所以从来没有一部电影像《魔兽》这般，集结了万达所有的资源一同发力。要知道，万达国际事业部和国内影业是两个体系，两套人马，进行影片主题展示的商场更隶属于不同的体系，要想把万达所有力量集结起来，没有王健林的集结号是不可能实现的。而高群耀自然给王健林传达了这部影片的重要意义。

从《魔兽》到《长城》

这次，万达有权决定《魔兽》这部好莱坞电影在中国首映，而不是美国首映。万达拥有国内最大的院线，首先就给予了《魔兽》排片的最优惠待遇，首映日6月7日的排片率高达无人能比的程度；万达的商场和万达茂里还有魔兽的主题展示。

万达对魔兽粉丝展开的是一场情怀营销！随处可见的都是诸如这样的口号"魔兽不死，青春不老"；微博上一个男士告白太太"对不起，11年前在大学你在酒店开了房间等我，那次我忘去了就是因为玩这个游戏"等等。

情怀可以转化为购买力，只要粉丝们一边看着电影、流着泪回忆青春，一边打差评都无所谓。

同时，《魔兽》的另一个投资方腾讯影业负责线上营销和粉丝运营，利用腾讯强大的网游资源举办各种活动聚拢玩家。

传奇还动用了大数据营销。传奇在波士顿麻省理工学院旁边有一个数据营销团队，有将近100人的队伍进行大数据分析，对电影进行精准营销；传奇又从百度和腾讯购买了游戏数据，针对上千万魔兽粉丝进行定向性营销。

所有这些努力，让《魔兽》一上映就形成了排山倒海的声势，可谓是一场线上线下营销做到极致的范本。

2016年6月7日午夜场，高群耀来到北京双井UME国际影院，马上陷入了"魔兽"的包围中。电影院楼上楼下全是逡巡的"魔兽"，粉丝们穿着游戏里的服装，拿着大铁棒等道具，一片呐喊声……

《魔兽》在中国的票房达到了2.25亿美元（近15亿元人民币）！最终全球票房达到4.32亿美元，中国占了一半份额。而美国作为《魔兽》游戏的发源地，票房却仅有4000多万美元。虽然托马斯之前对这部电影别有一番信心，认为全球可以做到更多的票房，但最终的结果没有达到既定目标。

6月9日，高群耀去洛杉矶开会，碰到新闻集团曾经的同僚、20世纪福克斯影业的董事长吉姆·吉安洛普洛斯（Jim Gianopulos），他对着高群耀连说了三个哇："Jack，哇，哇，哇！"

虽然《魔兽》全球票房未达预期，但中国的成功却把好莱坞震住了！这仅仅是一部口碑很糟的影片啊，竟能达到2.25亿美元票房。如果是其他的优秀影片呢？

《魔兽》中国票房的神话使万达对中国市场的掌控力、中国市场的意义在好莱坞凸显了出来，这一点让"六大"影业真正受到了触动，甚至觉得可怕，一夜之间好莱坞觉得万达太厉害了。

《长城》是另一部被寄予厚望的影片。这是中美历史上最大规模的合拍片，烧钱颇多，前期投入了上亿美元，后来因为补拍又追加了投资。

这部历史上最贵的合拍片，有大量特效镜头，如在大雾中作战的镜头需要添加很多层雾以体现出景深，据说每增加几抹雾气都要几十万人民币。观众看到的美景在投资人眼里都是成本。

中美磨合的过程非常艰辛。高群耀尝到了很多痛的教训。影片开始完全由导演主创团队说了算，一如中国的"导演负责制"，美方是"制片人负责制"，在电影上当然有不同的意见。最后，中方的制作团队拍了桌子："你们老美懂什么长城，你们对中国影片的票房负责吗？"

美方自然不敢说"yes"。于是找第三方测评观众来看，观众看完吐槽："太差了。"

主创团队只好重新调整架构，甚至不惜补拍，补拍是电影的大忌，也因此又"烧掉"一笔钱。最后用吉姆·吉安洛普洛斯的话说，这部片子不是一部丢面子的电影。这已是一个很高的评价。《长城》是各方博弈、妥协的结果。

在宣发上，高群耀自然拿出等同于《魔兽》的力度来推广《长城》。当在俄罗斯上映时，莫斯科的IMAX银幕提前被本地的一部影片占用了，高群耀抄起电话打给IMAX："请帮我把这事搞定了。"IMAX最后配合了，一切为《长城》让路。

颇具争议的《长城》全球票房收于3.3亿美元，打破了由《卧虎藏龙》保持了差不多10年的2.05亿美元的华语影片票房纪录。《长城》中国的票房达到了1.71亿美元，占到全球收入的二分之一强，同《魔兽》一样，中国市场的号召力再一次凸显了出来。

《魔兽》和《长城》累计起来的全球票房已经接近8亿美元，通过并购传奇，万达已经把所有中国电影制作公司都远远地甩在了身后，具备了冲击一线好莱坞公司的战略机遇，虽然《魔兽》和《长城》是亏损的，但是它们票房体量是惊人的，达到了一个国内电影公司没人能够达到的高度。

这与20世纪80年代日本人、德国人在好莱坞掀起的购买狂潮不一样，AMC、传奇等公司的背后，有一个强大的中国市场的支持，这是当年的日本人和德国人不具备的筹码。

几乎从那之后，万达在好莱坞的位势就不一样了。"六大"影业公司的董事长们纷纷到北京拜会王健林，探讨进一步合作的可能。事实上，是《魔兽》票房所显现出来的万达对电影市场的掌控力震动了"六大"影业，如果换做"六大"的任何一部影片，万达在国内外的院线也能帮他们做如此推广，那会是什么样的景象呢？

万达也利用这样的优势大胆、直接地向"六大"提出有权选择、参与投资"六大"电影的要求，索尼首先同意了。2016年9月22日，万达和索尼影视娱乐有限公司旗下的Motion Picture Group宣布达成战略合作，双方共同投资电影制作，万达也通过旗下院线等资源为索尼电影在中国的发行提供帮助。双方在一年多的时间里合作了《太空旅客》《蓝精灵：寻找神秘村》《表情奇幻冒险》等。

这一合作给好莱坞的震动很大，潜在的影响是，如果高群耀和"六大"都签约了，万达就深度参与到好莱坞主要内容制作领域中去了，还有权在你的筐里挑挑拣拣，"六大"感受到了万达的战略、实施力甚至野心，由此变得担心和紧张起来。

在2017年《好莱坞报道》每年制作的"好莱坞最有权力的100人"榜单中，高群耀再次上榜，和制片人玛丽·派瑞特一起位居第58位。这份榜单第一名几乎长久是迪士尼的董事长兼CEO罗伯特·艾格（Robert Iger），第二名是默多克。

这是一个标志，标志着万达正式出现在以好莱坞为代表的全球电影行当的舞台上，已经上了"牌桌"了。

/ 传奇需要一位新CEO

2017年6月22日，高群耀和亚当·亚伦来到上海，亚当·亚伦曾经是全球豪华邮轮公司——挪威邮轮的CEO。挪威邮轮因为看好中国市场，斥资10亿美元建造了一艘巨型豪华轮——"诺唯真喜悦"号，经营上海—韩国—日本航线。6月22日启航那天，所有的挪威邮轮董事会成员和VVIP由挪威邮轮CEO陪同试航。那一天风和日丽，海水和天空的湛蓝几乎要融化在一起，高群耀和亚当·亚伦在船上突然看到屏幕上万达股票大跌，万达电影（002739.SZ）暴跌9.87%，逼近跌停，万达系的多只债券也大幅下挫。高群耀心中充满了疑虑。

那几天,高群耀在下榻的酒店恰巧遇到了复星集团董事长郭广昌,他面色凝重。复星和万达那段时间是难兄难弟,股票一起大跌,流言四起。据财新报道,银监会于2017年6月中旬要求各家银行排查包括万达、复星、浙江罗森内里在内数家企业的授信及风险分析,排查对象多是近年来海外投资比较凶猛、在银行业敞口较大的企业集团。

此时,传奇内部的整合变得尤为迫切。如果不能成功收购"六大",那么是不是可以把传奇经营成匹敌"六大"的"第七大"影视公司呢?

"六大"的三个盈利点在于:第一有大片系列的开发能力,第二有全球的电影发行网络和能力,第三有积累几十年的丰富的电影片库。

发行能力,几乎是好莱坞"六大"稳赚不赔的一门生意,每一部授权给其的电影发行,"六大"都会拿走影片收入的10%~20%,所以"六大"公司想赔钱几乎是不可能的。此外,好莱坞"六大"都有日积月累的片库资源,通过版权授权等一系列长尾开发,每年会为公司创造数亿美元的现金流,保持公司运营的稳定性。

王健林期望传奇成为好莱坞第七大影视公司,就要具备全球发行网络、丰富的片库、优质影片的制作能力。

收购派拉蒙的搁浅,使得传奇在万达影视体系中的战略地位凸显了出来。

高群耀为传奇的未来发展做了一个五年计划,如假定传奇第五年上市,要做到多大的市值,做出多少部电影充实片库,等等。先确定事再确定人。

而托马斯·图尔是一个投融资者,一个生意人,但未必是一个合格的经营者。万达需要一位新的CEO。

托马斯·图尔的离职几乎是一场地震。在一个美国创业公司，一位创始人宛若一家公司的象征、精神领袖，其离开由此引发的连锁反应可想而知。2017年1月17日，托马斯宣布离职的那天，整个公司笼罩在凝重的气氛中。高群耀从上午10点开始约见公司各位高管，12点之后约见普通员工。

他从容、坚定地做了一个简短的演讲，表明万达对于传奇的承诺是不变的，大家所有的工作都照旧，都不受影响，会有更强有力的领导团队来继续管理公司，万达也有充足的计划把公司做大做强。这对稳定员工情绪和把控局面起到了相当重要的作用。

传奇电影业务的带头人玛丽·派瑞特（Mary Parent）也站出来表明了立场，Jack是她最信任的人之一，她自己会坚定地继续留在公司，所有的影片都在开发当中，将来大家会更忙，希望得到大家更多的支持。

此前，高群耀预见到公司即将发生"地震"，如果离职潮不可避免，他觉得第一个要留住的重要资源是制片人玛丽·派瑞特。他成功了。

除了玛丽·派瑞特，高群耀做了及时的调整，更换了传奇公司的CFO、COO等高管。斥资35亿美元收购的传奇就像一个突然进入急救室的病人，急需诊治和解决方案。

最棘手的是，高群耀要为传奇找到一位合适的CEO。

放眼好莱坞，高群耀盯住了一位属意的人选。20世纪福克斯的前董事长兼CEO吉姆·吉安洛普洛斯（Jim Gianopulos）。他是希腊人，2000年到2012年是20世纪福克斯的联席主席，2012年到2016年是独立主席，2016年去职。

吉姆某种程度上像丁本锡，很刚烈，很严厉。公司里的人和他说话都很小心，他问一个问题如果答不出，感觉会被踢到墙角里。他为默多克立下过汗马功劳。在他担任20世纪福克斯CEO期间，福克斯出品的《泰坦尼克号》《阿凡达》等影片风靡全球。吉姆还是著名导演詹姆斯·卡梅隆（James Cameron）最主要的管理人。

高群耀和吉姆同在新闻集团时，彼此非常熟悉，在福克斯出品的电影《泰坦尼克号》《阿凡达》等在中国上映之际，高群耀和吉姆都会在中国会面。

2012年4月22日，高群耀和吉姆还曾陪同卡梅隆、邓文迪去北京电影学院座谈。整个电影学院沸腾了，校领导宣布全校停课，礼堂被挤得水泄不通。

高群耀和吉姆初步谈得很顺利，带吉姆到北京见过王健林之后，吉姆出任传奇CEO的事看似板上钉钉了。但是，吉姆始终都有一个很大的担忧。

每次见到高群耀，吉姆第一句话都会问："Jack，你在万达做多久？"

吉姆的律师见到高群耀的问题也是："Jack，你在万达做多久？你和万达有协议吗？你承诺了吗？万达承诺了吗？"

高群耀回答他："我是有承诺的，在5年时间内是有承诺的，这件事应该不是你担任传奇CEO的影响因素。"

但是看得出，吉姆仍然无法释怀，他对进入一家中国公司控股的企业有多么不放心，以至于高群耀成了他就职的一个前提条件。

那是2017年3月，高群耀和他的律师乔什·格罗德与吉姆敲定最后的事宜，包括薪酬、整体的安排等等。吉姆嗫嚅着告诉高群耀，特别不巧，就在今天派拉蒙辞掉了他们12年的CEO布拉德·格雷，莎莉·雷石东找到了新的维亚康姆CEO 鲍勃·巴克西（Bob Bakish），并寻求聘用新的派拉蒙董事长，而他是那个被选中的人。得给他一周的考虑时间。

高群耀呆住了，吉姆的担心让他从没放弃过其他的机会。

很快，高群耀接到了莎莉的邮件，莎莉问他要不要见见维亚康姆的新CEO。莎莉和鲍勃·巴克西特意从纽约飞到洛杉矶和高群耀一起午餐。席间她们闲聊，也探讨将来合作的可能。高群耀望着莎莉和鲍勃·巴克西的脸，几次欲言又止："咱们在吉姆这件事上撞车了你们知道吗？你们得让道！"

但是他终究没有说出来。吉姆会怎么想呢？

一周之后，不出所料，吉姆选择了派拉蒙。吉姆对高群耀很抱歉："Jack，你有事随时召唤，包括万达跟派拉蒙将来的合作，咱们都可以继续讨论，但是这件事你得理解我的决定，对于我来说选择派拉蒙是从街这边挪到街对面，轻车熟路，是我最舒适的一个区域。我到你那里，集团总部的最高决策者是地球那边的人，据说公司的流动资金难以保证。兄弟，你得理解我。"

是的，高群耀怎么能不理解呢！"地球那边的人！"

2017年4月3日，吉姆加入了派拉蒙，本来4月份高群耀要宣布他加入传奇的，高群耀作为传奇的临时CEO，本打算只干一个月，现在看来，任期却仍要延续下去。

传奇公司里有一项非常重要的"核心竞争力"，就是玛丽·派瑞特。好莱坞顶级制片人屈指可数，现年48岁的玛丽·派瑞特是其中一个传奇。她曾经担任米高梅公司的全球制作主席和环球影业全球制作副主席。她在2011年还创立过影视制作公司Disruption Entertainment，并担任CEO。传奇找CEO的一个前提条件是必须跟玛丽有很好的化学反应。

玛丽长得很有女人味，身材苗条，长发披肩，但是她的作品，完全看不出来是女人做的。她制作的《环太平洋》《哥斯拉》《金刚•骷髅岛》等，以及终于让莱昂纳多•迪卡普里奥夺得第88届奥斯卡最佳男主角的《荒野猎人》，一部比一部硬朗，甚至残酷。

玛丽的性格和外貌反差颇大。有一次玛丽陪同高群耀和万民去洛杉矶的一处展示厅看传奇制作的一部非常有名的VR电影《肉与沙》（CARNE y ARENA），这是一部讲述美墨边界墨西哥移民苦难的电影，也是戛纳电影节首部参展的VR影片。那一天，玛丽穿着长裙、高跟鞋，看起来温婉优雅。在影片结束他们出门的时候，一道铁门挡住去路。高群耀试了试打不开，万民亦上前使劲推仍然推不开，这时只见玛丽喊了一声"闪开"，然后飞起一脚踹开了铁门。

玛丽是一个奇妙的所在，她没有孩子，每天疯狂地工作，把自己投入到各种事情中，她说话几乎没有逗号，连珠炮一般，又诙谐得一塌糊涂。

与吉姆失之交臂的遗憾正在于，吉姆和玛丽非常默契，吉姆是做发行出身，玛丽是电影制作出身，两个人一拍即合。而下一个能与个性鲜明的玛丽产生化学反应的CEO在哪里呢？

不久，高群耀又找到一位人选——顶峰娱乐公司（Summit Entertainment）的CEO罗伯•弗里德曼(Rob Friedman)，Summit是一家独立电影制片公司，后被狮门影业收购，罗伯•弗里德曼就成了狮门的副董事长。

Summit曾制作过《暮光之城》系列、《两杆大烟枪》、《史密斯夫妇》、《爱乐之城》等中国观众熟悉的影片，高群耀多么希望罗伯和玛丽能相互欣赏，发生化学反应啊，毕竟都是优秀的制作人。然而，当高群耀开了一个会的工夫，双方都给他打了电话，彼此没有共事的意愿。

高群耀有点蒙，心灵交会是一种多么难的反应！

/ 山雨欲来，不祥的预感

当设想的所有计划都搁浅了，高群耀要看自己的手里还有没有C计划，能在山重水复之后找到路。那几个月的时间是难熬的，他精心酝酿了一个C计划，在好莱坞尚无先例，对传奇来说是一个特别宏大的战略性抉择。能不能打造一个有别于万达体制，又有别于好莱坞的体制，从而为传奇争取到获胜机会呢？

这时候，高群耀聘用的美国好莱坞律师乔什·格罗德进入了他的视野。乔什·格罗德50岁左右，身高一米九，愈发显得挺拔、精神。他是高群耀在加入万达之前的老相识、挚友，合作亲密无间。高群耀聘请格罗德参与万达在好莱坞的业务拓展，包括传奇影业的收购。高群耀决心让他成为C计划中的重要一环："为什么一定要在好莱坞找一个年长的CEO，为什么不能找一位更年轻的呢？这个行业100多年了，找到'外行人'亚当·亚伦不就是为了让他成为一条黑鱼吗？如果制订好传奇影业的未来五年规划，为什么我、玛丽、乔什·格罗德三个人甚至几个人不能组成一个'长板木桶，强强联合'的领导班子呢？"

乔什·格罗德是美国著名法律事务所Irell & Manella交易部的联席主席、合伙人，被称为好莱坞一号律师。乔什·格罗德是高群耀多年的相识，受聘在美协助万达收购事宜。他不仅是优秀的律师，还是高群耀可信任的交易顾问。乔什·格罗德参与过很多传媒娱乐领域的重大并购，比如拜恩传媒集团收购米拉麦克斯。重要的是，万达很多好莱坞的收购他都参与其中，参与过收购传奇，参与过派拉蒙的谈判，等等。

高群耀征询玛丽·派瑞特和万民的意见，他们都觉得这是个好主意并一致同意共同推进。

高群耀的班子构想渐趋成熟：高群耀（任运营总裁）因在微软和新闻集团有过丰富的跨IT、媒体行业运营经验，可以负责公司资本、审计、薪酬风控、预算和运营；玛丽（任制片总裁）是顶级制作人，可以负责公司创意、制作、市场营销；乔什·格罗德（任CEO）主导过好莱坞多项融资和并购交易，可以负责公司战略、并购和法务。另外，高群耀希望请到福克斯电影发行部门的总裁负责全球发行；请Summit公司创始团队成员及CFO Ron Hohauser担任传奇CFO。

而接下来，高群耀和万民需要说服的是乔什·格罗德，他做律师已到职业巅峰，就看他有没有改变自己的决心了。

乔什·格罗德则有点犹疑："我已经是好莱坞最好的律师了，我还是律所的合伙人，我们俩这样合作不是挺好吗？"

高群耀："一辈子做一个职业缺少挑战性，为什么不试一下别的？不行仍然可以回来做律师，对吗？律师和CEO是两码事，律师给别人帮忙，最终你还是坐在后排。做CEO将是你职业生涯的一个飞跃。"

乔什·格罗德迟疑了半晌说："有你在的话，我们可以试试，但是我有条件。"

当然，律师永远都是有一堆条件的。终于，乔什·格罗德开始和万达给自己谈合同了。

想要撬动乔什·格罗德谈何容易，让非常资深，甚至有股权的高管换个跑道，聘用方往往要付出相当的经济成本，以补偿他离开合伙制律所的经济损失。有这个前提，才能启动后面所有的事。

高群耀想他务必要对三方负责，对万达和王健林负责，不能让公司付出相当成本聘用来的CEO干几天就因为万达没有满足其合同条款而离职；对朋友格罗德负责，希望扶上马送一程不使他职业生涯受挫；对传奇影业负责，有一个长期稳定有能力的领头人并完成五年战略。他坚持在签字前要把关键的安排理顺清楚，不能有半点模糊和含混；坚持在一个外部环境已经发生诡异变化的时刻，落实确定的答案。把对他人的责任放在个人职业前途之前，他自认是一个做了20多年职业经理人的原则和操守。也许正是因为这一点，高群耀才极其罕见地成为被比尔·盖茨、默多克和王建林都选中的成功高管。

而此时万达已是山雨欲来，在万达股票大跌那天不祥的预感变得更强烈了，国际事业部一切都变得不可预知。

高群耀需要拿到总部的承诺。传奇的未来发展，传奇在集团的位置，乔什·格罗德的汇报线，他都需要确定的答案，他也需要给海外业务部门确定的答案。

但是王健林的态度变得暧昧起来。

张霖很着急，不停地催他，传奇的事得赶紧签字画押落定。高群耀仍然坚持："如果总部对传奇的下一步工作、管理方式、主要负责人和五年计划等没有一个相对明确的说法、政策的话，这字我不能签，如果我贸然签了字，随后万达的政策有变，乔什·格罗德不干了，相关费用损失和公司未来的损失怎么办？"

总部就像沉默了一样，没有回复。高群耀已经身在美国数月，到2017年国庆节，高群耀给王健林写了一封邮件，却石沉大海。

他不确定王健林能否看到，他们之间的交流大部分都是当面，但他得让王健林看到。高群耀打电话给董事长办公室主任，请他打印一份，放在董事长桌子上,请一定让董事长看到。这事不能再往下拖了。

他如此执拗,在万达,还从来没人敢这么"逼宫"。高群耀相信这件事激怒王健林了。

僵持了几天,2017年10月11日,总部终于给高群耀打了一个电话:"要不您回来一趟吧。"

高群耀:"我等不及了,我这就回来。"

/ 2017年10月13日:戛然而止

2017年10月13日早晨5点,洛杉矶到北京的班机飞了悠长的13个小时终于落地了,北京的天刚蒙蒙亮,一切都不明朗。高群耀没顾上刷牙洗脸,连万达严格要求的西装也没穿,就直接赶到万达总部。

王健林、丁本锡、张霖全都没有出现在会议室,现身的是张春远。

这完全出乎高群耀的意料,但是当张春远出现时他也就明白了这该是一场什么样的谈话。

他纠结数月在此时反而平静了。他对张春远说道:"我不知道集团到底发生了什么,但是我会理解、尊重董事长的决定和意图,如果需要解散国际事业部,我们今天就这样做。"

或许从2017年10月13日起,万达文化集团国际事业部的解散也是万达国际化战略调整为国内化战略的一个标志。

张春远搓着手:"唉,老高……"

沉默……

高群耀从会议室出来,来到国际事业部。原本如常的一天,员工们突然发现Jack回来了有些惊喜。

高群耀看着每一个人的脸，万民、石航、谢菲、徐吉、Chris……大都是自己从万达HR撕裂一个口子独自招聘的人。

他尽量让情绪平稳些，然后说道："非常感谢大家的加入，有大家这几年的支持，我们能干出许多让人没法相信的事来。公司今天面临的问题不是谁的错，我不觉得是董事长、公司或者是我们在座任何一个人的错，我们在人生当中总会碰到很多意想不到的事，有些时候我们改变不了天气，只能调节心情，我们所能做的是在可控的范围内把事情做到最好。或许我们没有人知道发生了什么，但事实上文化集团国际事业部所要做的海外投资业务到此为止了，所有投后正在管理的公司今后都挂到集团中国业务事业部，我们整个国际事业部都在解散当中。"

屋子里鸦雀无声，气氛降到冰点。

高群耀继续说下去："公司的决定我能够理解，也是不得已，所以在这种情况下我决定离开，我很遗憾没有事先跟大家有交流，因为我自己事先也没有这种考量，这个动作于公司、于我个人、于整个事情随后的发展都是最有效的，也是最有利的。"

屋子里的人都僵立着，然后泪流满面。

得知消息的亚当·亚伦马上从美国给高群耀打来电话，两人进行了一次长谈。如果这两年多高群耀有很多业绩的话，能够把亚当·亚伦这样顶尖的职业经理人引进万达也算一个。高群耀有些抑制不住情绪，又掂量着措辞："我相信这个事咱俩都没有做错什么，咱俩做的事那么辉煌、漂亮。"

他和亚当·亚伦回顾了在一起的故事。2017年年会，两个人是公司里最火的高管，王健林逮住谁跟谁说："如果公司有几个这样的高管，我早就退休了。"

高群耀："我只是希望你别埋怨我把你带到这条船上来，而我自己却走了，但是我相信你会做得很好，你真的很优秀！"

亚当非常非常遗憾，同时觉得自己前途未卜。高群耀明白他的感受，因为Jack Gao几乎是海外员工对接万达总部的唯一接口。

亚当做最后的争取："Jack，你能不能留下做AMC的董事呢？由AMC来聘用你。"

高群耀："现在说这个事还太早。"

亚当在电话那边一阵静默。

几个月后，万达的体系发生了一系列变化，张春远离开了万达人力资源中心，张霖也转岗了。王健林多年的追随者、"组织部长"、负责HR的万达集团高级副总裁尹海也退休了。原来和王健林一起共事的多位副总裁也纷纷离开。万达的HR体系是变得人性化了还是更加家长制了已不得而知。

王健林和高群耀分手得很平静，双方都表达出了相互的感念和彼此成就。没有高群耀——一位熟稔海外文化和商业操作模式的人，万达没可能在短短两年置身于欧美影业的权势阶层；而借助万达的平台，高群耀也充分施展了资本运作、电影公司管理、中外体系的协调等等方面的能力。

在万达最晦暗的时刻，高群耀特别理解王健林的做法，就像微软CEO纳德拉的核心理念"empathy"（同理心），因为只有坐到他的椅子上，才会知道他在做什么，别人没法估计发生了什么，也没法评判他如何做出这样的决策。

[巨头肖像]
王健林:"军事堡垒"里的王

只有在一个极端的时刻,一个人身上最大的特质才会彰显出来。2017年下半年,是万达的危情时刻,王健林卖掉了600多亿的资产,世界上还没有如此巨额的买卖几乎是在几周之内决策的,不能不说王健林的果断。

这就像某部电影里的一幕,一个追债者叫嚣着"还钱",王健林手起刀落把自己的"胳膊"砍下来了。

2017年7月10日,万达集团将旗下13个文旅项目91%的股权,以及76个酒店项目,分别售予融创和富力(交易细节此后有微幅调整)。638亿的交易价格,成了中国房地产史上规模最大的一笔并购交易。

要知道,被卖掉的是万达集团的一大块优质资产。很明显"舍车保帅"这是一个不得已的做法,但是做了这个动作万达获得了另一个层面上的生存,就是所谓的"软着陆"。

各界都在猜测王健林到底遇到了什么,使得一个航母般的巨型企业在2017年下半年来了一个瞬时间的掉头。

早在2015年下半年，港股进入了阶段性熊市，许多上市公司的股价跌到谷底。2016年，王健林认为万达商业（03699.HK）在港股的市值比净资产还低，选择让万达商业从港交所退市，转而到A股上市。这是对估值被低估的不服气。

在战略上，这使得万达在海外融资的通道关闭了，否则缺钱不会成为一个致命的问题，毕竟港币与美元是挂钩的。

而且从香港退市万达需要回购股份，这必然会消耗紧张的现金。2016年5月万达商业发布的公告显示，由中国国际金融香港证券有限公司代表万达集团等联合要约人以每股H股52.8港元的价格有条件全面回购已发行的万达商业H股，总计代价约为344.54亿港元。

据澎湃新闻报道，其获得的一份万达商业私有化项目书显示，万达在私有化时签订了一份对赌协议，万达商业计划在2018年8月31日前完成上市。如果公司在退市满两年或2018年8月31日之前未能在内地主板市场上市，大连万达集团将回购全部股份，并向海外及境内投资者分别支付12%和10%的利息。这对于资金本已吃紧的万达来说挑战非常大。

但在A股上市远没有那么乐观。等待上市往往需要排队数年。万达原有的融资渠道基本关闭，银监会又于2017年6月中旬要求各家银行排查包括万达、复星等在内的数家企业的授信及风险分析，引发市场异动。万达一步步走入了困境。

虽然王健林做了退市决定，但在危难之际也充当了一个力挽狂澜的角色。他一贯的风格——做事果断、多大的事决策都很快发挥了效能，王健林一系列"断臂求生"的决策，让2018年8月31日没有成为万达的"死期"——一个灾难日。

在这关乎万达生死存亡的时刻，没有人知道王健林经历了多大的煎熬，才展现出如此大的魄力。企业家的悲情在于往往会遭遇差异化的社会评判。如果是一位导演，只要有一部影片获得戛纳电影节大奖，其他作品都是平庸之作，也会被称为大师。但是企业家却要一直赢，一次决策的失误，就会遭遇非议。这是社会评判标尺对企业家的严苛和不公。对于未来不确定性的判断，对任何人都是极大的挑战。

作为企业家，每天早上醒来，都不知道会发生什么，所以应变能力是今天企业家最重要的领导力。

过去几年，王健林一直说："做企业一定要顺势而为，不要逆势而动。"

王健林自1988年创立万达，历来对中国的脉搏、发展的阶段有相当独到的理解。虽然2017年万达的危机有大环境变化的因素，但是房地产业过去享受的红利，一定程度上也是受益于大环境。可谓阴阳易理，成败皆然。

王健林曾写过一首诗："商战经年财富雄，向来万事皆成空。唯有余生管行善，一片净土十世功。"有禅宗的味道，很出世。他的办公室门口曾有一尊卧佛，但是更醒目的是价值连城的字画。他说自己是坚定的唯物主义者，从来不请人看风水。但对于一个生意人来说，"离世觅菩提，恰如求兔角"，他本就处于一个出世与入世的两难之中。

最初，王健林的角色相对单一也很低调，但是最近几年，他有被娱乐化的倾向。他不像王石，王石被娱乐化是因为身份越来越多元，田朴珺的丈夫，公共知识分子，登山游艇玩家，JEEP代言人，一个人社会角色越复杂争议越大。但除了"王思聪的爸爸"，王健林从未让身份更多元，他自始至终都是一个民企老板，只是有些越来越任性。

比如"先挣他一个亿的小目标","谁来青岛拍片我们就给他拍片补贴"。这让王健林莫名有一种喜感。

王小波在《一只特立独行的猪》里描写了那只"敢于如此无视生活的设置"的猪，最终逃脱人类的枪口奔往森林，暗示了中国的社会属性，你想特立独行，最终会处于公众的准星内。王健林、王石遭遇的争议，也说明这个社会对一个高调的企业家的接纳程度远没有想象的那么高。

而任性往往会带来一些商业上的麻烦。

2016年5月，王健林在央视《对话》栏目中评价迪士尼："迪士尼不该来中国"、"只要有万达，迪士尼十年到二十年之内赢不了利"。华特迪士尼公司董事长兼CEO罗伯特·艾格（Robert Iger）对外表示这让他很震惊。

2016年10月23日，高群耀用了各种各样的方式，促成了王健林跟罗伯特·艾格的见面。后者是全世界娱乐行业最有影响力的人物，在"好莱坞最有权力的人"排行榜上，多年来第二名是默多克，第一名是罗伯特·艾格。

在见面之前，高群耀和王健林聊了迪士尼对万达的重要性，对于AMC的重要性，对中国电影落地美国的重要性，对将来万达在IP上与迪士尼可能合作的重要性。触动迪士尼对万达没有任何好处。

这些建议得到了王健林的认可。

罗伯特·艾格在他的办公室等着王健林和高群耀，二人进门后，他的第一个动作是拿出一沓报纸往桌子上一放，正是王健林抨击迪士尼的各种报道。艾格没有说话，但屋子里的每个人都感受到了尴尬的气氛和其潜台词："你这是什么意思？"

高群耀事前要求过，现场的翻译只能是自己，以免任何不准确的措辞都会把双方的关系推向更糟的境地。

他和王健林先把谈话引到了介绍万达、寻求合作的话题上，说："今天我们拜访您，首先谢谢之前在一起的合作，另外在中国我们特别期待和迪士尼有新的合作。"

艾格生硬地说，迪士尼的IP只授权给迪士尼乐园。

高群耀话锋一转，谈到最近中国出台了一个报告，中国的二孩政策放开了，这对于迪士尼来说有多么重要。

他们谈得非常细，中国未来的儿童市场对罗伯特·艾格来说是非常重要的业绩。这引起了艾格的兴趣，他很认真地听，态度很快缓和了下来，因为有了共同的利益和生意可能，整个会谈的画风逐渐解冻，变得友好、和谐。

高群耀随即把带给艾格的礼物拿出来，那是一件艺术品，艾格开心了起来。

结束的时候，高群耀建议王健林和艾格合了个影。当这张合影公开的时候，关于万达和迪士尼有隔阂的不利舆论被冲淡了。

2016年10月26日，也就是王健林从美国回来的第三天，就飞往上海，带着团队参观迪士尼乐园。他放低了姿态，说："到上海迪士尼，既是考察也是学习。"这一姿态已是一种公开的表态。

对许多企业来说，越是成功的老板越是偏执，他成功的过程就是不断强化自我的过程，不断地印证"我这么做是对的"。他如此自我和强大，以至于只有当他想做某件事的时候属下捕捉到了并配合才行，他不想这么做你却上去建言无异于找死。

而这件事却让高群耀看到，王健林并非不可改变、冥顽不化的偏执。他的明智在于他可以调整自己，也知道怎么弥合企业间的过节。

或许王健林唯一不变的是他的胃。

王石在剑桥留学的时候说："中国人最顽固的是我们的胃。如果你的胃很顽固，不能接受西方的东西，你的思想就会受影响。"不知道有没有道理。

王健林恒久吃中餐，即便到了美国。高群耀和王健林共进早餐的时候发现，在万达总部吃什么，在美国就吃什么：油条、豆浆、粥、花生米、包子。

高群耀陪同王健林到伦敦、纽约、洛杉矶等地出差，几乎把当地最好的中餐馆都吃遍了。高群耀明白国外的中餐实在乏善可陈。万达伦敦一位高管的夫人特意给王健林包了一顿饺子，拿到机场酒店的粤菜馆请厨师煮一下，厨师竟不懂如何掌握火候，把饺子煮得露了馅。

企业家的娱乐价值，是公众心态的投射。私底下，王健林的生活单调而规律，每天起得很早，不喜欢打高尔夫，喜欢跑步，7：20只要在总部就和几位核心总裁一起吃早餐。因为"圆心"的决策可以是任何地方，所以高群耀通常把出差时和王健林一起跑步的机会当作重要事情"上达天听"的时机。

网上流传过王健林的一份安排极为紧凑的工作时间表，放在平时却也并不夸张。以这样的工作节奏，多姿多彩的生活并不现实。

万达是高度集权的企业，万达的文化就是王健林文化，一把手文化，他的活动范围虽然基本局限在总部大楼的25层，但他的喜怒哀乐可以传达到万达的神经末梢，反映在公司的角角落落。

就像万科董事长郁亮喜欢跑步，万科从上到下的管理层都要跑步。万科原副总裁、"文艺青年"毛大庆还写过跑步的人生感悟，"跑得越慢，才能跑得越远"。

王健林则喜欢唱歌，所以万达从上到下的管理层都喜欢唱卡拉OK。海外公司的高管们来了，最高礼遇是招待一场卡拉OK，吃完晚餐后的传统节目是拉到万达索菲特酒店唱卡拉OK，酒店里配备了一间非常漂亮、豪华、音响达到顶尖水准的卡拉OK包房。

高群耀一开始不习惯，也不会唱，老万达则很投入。文化产业集团总裁张霖几乎能唱歌手李健所有的歌，非常专业。海外的老外们有点蒙："这是什么情况？边喝咖啡边唱歌吗？"

比起高大上的高尔夫等运动，王健林的爱好，阳光、健康而平民。

在万达内部，王健林被看作万达的第一设计师。每个周末，他都跟设计院的设计师见面讨论各种方案，每个方案都要参与。有一次王健林在洛杉矶讲到酒店，说得专业、清楚、头头是道，他认为第8层视觉最好。别人提议应该把第8层变成最高档的服务公寓，这样可以卖大钱。王健林说不，把第8层留下做酒店大堂，建一个近百米的游泳池，两边是酒吧，要成为好莱坞最靓丽的开party的地方。

王健林的自我评价是："如果说我算是一个成功的人，那就是收藏投资最成功了。"

王健林的喜欢字画是出了名的，拥有价值近百亿的藏品，可以说是中国近现代绘画作品的大收藏家，拥有李可染、李苦禅、刘海粟、傅抱石、毕加索等名家的作品，尤其欣赏吴冠中的画，是吴冠中作品的最大收藏者。每逢重要贵宾莅临，王健林兴致好时会引领对方参观他的贵重藏品。有一次，在给来宾展示刘海粟丈二匹的《人生》时，还很专业地解说了泼彩和泼墨的区别。

而王健林在地产和收藏上的专业性往往被他的财富、他的娱乐化形象等太多东西所掩盖，由此变得人设模糊。作为万达的董事长，公司没有任何人能为老板设置人设，他完全自主决定如何做自己，难的是如何保持纯粹并始终扮演好自己。

万达的第三次转型——由房地产企业转型为文化企业，不能不说有王健林爱好的因素。然而，他用数年时间铺垫起来的认为"没有天花板的行业"，目前已不是王健林强调的业务重点，万达回到了它的安全领域——商业地产业务，也是它最拿手的核心业务中。罗辑思维创始人罗振宇说过，所有事，到最后都有好的结果，只是还没有结束。万达的未来，王健林在重新调适中，考验的是在没法预知的、不确定的未来中一个企业家的应变能力。

好莱坞的秘密

如果不是一系列眼花缭乱的大片把好莱坞魔幻化了，好莱坞在高群耀眼里就是一个精密的协同系统。一群神龙不见首尾的"水牛"在一部电影的召唤下，像燕子一样飞起来，项目结束后又散作无形。

一旦洞悉了好莱坞的秘密，他才发现，万达即便成了美国第一大院线，英语国家第一大院线，扼住了好莱坞的"钱袋子"，仍然无法复制好莱坞的模式。所以王健林心心念念要收购"六大"中的哪怕一个，如若不成，也要把自己变成好莱坞第七大影业公司。一切都源于好莱坞的商业形态就像大片一样玄幻。

/ 在食物链的顶端

好莱坞到今天已经不简单是一个地名，它是全球最为成熟的电影工业的代名词。

当1913年，福特汽车的流水装配线带来生产方式的伟大变革，把工业化管理体系提到一个新高度时，这种生产模式也延伸到了创意行业，尤其是电影产业。电影业的工业化分工更加细化，有编剧、表演、摄影、后期、发行、电影院等等。

较早的时候，好莱坞的影业公司是通吃的，因此处于生物链的最上游，它拥有制作、渠道（电影院）、发行，甚至演员，处于绝对的市场优势地位。

那时候，再知名的电影明星对公司也是乙方，和影业公司要签7年合约，这份"卖身契"让演员的其他商业发展可能都受到限制。

这种垄断带来的一个恶果就是限制了创意产业的发展，所以1948年5月4日，美国最高法院做出裁决，好莱坞大片厂违反《反托拉斯法》，禁止打包销售，建议剥离旗下电影院线。此后几年，派拉蒙、20世纪福克斯、华纳等纷纷剥离了电影院线，演员也更加具有自主性，同时催生了经纪公司。市场被激活了。

随后在好莱坞的竞争中，"六大"影业公司突围了出来，从而成为今天最为强势的影业公司。好莱坞到今天形成了三个制作阶层。

第一梯队是迪士尼、华纳、环球、20世纪福克斯、派拉蒙、索尼"六大"影业公司。2019年3月，迪士尼完成了对21世纪福克斯的并购，影业格局有所变动。"六大"的影片首先是奔着票房去的，票房是第一位的，不是奔着奥斯卡去的。

第二梯队是大型的电影制片商，比如狮门、传奇，以及好莱坞著名制片人哈维·韦恩斯坦的米拉麦克斯影业等。米拉麦克斯影业出品了一些获奥斯卡最佳影片提名的电影，如《恋爱中的莎士比亚》《英国病人》等，而哈维·韦恩斯坦则因为涉嫌性骚扰事件而"知名度"大增。

第三梯队是小型独立制片商，擅长制作小成本电影，往往在电影节上推广，而电影节本身就有创造市场、售卖电影的功效。

电影是一个烧钱的行业，不做电影，不知道什么叫花钱如流水。高群耀当传奇CEO那段时间，每一次签字几乎都硬着头皮，落笔之后每个礼拜就是几百万美元的花销，现金流吓人。一部《环太平洋2》的制作费是上亿美元，有评论说看《环太平洋2》不能眨眼，每一秒的特效要花费近十万美元。

因此，"六大"影业慢慢都找到了更大的靠山，比如20世纪福克斯隶属于新闻集团，派拉蒙隶属于维亚康姆等，背后都是"深口袋"。

"六大"的生意都是稳赚不赔的。虽然表面上看，每一部影片的市场反响和票房只有上帝才能知道，电影开机第一天，剧组还要烧香拜佛，因为没人能预测或者控制结果。有太多投入惊人、票房失败的例子。

但是"六大"都有积年累月沉淀的电影片库，电影片库是一个非常大的利润来源，到目前为止"六大"每年一开板，基本上一年一大块的利润已经收入囊中了，就来自于电影片库的版权收入。当互联网渠道越来越广泛，消费品牌越来越杂的时候，版权的需求就越来越大。玛丽莲·梦露已经去世57年了，她的影片仍然在一些平台上播映。

片库要成为一潭活水，就要每年扩充片库资源，所以大的电影公司每年要做12部到20部电影来充实自己的片库。

"六大"另一个重要的利润来源就是发行，通过发行盈利是"六大"基本的生存之道。因为只有"六大"控制着全球的发行渠道，所以即便是传奇和狮门这些知名影业公司的电影也要交予"六大"来发行。发行的费用要占到电影票房的10%~15%，有的甚至高达20%。

如果"六大"在这部影片中又投资了25%的额度,那么一部电影以1亿票房计的话,"六大"就要拿走1500万发行收入以及2500万投资分成,接近一半的票房收益都进了"六大"的口袋。

所以对"六大"来说,想赔钱是很不容易的一件事。"六大"的生命力如此之强,存在了上百年。

万达迫切地想收购"六大"中的一个,很重要的就是要得到全球的发行权。虽然万达拥有传奇影业和AMC等院线,但是并不拥有发行机构,传奇的发行是外包给环球影业的。如果拥有一家电影公司而没有发行权,仍然处于任人宰割的食物链下游。

/ **绿灯系统与完片保险**

好莱坞是一个巨大的完美运转的工业体系,广义上,电影的流程是制作、发行、放映,但是整个体系又细化成确认剧本、建立制作团队、敲定拍摄细节,以及预算、制片人、导演、演员等诸多环节,这就需要一个内部项目审核的标准,好莱坞称为"绿灯系统"(Green Light)。每一个细节通过都需要绿灯,环环不疏漏。

表面上看"绿灯"只是项目通过审议的简单比喻,其实它是一个工业机制下的"审查"制度。创意产业是唯物的,拍板通过却是唯心的,取决于无形的经验、长期的判断,最后啪一拍脑袋靠直觉,按下绿灯这个动作本身就是做老大极为重要的一个能力。

在影片制作环节,好莱坞是制片人负责制,中国是导演负责制。

高群耀参加了2016年和2017年奥斯卡颁奖典礼,上台领最佳影片奖的是制片人。

制片管理就是危机管理,一部电影开拍后总是困难重重,好的制片人和坏的制片人的差别就在于解决困难的能力。最后,至关重要的,对电影何时关机,如何剪辑,制片人是有决定权的。在中国拥有这个权力的是导演,如果失去了关机、剪辑的决定权,就等于失去了对电影预算的控制权。

好莱坞还有一项特殊的制度能充分保障投资人的利益,这一项制度中国也是没有的,那就是完片保险制度。在中国,每年国家电影局批准备案的电影有3000多部,最后拿到影片公映许可证的电影不到1000部,大部分电影中间因为种种问题夭折了。

好莱坞有专门的完片保险公司为保证影片拍摄的顺利完成进行担保。在整个影片拍摄过程中,就有一个特殊的"监理"在影片超支、遇困、搁浅的时候发挥作用,会监督制片方的各项支出,确保剧本、拍摄日程、预算的合理性,最后如果影片没完成,完片保险公司还会对投资人进行赔偿。这使得好莱坞的影片投拍过程更加严谨,风险也大大降低了。

在中国经常有明星耍大牌因而拖延拍摄进程,从而造成拍摄时间浪费、投资方受损的情况。这样的麻烦在好莱坞并不会出现。汤姆·克鲁斯拍摄《碟中谍》(*Mission Impossible*)系列的时候,有一幕要在纽约时代广场完成跳楼的动作,凌晨4点,纽约时代广场在限定的时间内清场,时间敲定得非常紧迫,汤姆·克鲁斯按时到场,没有任何闪失在规定时限内完成了这组动作。

如果因明星耍大牌造成拍摄拖延,完片保险员有权力把这个明星"请出"剧组,这就像档案里的污点,今后其他剧组也不敢再请这个污点明星了,他在行业里就很难再混下去。所以在好莱坞也很少出现"潜规则"一类的事件,整个圈子的操守都因为制度而规范许多,严谨许多。

/ 制片—发行—放映 = 风险投资—贸易—零售

电影的宣发又是一门神秘的艺术。

电影档期完全是市场营销人为造成的一种时间上的紧迫感,把一个主创编出来的故事变成全球性的话题,变成一个观众紧迫的时间需求,这全靠营销,好莱坞叫P&A(Promotion and Advertising),P是推广,A是广告,P&A是要花大价钱的,以造成全世界人民都期待着那部电影的档期。

原则上,电影制作的费用是多少,宣发的费用就有多少,用钱之多可等同于电影本身。张艺谋导演的《长城》制作费用是过亿美元,最后全球票房收于3.3亿美元,为什么制片方还亏损了?就因为宣发的费用还有几千万美元呢。

传统来说,98%的电影里面的95%的电影票房收入来自于前三个周末,即电影上映档期的前17天。电影上映第一个周末的票房靠营销,其后就靠口碑了,营销所起的作用就小了。

目前好莱坞影业公司对电影院模式很不满,认为72天窗口期太长了,意图缩短窗口期,以使上线新媒体平台能够提前,电影院当然强烈反对,至今双方仍在争吵中。

制片、发行、放映这三件事虽然是电影的一个流程,但本质上是截然不同的生意。制片是一个创意的过程,是一个风险投资的过程，一部电影的开机几乎都有一个仪式，一些摄制组还会去庙里烧香拜佛，创意的随机性如此之强，以至于一部电影成功与否谁都无法预测，是带有明显赌博性质的风险投资。成功了名利双收，一败涂地也是常态。

发行像一场"投机倒把"，是贸易，所以强调渠道和营销。

电影院则做零售的生意，是爆米花、可口可乐的一大消费场景。可口可乐的最大合作伙伴是AMC。

所以电影业是风险投资+贸易+零售的集合体。

在进入好莱坞核心圈层后，高群耀发现，好莱坞这个巨大的协同系统，有一整套工业流程、契约保证其最大限度地发挥创意，这也是为什么中国短期内难以复制好莱坞模式的原因。

对没有好莱坞工作经历的人来说，是无法了解好莱坞的生态环境的。高群耀几乎是唯一担任过好莱坞主要电影制片商CEO的华人。在好莱坞从事电影的有近百万人，但过千人的公司仅有几家，大多数人员都是电影项目驱动的"自由人与自由人"的临时组合，如同"走婚"，项目结束就换地方，有效项目合作靠契约和生态环境，生态里囊括了律师、金融家、经纪人、完片保险员、演员、导演和制片协会等。

好莱坞的协同生态系统将"只有自由，才有创意"与"只有可预期，才有公司"奇迹般地结合起来。既鼓励自发创意，又支持协同生产，既提供金融手段，又控制市场渠道，以及完成资本回报。

也许好莱坞的今天就是互联网新时代制造业的明天，好莱坞的形态或许就是未来的商业形态。

万达希望通过直接收购来掌控好莱坞，但这只成长起来的"大怪兽"，其文化和管理模式与好莱坞商业形态的协同尚需磨合。

创业,就是一直在奔跑

一个力学博士、立志要当教授的人却跨界到了传媒业、电影圈,尺度太大,后来高群耀意识到不是他改行了,是行改了。世界产业在近40年持续变迁和融合,只有当一个人特别努力,才会幸运地总是坐在第一排。

打破存在百年的商业模式

你是解放一个旧世界呢，还是创造一个新世界？离开万达，面对来自各方的邀约，高群耀不时地处于这种思维风暴中。

十几年前，当高群耀第一次和默多克见面时，默多克说到目前为止，有4个万亿美元的产业即IT、互联网、电信、影视娱乐传媒已经开始融合在一起了。

就是从那一刻起，高群耀不知不觉踏入了电影这个行业。新闻集团那8年，把他带进了全世界传媒和娱乐的制高点。当2015年万达文化产业欲"出海"遍寻CEO难有着落时，据说王健林在内部说："不是有个高群耀吗？"由此他成为国际事业部CEO的不二人选。这又是一个历史机遇，他参与策划和带队执行了近百亿美元的定向投资和运营，冲上好莱坞最顶尖的影响力阶层，进入好莱坞"六大"影业公司董事长的朋友圈。

一个力学博士，立志要当教授的人却跨界到了传媒业、电影圈，尺度太大，后来高群耀意识到不是他改行了，是行改了。世界产业在近

40年持续变迁和融合，只有当一个人特别努力，才会幸运地总是坐在第一排。

/ 新的人生选项：创业

一天晚上高群耀出差回家，一进门，发现客厅的地上横七竖八地睡着女儿的小伙伴们，突然意识到，她们才是这个家的主人。有时候他看着不知不觉长大的杰西卡，会想到龙应台《目送》里的那句话："所谓的父女母子一场，只不过意味着，你和他的缘分就是今生今世不断地在目送他的背影渐行渐远。"这让他惶恐，直到电影成为他们共同的事业。

杰西卡毕业于纽约大学和美国电影学院，作为制片人，杰西卡制作了三部短片，全部触及人类敏感、极端的情感。一部作品是关于欧洲种族仇恨的；一部叫《少年》，大胆地尝试了同性恋的题材；还有一部叫《婚礼》，讲述了兄弟俩爱上同一个女子的伦理故事，用一个15分钟的长镜头一气呵成。他是她的投资人之一，杰西卡很认真地给"资方"讲述她的创意。他很惊讶她对多元的中西价值观、交融的跨文化的理解能那么深刻。

2018年6月9日，作为AFI的校董，他和杰西卡再次参加了AFI颁发"终身成就奖"的颁奖典礼，2018年度获奖者是乔治·克鲁尼。他们也曾一起参加戛纳电影节，一起出席2017年2月26日的第89届奥斯卡金像奖颁奖典礼，经历了著名的"乌龙事件"——颁奖者把本该给《月光男孩》的最佳影片奖错颁给了《爱乐之城》，当《月光男孩》剧组得知他们才是2017年度最佳影片的获奖者时，吃惊而兴奋地欢呼起来，《纽约时报》的记者拍下了这一幕，并成为年度照片。而高群耀和杰西卡恰好也在此照片里，从而成为两个人永久的记忆。

他意识到，无论从哪个角度看——事业抑或与下一代的相处，电影业仍然是他的最爱。

2017年10月他从万达离开，瞬时接到了多家公司的邀请，老朋友高晓松也来给他推荐若干机会，高群耀面临着更多元的选择，是继续到一个大公司做职业经理人？还是做一个投资人？还是去——创业？特斯拉汽车创始人埃隆·马斯克(Elon Musk)说过："所谓创业，就是嚼着玻璃凝视深渊。"但在过去30多年的职业生涯里，这一块的空白总是让高群耀内心蠢蠢欲动。如果不再为了钱，不再为了谋个差使，那什么才能成为前进的动力呢？

在潮水尚未改变方向之前识别变化，并主动拥抱变化，可谓是高群耀在过去数个人生重要转折点时做出抉择的"原则"。这一次，大时代的大江大河又将卷起怎样的千堆雪？

2018年2月7日，《人民日报》登了一篇文章——《物质幸福的时代已经结束，新时代来临》。在中国，这种舆论导向一定意义上代表着一种产业导向。在温饱经济向幸福经济转变时，文化产业将变成国民经济的支柱产业，而影视产业是文化产业的支柱之一。

过去三年，在万达负责海外电影产业之际，高群耀的思考力变得有点像"站在火星看地球"，跳出来才会超脱地思考，如果电影产业在中国进一步崛起，需要做什么才能成功？

2018年初，高群耀和北京灵思云途科技有限公司的两位创始人——董事长谭明和总经理夏军再次见面，就移动电影院的模式碰撞得火花四溅，谭明和夏军就势说服他，"你到一个大基金里去做投资人，过的是半退休的生活，这件事对你没有诱惑力，也没有乐子"，他们力邀他"不如我们合伙，一起干"。高群耀的心火被点燃了。他们认识多年，早在2015年，三个人就有了电影播映新模式的探讨，也坚信一定会有新的播映模式出现。

2018年4月16日，高群耀以创始合伙人和CEO的身份正式加入灵思云途，公司的合伙人们特意为高群耀举行了一个欢迎酒会。公司的组织架构就像最初高群耀对传奇影业的"木桶式"设计，几位创始合伙人"长板"结合，同心协力，希望就此开创中国电影市场一个完全崭新的未来。

/ 把观影权利还给观众

找到行业的痛点是创业的前提，一个创业企业的伟大之处就是能解决人类生活中最普遍的问题，创业不是我要做什么，而是看市场需要什么。

高群耀清楚地看到，到今天，虽然电影业仍然是最具魅力的造梦行业，但基于实体电影院的商业模式已经陷入了瓶颈。

高群耀在电影业浸淫了10多年，深刻体味到实体院线的弊端，电影院模式几乎是最差的商业模式——定点、定时、定片，以院线为中心，最好的座位和最差的座位票价一样，黄金时段和垃圾时段的票价一样。

近几年，电影产业的生命线，商业的命门——数月的放映窗口期不断遭遇挑战。

因为新技术和数字发行越来越火爆,有相当多的好莱坞公司提出要缩短窗口期,这对实体电影院是个坏消息。毕竟票房收入还是电影业的主要收入,在美国占全部收入的35%~45%,在中国占的比重还要大,有时甚至达到美国的2倍以上。高群耀在美国负责全球最大的院线时,好莱坞"六大"影业公司负责人有时会给他打电话抱怨:"我花了那么多的宣发费都没有把钱挣回来!"

新媒体和传统院线的博弈已无可避免。现实情况是,人们对在线视频的消费呈爆炸式增长,而电影业不但没有爆炸式增长,速度反而慢了下来。

美国的电影票房近6年都徘徊在110亿美元左右,而新媒体Netflix、hulu、亚马逊视频,这3家年收入加起来已经达到220亿美元,是美国电影票房的2倍。从全球来看,中国电影科学技术研究所的数据显示,2017年全球非影票房已经达到了321亿美元,逼近了传统影院的406亿美元。

通常,人们会把美国看作饱和市场,中国被认为是待开发的潜力市场,确实,目前中国的银幕数量已经超越了美国,成为全球银幕保有量第一大国,中国电影市场也是除美国外全球第二大市场。但是,2017年中国的观影人次是16.22亿人次,1979年全国电影观影人次达到了293亿人次,是2017年的18倍以上,而那时候中国人口才约10亿。这意味着市场还有巨大空间,但今天电影要走进大众的生活,满足市场需求,难道会比40年前容易吗?

首先电影院物理上的覆盖面是有限的。截至2019年4月,全国2876个县级行政区中,880个仅有1家实体电影院,151个没有实体电影院。全国超过70%的人口未进过实体电影院看电影。但是,单靠不停地增加电影院和银幕，效果是有限的，主要是因为商业模式的局限性。整个中国，电影院的平均观影上座率在逐年下降，2015年是17%，2018年不到12%，这意味着什么呢？意味着在商场里做一家大的电影院，一天演几场电影，平均只有12%的座位有人，这个模式带来了绝大多数电影院的运营者没办法收支平衡，再建电影院的模式已不可持续。

与此同时，大批电影根本没有机会进入排片，这个数字是相当惊人的，2018年国家电影局批准备案的电影有3000多部，最后拿到影片公映许可证的电影1086部，近65%领到放映许可证的电影成片没有机会在电影院上映，有机会上映的电影又有一半第一天沦落到只有1%的排片。2017年在电影院公映的电影有81部票房超过1亿元，其中有41部是海外电影，只有40部是中国电影，2017年盈利的电影仅有28部，把这几个数字摆开看，可见排片的瓶颈如此之窄。

由此带来的一个恶果就是对上游生产力的限制，以及没有细分市场。

电影的类型本来有14种之多，中国观众能看到的电影类型却非常单一，笑点很低的喜剧片几乎成了第一大品类，如《泰囧》《羞羞的铁拳》《西虹市首富》等。舆论上《泰囧》被批低俗，票房却高达12亿多，这种强烈反差是观众无可选择的无奈。

进口片也呈单一化，主要是好莱坞大片，2018年口碑很高的西班牙电影《看不见的客人》这样的欧洲进口片是少之又少。全世界没有任何一个非英语国家像中国这样，让好莱坞的电影占票房比重如此之大，达到50%多，而这还是在中国政府限制配额，对本土电影设置"保护期"的前提下。而好莱坞电影在印度没有任何限制，却从未超过印度票房的10%。

经常有做电影院的朋友和高群耀抱怨说生意不好做，传统影院单银幕的票房产出一直在下降，同时，每年又有大量的影片排不进影院。这样两端的需求不对应，一定会催生市场上更多业务的细分。

传统商业模式对观影人数的制约，小众创意片源类型的公映受限，电影院定时、定点、定片的放映模式无法满足以客户为中心的需求……这一系列问题都让高群耀相信，以电影院为中心的商业模式，到今天必然会转换成以消费者为中心的商业模式，也让他下定决心参与创立移动电影院。

而移动互联网技术的成熟是移动电影院诞生的历史必然和生存逻辑。高群耀只是成了第一批吃螃蟹的人。

/ 破壁者&奠基人

早在2013年10月，他曾从电影票入手做过一次尝试。他和相识20多年的林宁是微影时代科技公司最开始的发起人，两人在高群耀的办公室，一起分析电影业的问题和痛点，互联网让在线支付这么普及，为什么买张小小的电影票还要排队？两人琢磨如何做一个通过微信来卖电影票，通过卖电影票把观影者联系起来的平台。2013年底，微影时代成立了，用户可以通过微信支付直接购票，在线选座，林宁出任CEO。高群耀不是公司的成员，却是公司商业模式创立的贡献者。

2017年9月微影时代与猫眼合并。2019年2月4日，也就是除夕当日，猫眼娱乐在港股正式挂牌上市，成为"互联网娱乐服务第一股"，开盘当日市值达到了166.91亿港元。

这次经历，一种全新的体验触动了高群耀：创业可以改变人们的生活方式。创业公司的伟大之处，在于它能解决一个非常普遍的问题，或者解决一个非常普遍的痛点。

正是在发起微影时代的过程中，高群耀认识了谭明和夏军，当时微影时代和灵思云途合资成立了专业化电影营销公司灵思传奇——既有第一手数据又有丰富的营销经验，因此成功宣发了最初并不被看好的动画电影《大圣归来》，票房近10亿元，一部动画片能创造如此高的票房在中国还史无前例。

那时，高群耀就和谭明、夏军一起开始探讨建立电影播放新模式的可能性。到了2017年11月份，三个人一起访问好莱坞，在美国花了很多时间，从技术角度来论证这件事是否可行。高群耀认为市场需求现实存在，这是不言而喻的，但是存在三个问题：

第一，在技术上跟国家系统衔接是否可行，以前运营系统支持的是1万家电影院，如果要管超过10亿部的手机呢？

第二，电影这个行当是对知识产权特别敏感的行业，技术上如何实现防盗版，是移动电影院一人一影一票的商业模式落地的一个前提条件。

第三，就是用户体验，看电影和看抖音不一样，要讲究仪式感，有高质量的用户体验才能深度影响消费。

如果这三件事暂时无法解决，移动电影院的设想就是空谈。

让高群耀惊讶的是，早在数年前，中国就已经立项试点各种电影播放新模式。从这一点看，行业主管部门是很有超前意识的。系统、国家标准、世界标准、可控系统等，包括电影的密钥。电影发行都有密钥，关上了电影是不能看的，这是一个系统。

移动电影院于是和中国电影科学技术研究所合作，在后台用各种方式——可追踪、水印来防止上线的电影被盗播。破解防盗拍、防盗链、防盗版、可追溯这样的技术问题。

在很多条件都趋于成熟之际，2018年5月9日，北京云途时代影业科技有限公司和深圳定军山科技有限公司联合推出了"移动电影院"，并在深圳举办的国家文化博览会上发布。高群耀成为移动电影院的创始合伙人兼CEO。

123年前，即1896年6月26日，影史上有记载的第一座电影放映厅在美国路易斯安纳州新奥尔良开始营业，开启了电影商业化进程。到2018年，这种存在了100多年的商业模式被打破了。

中国或许不是世界上电影最发达的国家，但移动电影院的推出，使得中国电影政策显得尤为超前。

"移动电影院"是电影院，与线下电影院同步放映档期电影，其营业收入也将被记入中国电影票房统计。这成了移动电影院推出最劲爆的一个关注点。

这意味着实体电影院"一对多"的主导模式将被彻底打破，从而使得电影的选择权、电影的播放时间、电影的排片等等主导权，从原来的电影院逐渐移交给了消费者，电影放映模式变为"一对一"。以电影院为中心的历史，因为移动电影院的诞生，彻底改变了。

放映新秩序时代来临

移动电影院受到的关注程度远远大于一个APP的诞生，央视、《人民日报》、《光明日报》等央媒都给予了多次播报。移动电影院因为潜在的发展空间，被认为是中国娱乐业潜在的独角兽。

这也传达出一层微妙的含义，移动电影院是突破了政策限制，被官方承认了其存在的特殊物种。

／ 把手机变成放映机

高群耀在发布会上描绘移动电影院未来呈现的场景："把屏幕变成银幕，把手机变成放映机。"要知道，2017年，中国的手机注册持有数已达15亿。其中4G的注册持有数为10亿以上。如果这些手机安装了移动电影院APP，每部手机就是一块银幕，是中国院线现有全部银幕数的2万倍。

2018年5月9日参加深圳文博会的多是电影业各个环节的人士，他们默默地在台下听着。虽然移动电影院的APP是2C的，但这个发布会更像是2B的，先让业界知晓一个"新物种"诞生了。电影界都在观望，任何新通路的诞生对电影业生产力的释放都是福音，但取决于它能不能长大，当实体电影院利益被触动时，与新生事物的博弈会牵动所有利益相关方。

移动电影院是一个微妙的存在，有人马上指摘它根本没有拿到"牌照"。但实际上它是一个得到了官方的支持和背书的"5年试点"。正如在中国改革开放之初特区概念的存在。

一旦意识到自身利益会被撼动时，总有一股势力有把新生事物扼杀在摇篮里的冲动。

很快，48条实体院线里的8条院线向国家主管部门"上书"，要求关闭移动电影院，理由是它的出现会影响实体院线的运营。有院线经理和片方说："排了移动电影院，就别排我们这儿。"

高群耀明白，一个新生事物的出现势必会引发既有利益者的恐惧。

虽然有人把移动电影院的诞生看作是滴滴出行的出现对出租车行业利益的触动，但高群耀觉得这个比喻并不恰当，这不是一场零和游戏。移动电影院要做的是中国电影的增量，不是来抢实体院线生意的，也不可能消灭实体院线，它也做不到。中国还有70%的人没进过实体电影院，这个增量市场已足够大，中国每年还有数以百部的电影没有发布通道，这些也足够大。

在移动电影院发布后的100天内，移动APP上线了30部新电影，绝大部分是拿到龙标却没机会在实体院线上映的电影。其中包括著名演员林永健主演的《李保国》，电影讲述的是中国知名林业专家、河北农业大学教授李保国35年扎根太行山的河北内丘县岗底村，用科技带领农民种苹果致富的故事，李保国58岁突发心脏病离世。如今岗底村是河北知名的小康村，一个高品质的"富岗"苹果可以卖到50元一个。

但《李保国》根本没有机会进入实体院线的排片，对此颇有微词的林永健在《李保国》上线移动电影院当天，在朋友圈发声"您的院线您做主"以及影片链接，几天工夫就有1800多人观影。

目前看来，移动电影院的上座影片和传统院线没有正面的冲突。但是新的放映模式和传统模式的同时存在以及潜在的长期博弈，已经昭告一个放映新秩序时代诞生了。

/ 灵魂社交工具？

移动电影院一诞生就是一家带有技术DNA的科技公司，技术队伍在诞生的几个月内也扩充到近200人。

高群耀、蚂蚁金服原人力资源负责人——高群耀微软的老同事尹冬梅、负责运营的蒋雪勤等人一起花了很多时间重新搭建了一个员工的基础架构，并把员工的股份结构搭建好，就像做大事要打好地基一样。技术部和产品部是公司的主干力量，目前许多技术骨干来自于BAT。首席产品官刘显明、首席信息官黄曙光等高管也在此时加盟了。

这也使移动电影院的APP模板在短时间内有了一个质的提升，变成一个像模像样的电影院了，有电影厅、售票厅，线上观影体验不断升级。2018年9月，高群耀在长春电影节上再次正式宣布移动电影院诞生，意即一个面向所有电影制作公司、发行商和电影观众的产品正式推出了。

2018年9月,移动电影院还上线了VR功能,所有上线影片都支持大朋VR的绑定,这就把之前的影片变成了一个"移动IMAX,一个视觉上的移动宽银幕"。一方面,这提升了用户体验;另一方面,移动电影院在不断强化产品的社交属性,两个异地的人,戴上了VR就可以一边看电影一边聊天。

移动电影院的出现,使原本一个完全独立的观影行为,通过互联网变成带有强烈社交属性的一个运营模式。高群耀也尝试把电影做成强社交属性的载体,而这个突破口可以是党建、企业、同事、家庭等更多应用场景。

北京丰台区的工会在移动电影院上首先给员工买了数千张电影票。这正像高群耀预见的那样,当把一个平台搭好之后,用户自会知道如何充分利用这种工具。

许多企业和组织首先发现了移动电影院的社交属性。通过移动电影院可以观看公益、教育和主旋律电影,而且线上是透明的,电影票赠予员工,哪位没看,赠票单位还能知道。很快地,许多地方政府和机构纷纷找到高群耀洽谈合作事宜。

一家中国医药集团的董事长找到高群耀说:"你们的平台太牛了,我要出1个亿的广告投入。"

高群耀说:"我不做广告,我只有电影票。"

这位董事长说:"我买的就是电影票。"

如果票价是25元一张的话,对应的就是400万消费者。由移动电影院做一个2分钟的知识性的短片,厂商买单,消费者来观看。

社交属性将是移动电影院关键的商业模式,实体电影院的模式是

B2C的，移动电影院将是B2B2C的模式（面向机构，再面向消费者），这就像早年的移动放映队，放映队的费用由政府或企业支付，看电影的老百姓免费。换句话说移动电影院的票房营业额，很大程度是来自B2B的，而不是B2C的，消费者是C，营业额来源于B。

实体电影院的生意是一个固定成本的生意，平均上座率约15%，一个人看和满员看成本一样，如果上座率由15%变成30%电影院就赚翻了。于是高群耀在AMC时期曾设想过一种方式，免费送票邀请观众来看，按影片质量和感受观众自行决定付费。一个人或许一次两次不想付费，但邀请他五次总有一次付费，最后测算这个比例是15%或者高于15%。但是电影院还有一块重要的收入，就是零售业务，在美国爆米花和可乐基本人手一份。最终，电影院营收是增加的。

而对移动电影院来说，围绕社交属性，可做的空间就更加广阔了。通常，明星是要赚粉丝的钱，这一点在歌星身上体现最直接，但是影星因为与消费者没有相连所以很难与粉丝互动。移动电影院掌握着所有观众的大数据，事实上可以作为影星链接粉丝的接口。自然而然，移动电影院的后台就会有经营明星的经纪公司。

移动电影院因电影而产生社交互动，由电影带来了流量，沉淀了消费者，最终整个商业链条可以向更纵深的方向发展。

╱ 手机上的全球发行

2018年10月，移动电影院成功在西班牙和意大利落地了，移动电影院带动中国电影出海计划开始逐步实现。《勇敢往事》等多部获奖作品成为首批出海的电影。移动电影院对这些新影片进行中文、英文、当地语言3种版本的译配。这意味着海外华人和国内观众可以同步观看正在院线放映的中国电影了。

高群耀在美国留学、工作过，很清楚海外6000多万华人的需求，他们渴望看中国电影简直就是刚需。他曾与AMC的同事一起在纽约、洛杉矶、旧金山和波士顿的电影院拿出几块银幕专门放映中国电影，上座率特别好。不过那只是在中国人扎堆的地方设置几块银幕而已，解决不了更多人的观影问题。而通过移动电影院，中国电影"走出去"借此渠道落地了。

2018年10月28日，高群耀带着移动电影院亮相美国洛杉矶市第十四届中美电影节（Chinese American Film Festival）和中美电视节（Chinese American TV Festival）。

中美电影节始创于2005年，由美国鹰龙传媒公司牵头主办，国家电影局、美国制片人协会、美西编剧协会和中国驻美使领馆共同支持，是唯一以文本形式写入美国国会年报的中美影视行业交流活动，目前也是中美两国影视界唯一共同支持的年度行业活动。每一年，有超过300家中美影视公司在中美电影节的影视市场平台上洽谈交流。

在这样一个交流盛会上，移动电影院引发的震动是高群耀始料不及的。

移动电影院特地设计了一款海报：1家移动电影院，10亿部手机屏幕，100亿观影人次，1000亿电影票房。高群耀预测，因为移动放映新模式的出现，中国电影本土市场年票房总量在三年之内有望晋级千亿大关！这款海报放在中美电影节会场时，美国影业人士才恍然发现中国已经出现了通过移动互联网和智能手机发行新片的移动电影院，这是电影业石破天惊的大事!

当高群耀在南加州分会"中美文娱产业峰会"上提出移动电影院的概念时,顿时引爆了论坛,移动电影院几乎变成了那场论坛的单一话题,大家对这一移动技术充满了好奇和疑问。"怎样实现一人一票""票价和电影院一样吗""你不怕电影被拷贝吗"……高群耀忙不迭地解答着,仿佛成了移动电影院的发布会。

论坛结束,会务组不得不安排8家新闻机构车轮战似的采访高群耀。移动电影院这一概念让美国电影界颇为震撼。

2018年10月31日,好莱坞知名文化娱乐杂志《综艺》(Variety)发布了"2018年度全球娱乐行业最具影响力商业领袖500人(Variety500)"榜单。高群耀再次上榜,这份榜单包括了亚马逊董事会主席兼CEO杰夫·贝佐斯(Jeff Bezos)、环球影业董事长唐娜·朗雷(Donna Langley)、阿里巴巴马云等。中国地区入选的十家企业都是BAT或大型娱乐公司,高群耀是唯一上榜的创业公司的创始人。

高群耀上一次上榜还是2017年担任万达国际事业部CEO期间,策动近千亿人民币在好莱坞掀起收购重组,掌握了好莱坞和英语世界的院线权杖,钳住了好莱坞的"钱袋子"。一定程度上,凳子决定了位置,但当他已不在万达就职后,仍然上榜"最具影响力商业领袖500人",除了其个人影响力,很大程度上是移动电影院带来的对影视业未来空间的想象。

移动电影院未来的想象力在刚刚建立一年后就显现了出来。

2019年5月9日,移动电影院迎来了一周岁生日。在这一年里,移动电影院放映了120多部院线新电影,观影人次超过200万。作为一个互联网+电影的平台,移动电影院的互联网思维给电影行业做了加法。

5月9日这一天，移动电影院还发布了V2.0版本，这意味着移动电影院在技术和商业模式上都发生了很大的突破。这有两层含义：一是移动电影院V2.0通过与大朋、创维、小宅、Pico四大VR厂商的合作实现了移动巨幕、移动3D的全新观影体验；二是V2.0版实现了观影的社交化。如果说V1.0是"我"的观影，V2.0就是"我们"的观影，实现了约亲友、约影迷、专场、首映礼等多种可能，囊括了熟人社交和生人社交。一定程度上，这是由电影的产品属性和平台的进步决定的。高群耀抓住了电影的社交属性，并利用VR等技术打破了线上观影体验以及观影地点的局限。2019年6月18日，正值"第22届上海国际电影节"期间的上海细雨霏霏，在黄浦江面上举行的"移动电影院上海之夜"发布会上，近20家中国国有大型电影集团，以及美国电影协会、中美电影节组委会、北美经纪公司等机构的代表出席。在这个会上，移动电影院与十余家电影集团成立了"全国移动电影合作联盟"。这些电影集团每年供给的近百部国产影片将在移动电影院这一新渠道放映。这批国产电影中坚势力的加入，意味着未来移动电影院的片源数量和质量都将有很大的提升，国产片的生产力也将得到释放。

而当手机变成"放映机"，移动电影院在某种程度上改变了中国电影海外放映被原有发行模式局限的局面。

继落地意大利和西班牙之后，6月18日的发布会上，移动电影院还宣布2019年7月其将在北美落地运营，首批上线《冠军的心》《暴裂无声》《双生》等12部国产电影。

2019年移动电影院还将落地韩国，以及拉美、中东、北非和欧洲其他地区，实现中国电影在全球五大洲的海外放映。

在北京的父母和在纽约乃至五大洲某个地点的儿女一起看一场电影

已经不是一个不可能完成的任务。

"满负荷的日程表，稀缺的休闲时间，总是在机场或者去机场的路上。"高群耀的状态越来越像一个创业者了。创业是一场长跑，几乎是对一个人综合素质包括身体的全面挑战。他有辉煌的过去，而他的过去能否证明他的未来？

他把自己的职业生涯设置得像跳高，越过一个高度，不由自主地再抬高标杆。他想他最后或许跳不过去，似乎最后的那场失败才能量化他最终的成功。但他享受现在这种把热爱的事当工作的生活方式，工作即生活。

2018年9月，哈工大77级、78级校友回到母校参加入学40年纪念大会。高群耀也回到哈工大，看到了1300多位几十年未见、当年"恰同学少年，风华正茂"的同学们，突然意识到，恢复高考后的77级、78级学生已经演变成一个具有强烈时代特征的历史符号。

"我们这个群体让时代变得更生动，让自己变得更非凡。"作为"杰出校友"，高群耀受邀演讲："那时大家像打了鸡血一样玩命地读书，几乎达到了自虐的程度，也许我们有过不堪的生活经历，所以那么珍惜当时的机会，发誓要把浪费的时间抢回来。虽说岁月没饶过我们，可我们何尝饶过了岁月。我们的精神人格在大学里形成，与母校联系在一起，充满了戏剧、挑战和激情，也让我们成了国家各行各业的中流砥柱。历史会记得我们这个独特群体的贡献。"

他站在这个讲台多次，每次以不同的身份——微软中国区总裁、新闻集团中国区CEO、万达国际事业部CEO、移动电影院CEO。

哈工大几乎就是他人生出发的地方，多年来，这里一直和他分享他人生每个阶段的成功与荣耀。就连自己对奔跑的热爱也起源于这里。

"跑的路多了,身边全是风景。"他已经不像最初,眼里只有终点线,他不再蒙眼狂奔,身边的风景和奔跑过程中的经历才是最大的收获,所谓"用经历来定义人生",这个准则贯穿了他的每一个重要抉择,全部职业生涯。即便别人认为他已经到了可以享受人生和财富的时候,他却出人意料,去创业,当一个未知领域的领跑者了。

每个特别的阶段,高群耀都会回到哈尔滨,一如既往地,在鸟儿醒来之前起身、出发,松花江畔尚无行人,林木静默,太多时候,世界于他而言就是这种空荡荡的孤寂,他望向松花江的远处,沿着绵延清冷的江堤,向晨雾弥漫的深处跑去……

后　　记

　　几年前，我和一位新闻界同行交流采访经验时，他说到第一次采访高群耀因为某种原因整整迟到了一个小时，由此谈到如果因为过失该如何与采访对象重建信任关系。

　　我觉得很有趣，就把这个桥段演绎在了自己的一部小说《伪妆》里，因为主角有位记者。

　　没想到2017年，当高群耀应母校哈工大之约想写一部传记时，我成了这本书的作者。不用演绎，非虚构去写他。

　　他的很多经历超出我的生活经验，我惊讶于生于20世纪50年代的人，几乎赶上了新中国成立后政治生活和经济生活变化最剧烈的时代，也是中国和世界发生关系剧烈磨合的时代，由此使得个人的人生梯度非常之大，生命也如此之厚重。不像生于稳定和平年代的我，几乎所有人生的起伏都是在书房完成的。

　　每当夜深人静研究资料的时候，我看到的不是一个人60年的简历，而几乎是新中国成立后一部政治经济、全球化的历史。当一个人背后是"大江大海"时，个人的历史符号意义就凸显出来了，关键在于他是不是足够典型。

　　生于20世纪50年代的人，赶上了"大跃进"，三年困难时期、"文革"、上山下乡、重启高考、毕业服从分配……他们的命运似乎从未掌握在自己的手里。

但是每一个大势wave来临时，高群耀似乎都能抓住机会，他没有湮没在历史的洪流里，却像被上天赋予了一副挺立在潮头的舢板，这一点让我诧异。

他身上有很多"唯一"，20世纪90年代最早回国的那批海归中唯一被跨国公司任命为中国区总裁的大陆人；唯一被卡萝·巴茨、比尔·盖茨、默多克这些巨头选中作为中国区总裁的职业经理人；2010年由美中商业协会设置的"美中杰出贡献奖"中，第一位获得"商务交流杰出贡献奖"的中国商务人士；2016年入选《好莱坞报道》"好莱坞最有权力的100人"榜单的首位代表亚洲公司的华人；第一个创立移动电影院，从而打破电影院123年放映模式的人……

这不能不引发我的思考，面对历史浪潮的是一批人，一个人要具备哪些素质才能总是坐在第一排？

高群耀对新变化有一种与生俱来的敏感，有一次座谈，正值2018年底微信更新了版本，他摆弄着手机尝试，发现朋友圈的一个新功能可以生成即刻视频。不抗拒变化、拥抱变化本身就是一种适应能力。

这或许也是自1978年中国改革开放后，到20世纪90年代进入到一个市场化关键阶段，他尚在国外，却能敏感嗅到中国正在发生的变化，以至于20世纪90年代中国出国潮的时候他却执意要回国，从而抓住中国国内互联网化、外部全球化的一个机会。

他说中国这40年的历史就是一波又一波的wave不断袭来的过程，越向后越密集，"你只有不停奔跑才能留在原地"。

事实上，历史的浪潮就像宇宙中粒子的运动，我们的身体每秒正被数十亿粒子穿过，但现实中的表现都是庸常沉寂，大部分人无法感知。

如果套用任白的一句诗来形容：沉默深处有海样喧嚣，只有拥抱变化（只有爱过）的人才能听见。

高群耀有极强的适应性，阴差阳错不停地在两种文化、两种对立的境遇里切换。没有应对陌生环境的能力，哪有喜欢变的道理？

他任微软中国公司总裁时，作为一个地方CEO和总部博弈，为微软中国争取作为一个战略市场的合理机制；当中国民企进行国际化之际，他在万达作为代表总部的国际事业部CEO，清楚地看到美国地方CEO和万达总部的博弈。这种场景的切换，让他清楚如何拿出解决方案。

好莱坞是美国工业和文化的代表，进入好莱坞，对中国企业和他个人都是职业生涯的一个制高点。他作为全球最大电影院线公司AMC的控股股东代表时，每天想着如何把观众拉回到电影院；如今他成了移动电影院的创始合伙人兼CEO，每天在想如何让没法进入实体电影院的观众走进虚拟形态的电影院。实体电影院或许把他作为了竞争对手、假想敌，但是谁都知道没法阻挡产业趋势的大潮。

多年来，国内因为职业经理人与大股东之间的碰撞，引发过几次"中国职业经理人之殇"的讨论。随着中国市场化程度的提高，中国企业的进化，对职业经理人专业性的需求却越来越高。

高群耀作为最早一批回国的职业经理人，被美国总部授权，又受到规范公司体系的约束，他们知道自己的权利，也遵守规矩，并敢于去大胆做事。他们有眼光和视野，对市场有高度判断能力，懂得充分调动技术、资本等市场元素，又具有创新精神。他们重新定义了中国职业经理人的概念。

尤其当华为、美的、海尔等中国企业大规模走向国际，它们需要的是更具国际视野、能在东西方文化中切换的职业经理人。高群耀的经历对中国企业的国际化有借鉴作用和参考价值。

在虚构文学中，把人放在不同的环境呈现出来的面貌就会不同，所谓人与环境的统一是文学创作的逻辑。其实现实中的人物也是一样的。高群耀从万达离职的那段空档期，他远离了工作，回到哈尔滨陪父亲买菜，跑到泰国去看他多年的朋友，他把许多朋友称为家人，也对待如家人。

一旦回到工作的场景，他就变得执着、较劲、热情、好奇、全力以赴，追求清晰可见、催人奋发的愿景，向更高事业目标努力。当我陷入微软和万达等章节跌宕起伏如戏剧般的情节时，发现推动内容发展的并不是剧情，而是人，他总说"工作即生活，热爱才是驱动力"，这样的性格让这本非虚构作品变得精彩。

他每天都去晨跑，坚持了近40年，当每天用12公里甚至14公里消耗掉一次体力后，精神上反而满血复活了。

他的跑步和他的工作甚或他的职业生涯越来越相互映射，不停留在微软、新闻集团这些巨大品牌带来的光环效应里，一直向前。

他每天的工作也像一种奔跑。创业后，他的状态总是在路上，日程排满，频繁出差，从零开拓市场。

这本书几易其稿，只是为了能跟上他的创业节奏，移动电影院在创立短短的一年多时间里，因为自身的进化、新生事物诞生触发的行业变局等，在这本书出版后都来不及收录进去。这本书和他的职业状态、他的人生一样都是未完待续状态……

徐 昙

2019年5月

致　　谢

在这本书漫长的创作过程中，我的内心交替着充实和焦虑，愉悦和痛苦，很多人的帮助给了我安慰和信心。

感谢高群耀先生，他的耐心、坦诚和不回避敏感问题的勇气，让这本书除了预设的真实客观之外，又带着对商业和历史的感悟，以及对他人和史实的诚恳。

感谢仇勇，就像这本书的项目经理，在本书的策划、流程、出版等很多方面给予支持，是这本书的后台保障。有时座谈结束，仇勇会背起沉甸甸的包说"我创业去了"。

感谢哈工大出版社的副社长李艳文，在北京的温度低过哈尔滨时来京沟通内容，她的信心鼓舞了对不确定性惴惴不安的我们。

感谢本书的策划编辑范业婷，以及责任编辑王晓丹、孙迪，她们的精益求精赋予了这本书工匠精神。

感谢我的家人的支持，尤其是小米同学，他对这本书的好奇和期待使他出让了大把时间允许我周末出门工作。

感谢所有给予这本书帮助的人。

也希望每一位读到这本书的人能和我写的时候一样充实和愉快！